# 주역점의 이해

# 주역점의 이해

고형 외 지음 · 김상섭 옮김

지호

# 이끄는 글

이 책은 주역점周易占에 대해 고형高亨, 이경지李鏡池, 용조조容肇祖 등 중국학자들이 쓴 4편의 걸출한 논문을 우리글로 옮긴 것이다. 그 가운데 『주역』 점법에 대한 것이 1편, 『좌전左傳』과 『국어國語』 중의 점친 사례에 대한 것이 1편, 『주역』의 점글(筮辭)에 대한 것이 1편, 점복占卜의 역사에 대한 것이 1편이다.

고형(1900~1986)은 현대 중국 고증역학의 대표적인 학자이다. 저서에는 『주역고경금주周易古經今注』와 『주역대전금주周易大傳今注』가 있다. 옮긴이가 이 책에서 소개하고자 하는 「주역 점법의 새로운 고증(周易筮法新考)」은 『주역고경금주』에 실려 있는 한 편의 논문이다. 이 논문은 종래의 그릇된 『주역』 점법을 바로잡아 정확한 점법을 밝힌 것이다. 『주역』 점법은 『주역』 「계사전繫辭傳」에 기록되어 있으며, 그 점친 사례는 『좌전』에 19조, 『국어』에 3조가 기록되어 있다. 그러나 「계사전」에 기록되어 있는 점법은 대략적인 것만 쓰여 있으며, 『좌전』과 『국어』에 기록되어 있는 점친 사례들은 복잡하지만 알맹이가 없다. 주역점은 「계사전」을 바탕으로 하여 『좌전』과 『국어』의 점친 사례를 참고하지 않으면 그 올바른 점법을 밝힐 수가 없다. 고형은 「계사전」에 기록되어 있는 "이것이 변화를 이루고 신묘한 작용을 행하는 것이다(此所以成變化而行鬼神也)"라는 한 구절의 의미를 파헤쳐 춘추전국시대의 『주역』 점법을 명확하게 밝혀 놓았다. 이로써 『역전』이 출현한 이래 오늘에 이르기까지 약 2천여 년 동안 잘못 전해온 『주역』 점법은 20세기에 이르러야 올바르게 밝혀지게 되었다.

이경지(1902~1975)는 고형과 더불어 현대 중국 고증역학의 대표적인 학자이다. 저서에는 『주역탐원周易探源』과 『주역통의周易通義』가 있다. 이 책에서 소개하고자 하는 「좌전과 국어 중의 주역점에 대한 연구(左國中易筮之硏究)」와 「주역의 점글에 관한 연구(周易筮辭考)」는 『주역탐원』에 실려 있는 두 편의 논문이다. 『좌전』과 『국어』에는 주역점을 친 사례가 기록되어 있다. 당시의 『주역』 점법은 오늘날 우리가 알고 있는 것처럼 결코 단순한 것이 아니었다. 『주역』은 매우 신묘하고 넓고 커서 모든 것을 다 갖추고 있으며 포괄하지 않은 것이 없기 때문에, 주역점 역시 그 운영의 묘는 지극히 신비하고 무궁한 것이다. 점을 쳐서 길을 얻었다고 해서 반드시 운이 좋은 것이 아니며, 흉을 얻었다고 해서 반드시 불운한 것도 아니다. 괘는 길하나 점은 흉하기도 하며, 괘는 흉하나 점은 길하기도 한다. 여기에 주역점의 오묘함이 있는 것이다. 이경지는 「좌전과 국어 중의 주역점에 대한 연구」에서 『좌전』과 『국어』에 기록되어 있는 점친 사례들을 분석하고 세밀히 연구하여, 당시 주역점의 일반적 상황에 대해 자세히 밝혀놓았다. 「주역의 점글에 대한 연구」에서는 점글의 저작 체제와 갑골 점글(卜辭)과의 관계, '정貞'자의 잘못된 해석과 점글의 재료의 내원 및 점의 범위, 점글 중의 고사, 시가, 격언, 괘명과 괘효사와의 관계, 팔괘가 64괘로 발전된 배경 및 괘卦와 시蓍의 관계, 점글에서 빠진 글과 뒤바뀐 순서 등을 밝히면서 『주역』이라는 책의 정의와 쓰인 시대, 배경, 지은이, 이 책의 성격 등 『주역』 전반에 대해 명쾌하게 설명하고 있다.

용조조(1897~?)는 북경대학 철학과 출신이자, 같은 대학에서 교수를 역임했으며, 중국철학을 전문적으로 연구한 학자이다. 저서에는 『위진시대의 자연주의(魏晉的自然主義)』, 『명대사상사明代思想史』 등 많은 저서를 남겼으며, 이 책에서 소개하고자 하는 「점복의 원류(占卜的源流)」는 이경지의 두 편의 논문과 더불어 『고사변古史辨』 제3책에 실려 있다. 중국에서 점복의 기원은 무척 이르다. 용조조는 은나라 갑골甲骨 점복에서부터 시작하여 각 시대를 이어오며 점복이 어떤 형태로 변화 발전되었으며, 주나라의 『주역』은 또 각 시대의 사상 조류와 더불어 어떻게 발전되었는가를 개괄적으로 설명하고 있다. 이 논문은 점복의 소사小史에 해당되며, 점의 역사에 대해 학문적으로 이해하려는 사람들에게 아주 좋은 자료가 될 것이다.

우리나라에서의 『주역』은 고려말 성리학이 수입된 이후로 오늘에 이르기까지 주로 정이程頤의 『역전易傳』과 주희朱熹의 『주역본의周易本義』의 테두리 안에서 해석되었고 이해하여왔다. 그러나 이들의 색채를 조금도 가미하지 않고 본래의 『주역』 그 자체를 연구한 이 4편의 훌륭한 논문을 통하여 우리는 점책인 『주역』 본래의 면목에 객관적으로 보다 가까이 접근할 수 있게 될 것이다.

2009년 6월

달성 매화골에서 김상섭 씀

| 차례 |

# 『주역』 점법의 새로운 고증

周易筮法新考

고형高亨

1. 괘를 얻는 법(成卦法)

2. 괘를 변화시키는 법(變卦法)

3. 춘추전국시대의 점법의 실제 증명

사마천司馬遷이 말했다. "하 · 은 · 주 삼대는 거북으로 점치는 방법이 같지 않았고, 사방의 오랑캐들도 제각기 다른 방법으로 점을 쳤다(三王不同龜, 四夷各異卜)"〔『사기史記』, 「태사공자서太史公自序」〕. 또 이렇게 말했다. "만蠻, 이夷, 저氐, 강羌 등 사방의 오랑캐들은 비록 군신의 차례는 없었으나 의혹을 해결하는 점은 있었다. 혹은 쇠붙이와 돌로, 혹은 풀과 나무로 점을 쳤으니 나라마다 풍속은 같지 않았다(蠻, 夷, 氐, 羌, 雖無君臣之序, 亦有決疑之卜, 或以金石, 或以草木, 國不同俗.)"〔같은 책, 「귀책열전龜策列傳」〕. 이 말은 얼마나 옳은 것인가! 거북점(卜)과 시초점(筮)을 치는 방법은 시대에 따라 변화했으며 지역에 따라 달랐다. 옛것을 고찰하고 지금의 것을 검증하여, 옛날의 점치는 방법이 모두 다르다고 하는 명백한 증거가 있다면 이에 대해 상세히 설명할 필요가 없을 것이다. 『주례周禮』 「대복大卜」에 말하기를 "대복은 세 가지 역의 관법官法을 맡아서 처리하였다. 첫째는 『연산』이고, 둘째는 『귀장』이고, 셋째는 『주역』이다. 그 바른 괘(經卦)는 모두 여덟 개이고, 겹친 괘(別卦)는 모두 예순네 개이다(大卜掌三易之法, 一曰連山, 二曰歸藏, 三曰周易. 其經卦皆八, 其別皆六十有四)"라고 하였다. 『연산』과 『귀장』은 전하지 않게 된 지 오래되었는데, 이 책들의 바른 괘와 겹친 괘는 비록 『주역』과 같았으나 점법은 달랐다. 옛날 점책 또한 한 권만이 아니며 점법 또한 같이 만들지 않았으니 점치는 방법이 서로 다른 것은 매우 당연한 일이었다.

점을 칠 때 사용했던 도구는, 최초에는 당연히 대나무(竹)를 사용했고 그 후에는 시초蓍草(점칠 때 사용하는 풀의 이름)를 사용하였다. 『설문說文』에 "서筭는 주역점에 시초蓍草를 사용한 것이다. 죽竹과 무巺로 되어 있다. 무巺는 고문의 무巫자이다(筭, 易卦用蓍也. 从竹, 从巺. 巺, 古文巫字)"라고 하였다. 이것을 일반적으로 서筮라고 하였다. 또 『설문』에 "시초(蓍)는 쑥에 속한다. 십 년을 자라 줄기가 백 개인데 『역』은 이것으로 점을 친다. 천자는 아홉 자의 시초를, 제후는 일곱 자, 대부는 다섯 자, 선비는 세 자의 시초를 사용한다. 초艸와 기耆의 성음으로 되어 있다(蓍, 蒿屬, 生十歲百莖, 易以爲數, 天子蓍九尺, 諸侯七尺, 大夫五尺, 士三尺, 从艸, 耆聲)"라고 하였다. 옛날에 시초점(筮)은 대나무(竹)를 사용하였다. 무당(巫)이 대나무를 손에 쥐고 점을 쳤으므로 서筮는 죽竹과 무巫로 되어 있는 것이다. 따라서 최초의 시초점(筮)은 당연히 대나무를 사용하였지 시초를 사용한 것이 아님을 알 수 있다. 『초사楚辭』「이소離騷」에 "경모를 찾고 가느다란 대나무를 가지고, 영분에게 명하여 나를 위해 점을 치게 하네(索藑茅以筳篿兮, 命靈氛爲余占之)"라고 하였는데, 왕일王逸은 주에서 "경모藑茅는 영험한 풀이다. 정筳은 가느다란 대나무이다. 초나라 사람은 풀을 엮고 대나무를 꺾어 점을 쳤는데 이름을 전篿이라 하였다(藑茅, 靈草也. 筳, 小折竹也. 楚人名結草折竹以卜曰篿)"라고 한 것이 또한 그 방증이다. 『주역』의 점법은 최초에는 64괘만을 사용하여 점을 쳤을 것이니 이때에는 당연히 64점만이 있었다. 그 후에 384효를 함께 사용하여 점을 쳤으니 이때에는 당연히 448점이 있었다. 그 후 또 건괘乾卦의 용구用九, 곤괘坤卦의 용육用六을 보태어 이때에는 당연히 450점이 있었다. 춘추전국시대의 『주역』은 곧 450점占의 점책이다.

점치는 방법은 당연히 간단하고 쉬운 것에서 복잡하고 어려운 것으로 발전하였다. 『주역』의 가장 오래된 점법은 고증할 수 없으나 춘추전국시대의 점법은 대략 알 수 있다. 그 점법은 역대 유생들이 서로 이어 연구해왔으니, 앞사람이 잘못한 것을 뒷사람이 바로잡고, 앞사람이 빠뜨린 것을 뒷사람이 채워 넣어 점차 상세하고 정밀한 경지에 이르게 되었다. 그러나 모두 '괘를 얻는 것(成卦)'에만 밝았지 '괘를 변화시키는 것(變卦)'에는 어두웠다. '괘를 얻는 것'은 얻었지만 '괘를 변화시키는 것'은 잃어버렸다. 그러므로 괘를 얻는 방법은 이미 결정되었으나 괘를 변화시키는 방법은 아직 더 연구해야 했다. 『주역』이 출현한 이래 그 점법은 대대로 전해 내려왔고 시대에 따라 발전해왔다. 근세의 점법 중에 당연히 고대부터 내려온 방법이 있으나 이 또한 빠지고 잘못된 바가 있다는 것은 면할 수 없었다. 나는 춘추전국시대의 『주역』 점법을 연구하면서 스스로 근세의 점법을 참조해야 했고, 또 『주역』「계사전繫辭傳」에 기록되어 있는 점법과 『좌전左傳』과 『국어國語』에 기재되어 있는 점친 사례들을 융합하고 헤아려 단정하여 말했다. 「계사전」에 기록되어 있는 점법은 대략만 말했을 뿐 자세하지 않으니 『좌전』과 『국어』를 참고하지 않으면 그 변화를 궁구할 방도가 없다. 『좌전』과 『국어』에 기록되어 있는 점친 사례들은 복잡하여 알맹이가 없으니 「계사전」을 바탕으로 하지 않으면 점을 밝힐 도리가 없다. 이것들을 함께 고찰하여 융합하고 헤아려 단정하면 춘추전국시대의 점법은 거의 알 수 있다. 그러나 옛날 유학자들은 '괘를 얻는 것'에는 밝았으나 '괘를 변화시키는 것'에는 어두웠고, '괘를 얻는 것'은 얻었으나 '괘를 변화시키는 것'은 잃었으니, 그 생각은 미치지 아니한 바가 있었고 그 살핌은 밝히지 아니한 곳이 있었다. 나는 점법을 뒤지고 옛날의 이론을 취하여 광범위하게 읽고, '괘를 얻는 법'은 의

심할 것 없이 풀렸으나 '괘를 변화시키는 법'은 막혀서 통하지 않음을 알았다. 『좌전』 양공襄公 9년의 이른바 "간괘의 둘째 음효(六二)의 영수營數가 변하지 않는 8을 얻었으니, 이것은 간괘가 수괘로 변한 것이라고 한다(遇艮之八, 是謂艮之隨)"라고 한 것과, 『국어』 「진어晉語」의 이른바 "본괘(貞)인 준괘와 지괘(悔)인 예괘를 얻었는데, 모두 꼭대기 음효(上六)의 영수가 변하지 않는 8이다(得貞屯悔豫, 皆八也)"라고 한 것과 같이, 여태까지 그 내용을 설명할 수 있는 사람이 없었다. 그리하여 「계사전」에서 취하고 『좌전』과 『국어』를 되풀이하여 규명하여 확연하게 깨달아 '괘를 변화시키는 법'을 알게 되었다. 「계사전」의 쓸모없는 말이 이로써 쓸모 있게 되었고, 『좌전』과 『국어』에서 해석하기 어려운 말들을 이로써 해석하게 되었으니, 곧 옛날 유학자들이 말한 것을 취하여 '괘를 얻는 법(成卦法)'을 지었고, 나의 연구에 근거하여 '괘를 변화시키는 법(變卦法)'을 지었다.

## 1. 괘를 얻는 법(成卦法)

〔고형은 『주역대전금주周易大傳今注』에서 이 논문의 '괘를 얻는 법'을 다소 수정하였다. 수정한 내용이 정확한 것이므로 옮긴이는 아래에서는 수정한 내용으로 옮겼다. 옮긴이가 쓴 『바르게 풀어쓴 주역 점법』을 참고하면 훨씬 쉽게 이해할 수 있을 것이다—옮긴이〕

『주역』 「계사전 상」에 다음과 같은 기록이 있다.

대연大衍의 수는 50이다. 사용하는 시초의 수는 49개이다. 이것을 둘로 나누어 양의를 상징하고, 하나를 걸어서 삼재를 상징하고, 네 개씩 덜어내어 네 계절을 상징하고, 남은 수를 합하여 그 왼쪽에 놓고 윤달을 상징하고, 5년 만에 다시 윤달이 되므로, 다시 그 오른쪽에 놓은 후에 걸어놓는다. 하늘의 수는 1이요, 땅의 수는 2요, 하늘의 수는 3이요, 땅의 수는 4요, 하늘의 수는 5요, 땅의 수는 6이요, 하늘의 수는 7이요, 땅의 수는 8이요, 하늘의 수는 9요, 땅의 수는 10이다(이 문장은 원래 잘못되어 뒤 문장에 들어 있는 것을 지금 『한서漢書』「율력지律歷志」에 의거하여 바로 옮겨놓았다). 하늘의 수는 다섯 개이며 땅의 수도 다섯 개이다. 다섯 자리를 서로 보태어 각각 합하니, 하늘의 수는 25요 땅의 수는 30이다. 무릇 하늘과 땅의 수는 55이니, 이것이 변화를 이루고 신묘한 작용을 행하는 것이다. 건乾의 시초 수는 216개이고, 곤坤의 시초 수는 144개이다. 이것을 합하면 360개가 되며 만 1년 동안의 날짜에 해당한다. 두 편의 시초 수는 11,520이니 만물의 수에 해당한다. 그러므로 네 가지 영수營數로 『역』을 이루고, 열여덟 번 변하여 괘를 이루니, 팔괘는 작은 괘를 이루고, 이것을 더욱 펼쳐나가 동류에 접촉해서 증가시켜나가면 천하의 모든 일이 다하여진다.

大衍之數五十, 其用四十有九. 分而爲二以象兩, 掛一以象三, 揲之以四以象四時, 歸奇於扐以象閏, 五歲再閏, 故再扐而後掛. 天一, 地二, 天三, 地四, 天五, 地六, 天七, 地八, 天九, 地十. (此二十字原誤竄入下文, 今據『漢書』「律歷志」引移正)天數五, 地數五, 五位相得而各有合, 天數二十有五, 地數三十. 凡天地之數五十有五, 此所以成變化而行鬼神也. 乾之策二百一十有六, 坤之策百四十有四, 凡三百六十, 當期之日. 二篇之策, 萬有一千五百二十, 當萬物之數也. 是故四營而成易, 十有八變而成卦, 八卦而小成. 引而伸之, 觸類而長之, 天下之能事畢矣.

이 문장이 『주역』 점법의 대략이다. 점치는 사람은 통 속에 50개의 시초를 넣어두고 점을 칠 때 49개의 시초를 사용한다. 이른바 "대연의 수는 50이다. 사용하는 시초의 수는 49개이다(大衍之數五十, 其用四十有九)"라는 것이다. 괘를 얻는 법은 다음과 같다.

제1변: 49개의 시초(策)를 사용하여 아래와 같이 한다.

(1) 49개의 시초를 두 부분으로 나누어, 한 부분은 상 위쪽에 가로로 놓고 하늘(天)을 상징하고, 또 한 부분은 상 아래쪽에 가로로 놓고 땅(地)을 상징한다. "둘로 나누어 양의를 상징한다(分而爲二以象兩)"이다.

(2) 위쪽에 놓아둔 시초에서 하나를 뽑아, 위쪽과 아래쪽의 시초 사이에 세로로 놓아두고, 사람이 하늘과 땅 사이에 서 있는 것을 상징한다. 즉 "하나를 걸어서 삼재를 상징한다(掛一以象三)"이다. 세로로 놓아둔 한 개의 시초는 위쪽과 아래쪽에 놓아둔 두 부분 사이에 걸어둔 것과 같으므로 '하나를 건다(掛一)'라고 하였다. 『집해集解』에 공영달孔穎達의 말을 인용하여 "나누어 새끼손가락 사이에 건다(分掛其于最小指間)"라고 하였는데, 이는 틀린 말이다.

(3) 위쪽에 가로로 놓아둔 시초를 네 개씩 한 조로 하여 덜어낸다. 즉 "네 개씩 셈하여 네 계절을 상징한다(揲之以四以象四時)"이다. 덜어낸 시초는 그 위쪽에 놓아둔다.

(4) 남은 시초 수가 혹은 한 개, 혹은 두 개, 혹은 세 개, 혹은 네 개가 되면, 이것을 세로로 놓아둔 한 개의 시초의 왼쪽에 세로로 놓아둔다. 즉 "남은 수를 합하여 그 왼쪽에 놓고 손가락에 끼워서 윤달을 상징한다(歸奇於扐以象閏)"이다. 『경전석문經典釋文』에 마융馬融의 말을 인용하여 "늑은 손가락 사이이다(扐, 指間也.)라고 하였으므로 후세 사람들은 모두 이 말을 따랐다. 그러나 남은 시초를 손가락 사이에 끼워둔다면 다시 시초

를 덜어낼 수 없으니, 이 주장은 틀린 것이다. '기奇'는 나머지라는 뜻의 여余이다. '늑扐'은 옆구리 늑肋자를 빌려 쓴 것이다. '늑肋'은 가슴의 양쪽 부분이니, 이것은 걸어둔 한 개의 시초의 양쪽을 가리킨다.

(5) 아래쪽에 가로로 놓아둔 시초를 네 개씩 한 조로 하여 덜어낸다. 즉 "다시 네 개씩 셈한다(再揲之以四)"이다. 덜어낸 시초는 그 아래쪽에 놓아둔다.

(6) 남은 시초 수가 혹은 한 개, 혹은 두 개, 혹은 세 개, 혹은 네 개가 되면, 이것을 세로로 놓아둔 한 개의 시초의 오른쪽에 세로로 놓아둔다. 즉 "다시 남은 수를 합하여 그 오른쪽에 놓는다(再歸奇於扐)"이다.

(7) 세로로 놓아둔 한 개의 시초와 그 양쪽에 놓아둔 시초를 합하여 위쪽과 아래쪽 두 부분 사이에 세로로 놓아둔다. 즉 "걸어놓는다(後掛)"이니 5, 6, 7을 포괄하여 말한 것이다.

이것으로 제1변은 끝이 나는데 그 결과는 두 가지이다.

① 44책이 남는다.
② 40책이 남는다.

제2변: 제1변에서 남은 시초(策)를 사용하여 아래와 같이 한다.

(8) 1과 같이 한다.
(9) 2와 같이 한다.
(10) 3과 같이 한다.
(11) 4와 같이 한다.
(12) 5와 같이 한다.

(13) 6과 같이 한다.

(14) 7과 같이 한다.

이것으로 제2변이 끝나는데 그 결과는 세 가지이다.

① 40책이 남는다.

② 36책이 남는다.

③ 32책이 남는다.

제3변: 제2변에서 남은 시초(策)를 사용하여 아래와 같이 한다.

(15) 1과 같이 한다.

(16) 2와 같이 한다.

(17) 3과 같이 한다.

(18) 4와 같이 한다.

(19) 5와 같이 한다.

(20) 6과 같이 한다.

(21) 7과 같이 한다.

이것으로 제3변이 끝나는데 그 결과는 네 가지이다.

① 36책이 남는다. 9번 덜어낸 수이니, 9이고, 노양이며, 변하는 양효(可變之陽爻)이다.

② 32책이 남는다. 8번 덜어낸 수이니, 8이고, 소음이며, 변하지 않는 음효(不變之陰爻)이다.

③ 28책이 남는다. 7번 덜어낸 수이니, 7이고, 소양이며, 변하지 않는 양효(不變之陽爻)이다.

④ 24책이 남는다. 6번 덜어낸 수이니, 6이고, 노음이며, 변하는 음효(可變之陰爻)이다.

여기에 이르러 첫 효를 얻는다. 이른바 "3변하여 효를 얻는다(三變而成爻)"는 것이다. 양효는 '—'을 그려, 만약 이것이 노양이면 그린 양효 옆에 9자를 기록한다. 만약 소양이면 7자를 기록한다. 음효는 '--'을 그려, 만약 이것이 노음이면 그린 음효 옆에 6자를 기록한다. 만약 소음이면 8자를 기록한다. 9, 7 홀수는 양이고 8, 6 짝수는 음이다. 이른바 "하늘의 수는 1이요, 땅의 수는 2요, 하늘의 수는 3이요, 땅의 수는 4요, 하늘의 수는 5요, 땅의 수는 6이요, 하늘의 수는 7이요, 땅의 수는 8이요, 하늘의 수는 9요, 땅의 수는 10이다"에서 이 네 가지 수를 포함하고 있다. 또 9, 8, 7, 6을 네 가지 영수(四營)라고 한다. 『역』은 4영으로써 괘를 얻고 또 4영으로써 괘를 변화시킨다. 그러므로 "네 가지 영수로 『역』를 이룬다(四營而成易)"라고 말한 것이다. 『주역집해周易集解』에 순상荀爽의 말을 인용하여 "영은 7, 8, 9, 6을 말한 것이다(營者, 謂七, 八, 九 六也)"라고 하였는데 맞는 말이다.

첫 효를 얻은 후, 한 괘의 나머지 둘째(二), 셋째(三), 넷째(四), 다섯째(五), 꼭대기(上)의 각 효도 모두 앞의 첫 효를 얻는 방법과 똑같이 하여 얻는다. 여섯 효를 모두 얻으면 괘가 성립된다. 한 괘는 여섯 효이고 한 효는 3변하여 얻으므로 18변하여 곧 한 괘를 얻으니, 이른바 "열여덟 번 변하여 괘를 이룬다(十有八變而成卦)"는 것이다.

『주역』 점법에서 7, 8은 변하지 않는 효라 하고 9, 6은 변하는 효라고 하는 것은 무엇 때문인가? 점법은 네 가지 영수로 네 계절을 상징하니 곧 7은 봄을 상징하고, 9는 여름을 상징하고, 8은 가을을 상징하고, 6은 겨울을 상징한다. 봄에 양기는 점차 왕성해지므로 봄을 상징하는 7은 소양少陽이다. 여름에 양기는 점차 쇠약해지므로 여름을 상징하는 9는 노양老陽이다. 가을에 음기는 점차 왕성해지므로 가을을 상징하는 8은 소음少陰이다. 겨울에 음기는 점차 쇠약해지므로 겨울을 상징하는 6은 노음老陰이다. 봄에서 여름으로 가는 것은 곧 양에서 양으로 가는 것이다. 시간적 순서는 비록 바뀌지만 양기는 변하지 않으므로 7은 변하지 않는 양효라고 하는 것이다. 여름에서 가을로 가는 것은 곧 양에서 음으로 가는 것이다. 시간적 순서는 이미 바뀌고 양기 또한 변하므로 9는 변하는 양효라고 하는 것이다. 가을에서 겨울로 가는 것은 곧 음에서 음으로 가는 것이다. 시간적 순서는 비록 바뀌나 음기는 변하지 않으므로 8은 변하지 않는 음효라고 하는 것이다. 겨울에서 봄으로 가는 것은 곧 음에서 양으로 가는 것이다. 시간적 순서는 이미 바뀌고 음기 또한 변하므로 6은 변하는 음효라고 하는 것이다.

『주역』 점법에서 7은 봄을, 9는 여름을, 8은 가을을, 6은 겨울을 상징하는 것은 무엇 때문인가? 대개 역괘의 기본 관념은 홀수로써 양을 상징하고 짝수로써 음을 상징하므로 한 획을 그린 '—'은 양효이고, 두 획을 그린 '--'은 음효이다. 즉 "하늘의 수는 1이요, 땅의 수는 2요, 하늘의 수는 3이요, 땅의 수는 4요, 하늘의 수는 5요, 땅의 수는 6이요, 하늘의 수는 7이요, 땅의 수는 8이요, 하늘의 수는 9요, 땅의 수는 10이다"에서 하늘은 바로 양이므로 홀수로써 상징하였고, 땅은 음이므로 짝수로써 상징하였을 뿐이다. 네 가지 영수에서 7, 9는 홀수이고 8, 6은 짝수이다. 네 계절의 순서에서 봄, 여름은 양기가 철에 맞고 가을, 겨울은 음기가 철에 맞다. 그러므로 점법은 7, 9로써 봄과 여름을 상징하고 8, 6으로써 가을과 겨울을 상징한 것이다. 봄에서 여름으로 가면서 기온은 점차 위로 올라가고 식물은 점차 성장하므로 7로써 봄을 상징하고 9로써 여름을 상징한 것이다. 7에서 9로 그 숫자도 위로 올라간다. 여름에서 가을로, 가을에서 겨울로 가면서 기온은 점차 아래로 내려가고 식물은 점차 쇠락하므로 8로써 가을을 상징하고 6으로써 겨울을 상징한 것이다. 9에서 8로, 8에서 6으로 그 숫자도 아래로 내려간다. 다시 겨울에서 봄으로 가면서 기온은 또 바뀌어 위로 올라가고 식물은 또 바뀌어 성장하므로 6으로써 겨울을 상징하고 7로써 봄을 상징한 것이다. 그 숫자 역시 위로 올라간다. 이로써 네 가지 영수가 자라나고 사라지고 순환하는 것은 곧 네 계절의 기온이 자라나고 사라지고 순환하는 것과 식물의 생명이 자라나고 사라지고 순환하는 것과 서로 배합한 것임을 알 수 있다. 그런즉 점법에서 7로써 봄을, 9로써 여름을, 8로써 가을을, 6으로써 겨울을 상징한 것은 본래 마음대로 안배한 것이 아닌 것이다.

## 2. 괘를 변화시키는 법(變卦法)

『주역』「계사전 상」의 이른바 "하늘의 수는 1이요, 땅의 수는 2요, 하늘의 수는 3이요, 땅의 수는 4요, 하늘의 수는 5요, 땅의 수는 6이요, 하늘의 수는 7이요, 땅의 수는 8이요, 하늘의 수는 9요, 땅의 수는 10이다. 하늘의 수는 다섯 개이며 땅의 수도 다섯 개이다. 다섯 자리를 서로 보태어 각각 합하니, 하늘의 수는 25요 땅의 수는 30이다. 무릇 하늘과 땅의 수는 55이니, 이것이 변화를 이루고 신묘한 작용을 행하는 것이다(天一, 地二, 天三, 地四, 天五, 地六, 天七, 地八, 天九, 地十. 天數五, 地數五, 五位相得而各有合, 天數二十有五, 地數三十, 凡天地之數五十有五, 此所以成變化而行鬼神也)" 라는 말은 과연 무엇 때문에 나온 것인가? "하늘의 수는 1이요, 땅의 수는 2요, 하늘의 수는 3이요, 땅의 수는 4요, 하늘의 수는 5요, 땅의 수는 6이요, 하늘의 수는 7이요, 땅의 수는 8이요, 하늘의 수는 9요, 땅의 수는 10이다"라는 말로부터 9와 7은 양이고, 6과 8은 음인 것을 알 수 있다. 나는 앞에서 이미 그 까닭을 밝혔다. 또 "하늘의 수는 다섯 개이며 땅의 수도 다섯 개이다. 다섯 자리를 서로 보태어 각각 합하니, 하늘의 수는 25요 땅의 수는 30이다. 무릇 하늘과 땅의 수는 55이다"라는 것은 그 까닭이 어디에 있는가? 무릇 하늘의 수 다섯 개는 홀수이니 1, 3, 5, 7, 9이며 그 합은 25이다. 땅의 수 다섯 개는 짝수이니 2, 4, 6, 8, 10이며 그 합은 30이다. 이 둘을 합한 총수는 55이다. 이 간단한 셈은 어린아이라도 계산할 수 있으니 무슨 장황한 설명이 필요하겠는가! 만약 이 수와 점법이 무관하다면 이 말은 어찌 쓸모없는 말이 아니겠는가? 또 "이것이 변화를 이루고 신묘한 작용을 행하는 것이다"라는 이 말이 가리키는 것은 무엇인가? 나는 그 까닭을 상세히 연구하여 이 55의 수는 괘를 변화시키는 것을 위해 말한 것임을 비로소 알았다. 이른바 "이것이 변화를 이루고 신묘한 작용을 행하는 것이다"라는 말은 55의 수가 괘의 변화를 결정하는 것을 말한 것이다. 그 방법을 말하겠다.

각 괘는 여섯 효이고 각 효는 혹은 9, 혹은 8, 혹은 7, 혹은 6으로 되어 있는데 이것을 4영四營이라고 하며, 각 효는 곧 이 네 종류의 영수營數를 넘어서지 않는다. 여섯 효는 각각 하나의 영수를 가지니 여섯 수의 합을 '괘의 영수(卦之營數)'라고 칭할 수 있다. 만약 여섯 효가 모두 6이면 그 영수는 36이며 영수 중 가장 적은 것이다. 만약 여섯 효가 모두 9면 그 영수는 54이며 영수 중 가장 큰 것이다. 만약 여섯 효가 9, 8, 7, 6이 서로 뒤섞여 있다면 그 영수는 36과 54의 사이를 넘어서지 않는다. 천지의 수 55는 가장 큰 영수에 비해 하나가 많다. 옛사람이 이 수를 설정한 것은 은밀한 뜻이 있었기 때문이다. 나는 변하는 괘를 정하고자 하려면 당연히 괘의 영수와 효의 서수로써 천지의 수에 가득 채워야 한다고 생각한다. 그 방법은 55에서 괘의 영수를 빼서 그 나머지 수를 처음 효(初爻)부터 시작해 위로 셈하여 꼭대기 효(上爻)에 이르고, 다시 꼭대기 효에서 아래로 셈하는 식이다. 그러다 처음 효에 이르면 다시 처음 효부터 위로 셈한다. 이와 같이 되돌아가면서 셈하여 나머지 수가 다한 곳에 멈추어, 멈춘 곳의 효가 곧 '변해야 하는 효(宜變之爻)'가 되는 것이다. 자세한 표를 그리면 다음과 같다.(〈표 1〉 변해야 하는 효를 얻는 방법표)

점을 쳐서 얻은 괘를 '본괘本卦'라 하고, 변한 괘를 '지괘之卦'라고 한다. 4영의 구별은 9와 6은 '변하는 효(可變之爻)'이고 7과 8은 '변하지 않는 효(不變之爻)'이다. 그러므로 본괘의 여섯 효가 모두 7, 8이면 '변하지 않는 괘'가 된다. '변하지 않는 괘'는 본괘의 괘사卦辭로 점을 치며 '변해야 하는 효(宜變之爻)'를 구할 필요가 없다. 본괘의 여섯 효가 모두 9, 6이면 '모든 효가 변하는 괘(全變之卦)'가 된다. '모든 효가 변하는 괘'는, 건괘乾卦는 '용구用九'의 효사爻辭로 점을 치고, 곤괘坤卦는 '용육用六'의 효사로 점을 친다. 다른 괘는 지괘의 괘사로 점을 치며 '변해야 하는 효'를 구할 필요가 없다. '변하지 않는 괘'와 '모든 효가 변하는 괘' 이 두 가지 외에는 모두 '변해야 하는 효'를 구해야 한다. '변해야 하는 효'가 9이면 6으로, 6이면 9로 변화시켜 지괘를 얻는다. 이때에는 본괘의 변효의 효사로 점을 치며, 그 나머지 각 효가 혹은 9, 혹은 7, 혹은 6, 혹은 8인 것은 모두 상관하지 않는다. '변해야 하는 효'가 7이고 8이면 변하지 않으니 그 점법은 비교적 복잡하다. 이것이 『주역』 점법의 대요이다. 지금 다시 이를 하나하나 자세히 기술하겠다.

표 1

# 변해야 하는 효를 얻는 방법표

| 천지의 수 | 빼기 | 괘의 영수 | 등호 | 남은 수 | 계산법과 멈추는 곳 | | | | | | 변해야 하는 효 |
|---|---|---|---|---|---|---|---|---|---|---|---|
| | | | | | 처음 효 | 둘째 효 | 셋째 효 | 넷째 효 | 다섯째 효 | 꼭대기 효 | |
| 55 | − | 54 | = | 1 | 1 | | | | | | 처음 효 |
| 55 | − | 53 | = | 2 | 1 | 2 | | | | | 둘째 효 |
| 55 | − | 52 | = | 3 | 1 | 2 | 3 | | | | 셋째 효 |
| 55 | − | 51 | = | 4 | 1 | 2 | 3 | 4 | | | 넷째 효 |
| 55 | − | 50 | = | 5 | 1 | 2 | 3 | 4 | 5 | | 다섯째 효 |
| 55 | − | 49 | = | 6 | 1 | 2 | 3 | 4 | 5 | 6 | 꼭대기 효 |
| 55 | − | 48 | = | 7 | 1 | 2 | 3 | 4 | 5 | 6<br>7 | 꼭대기 효 |
| 55 | − | 47 | = | 8 | 1 | 2 | 3 | 4 | 5<br>8 | 6<br>7 | 다섯째 효 |
| 55 | − | 46 | = | 9 | 1 | 2 | 3 | 4<br>9 | 5<br>8 | 6<br>7 | 넷째 효 |
| 55 | − | 45 | = | 10 | 1 | 2 | 3<br>10 | 4<br>9 | 5<br>8 | 6<br>7 | 셋째 효 |
| 55 | − | 44 | = | 11 | 1 | 2<br>11 | 3<br>10 | 4<br>9 | 5<br>8 | 6<br>7 | 둘째 효 |
| 55 | − | 43 | = | 12 | 1<br>12 | 2<br>11 | 3<br>10 | 4<br>9 | 5<br>8 | 6<br>7 | 처음 효 |
| 55 | − | 42 | = | 13 | 1<br>12<br>13 | 2<br>11 | 3<br>10 | 4<br>9 | 5<br>8 | 6<br>7 | 처음 효 |
| 55 | − | 41 | = | 14 | 1<br>12<br>13 | 2<br>11<br>14 | 3<br>10 | 4<br>9 | 5<br>8 | 6<br>7 | 둘째 효 |
| 55 | − | 40 | = | 15 | 1<br>12<br>13 | 2<br>11<br>14 | 3<br>10<br>15 | 4<br>9 | 5<br>8 | 6<br>7 | 셋째 효 |
| 55 | − | 39 | = | 16 | 1<br>12<br>13 | 2<br>11<br>14 | 3<br>10<br>15 | 4<br>9<br>16 | 5<br>8 | 6<br>7 | 넷째 효 |
| 55 | − | 38 | = | 17 | 1<br>12<br>13 | 2<br>11<br>14 | 3<br>10<br>15 | 4<br>9<br>16 | 5<br>8<br>17 | 6<br>7 | 다섯째 효 |
| 55 | − | 37 | = | 18 | 1<br>12<br>13 | 2<br>11<br>14 | 3<br>10<br>15 | 4<br>9<br>16 | 5<br>8<br>17 | 6<br>7<br>18 | 꼭대기 효 |
| 55 | − | 36 | = | 19 | 1<br>12<br>13 | 2<br>11<br>14 | 3<br>10<br>15 | 4<br>9<br>16 | 5<br>8<br>17 | 6<br>7<br>18<br>19 | 꼭대기 효 |

### (1) 여섯 효가 모두 7, 8일 경우

이것은 '변하지 않는 괘'이니 '변해야 하는 효'를 구할 필요가 없이 본괘의 괘사로 점을 친다. 만약 점을 쳐 승괘升卦를 얻어 여섯 효가 모두 변하지 않으면 곧 승괘의 괘사로 점을 친다.

승괘

### (2) 한 효가 9, 6일 경우

1) 만약 이 효가 마침 '변해야 하는 효'이면 9는 6으로, 6은 9로 변화시켜 지괘를 얻는다. 이때에는 본괘의 변효의 효사로 점을 친다. 예를 들면, 점을 쳐 정괘井卦를 얻어 그 영수가 47이 되었다. 55에서 47을 빼면 나머지가 8이다. 앞에서 말한 방법대로 셈을 하여, 5효에 이르러 8이 다하므로 5효가 '변해야 하는 효'가 된다. 5효가 마침 9이므로 이것을 6으로 변화시켜 승괘升卦를 얻는다. 이것은 '정괘가 승괘로 변한 것을 얻었다(遇井之升)'라고 하는 것이다. 이때에는 정괘 다섯째 양효(九五)의 효사로 점을 친다.

정괘

승괘

2) 만약 이 효가 '변해야 하는 효'가 아니라면 본괘의 괘사로 점을 친다. 예를 들면, 점을 쳐 규괘睽卦를 얻어 그 영수가 46이 되었다. 55에서 46을 빼면 나머지가 9이다. 앞에서 말한 방법대로 셈을 하여, 4효에 이르러 9가 다하므로 4효가 '변해야 하는 효'가 된다. 그런데 4효가 7이니 변하지 않는다. 이것을 '규괘의 넷째 양효(九四)의 영수가 변하지 않는 7을 얻었다(遇睽之七)'라고 말한다. 이때에는 규괘의 괘사로 점을 친다.

또 한 효가 9 혹은 6이면 '변해야 하는 효'를 구할 필요 없이 9는 6으로, 6은 9로 변화시켜 지괘를 얻을 수 있다. 이때에는 본괘의 변효의 효사로 점을 친다.

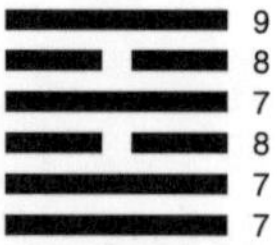

규괘

### (3) 두 효가 9, 6일 경우

1) 만약 한 효가 '변해야 하는 효'이면 9는 6으로, 6은 9로 변화시켜 지괘를 얻는다. 이때에는 본괘의 변효의 효사로 점을 친다. 예를 들면, 점을 쳐 구괘姤卦를 얻어 그 영수가 43이 되었다. 55에서 43을 빼면 나머지가 12이다. 앞에서 말한 방법대로 셈을 하여, 처음 효에 이르러 12가 다하므로 처음 효가 '변해야 하는 효'가 된다. 처음 효가 6이니 9로 변화시켜 건괘乾卦를 얻는다. 이것을 '구괘가 건괘로 변한 것을 얻었다(遇姤之乾)'라고 말한다. 이때에는 구괘 처음 효의 효사로 점을 친다.

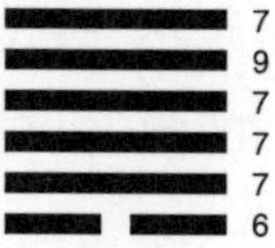


구괘

건괘

2) 만약 두 효 모두가 '변해야 하는 효'가 아니면 본괘의 괘사로 점을 친다. '변하는 효'가 '변하지 않는 효'보다 적기 때문이다. 예를 들면, 점을 쳐 곤괘困卦를 얻어 그 영수가 49가 되었다. 55에서 49를 빼면 나머지가 6이다. 앞에서 말한 방법대로 셈을 하여, 꼭대기 효에 이르러 6이 다하므로 꼭대기 효가 '변해야 하는 효'가 된다. 그런데 꼭대기 효가 8이니 변하지 않는다. 이것을 '곤괘의 꼭대기 음효(上六)의 영수가 변하지 않는 8을 얻었다(遇困之八)'라고 말한다. 이때에는 곤괘의 괘사로 점을 친다.

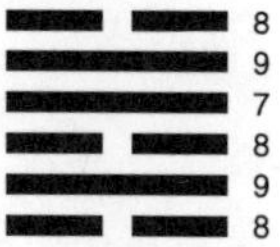


곤괘

### (4) 세 효가 9, 6일 경우

1) 만약 한 효가 '변해야 하는 효'이면 9는 6으로, 6은 9로 변화시켜 지괘를 얻는다. 이때에는 본괘의 변효의 효사로 점을 친다.

2) 만약 세 효 모두 '변해야 하는 효'가 아니면 세 효의 9는 6으로, 6은 9로 변화시켜 지괘를 얻는다. 이때에는 본괘와 지괘의 괘사를 합하여 점을 친다. '변하는 효'와 '변하지 않는 효'가 서로 같기 때문이다. 이것은 본괘(貞)와 지괘(悔)가 서로 다투는 상이므로 두 괘의 괘사로 점을 치는

것이다. 『국어國語』「진어晉語」에 중이가 "점을 쳐 본괘(貞)인 준괘와 지괘(悔)인 예괘를 얻었는데, 모두 꼭대기 음효(上六)의 영수가 변하지 않는 8이다(筮得貞屯悔豫, 皆八也)"라고 기록되어 있는 것이 그 예이다. 상세한 것은 뒷장을 보라.

#### (5) 네 효가 9, 6일 경우

1) 만약 한 효가 '변해야 하는 효'이면 9는 6으로, 6은 9로 변화시켜 지괘를 얻는다. 이때에는 본괘의 변효의 효사로 점을 친다.

2) 만약 네 효가 모두 '변해야 하는 효'가 아니면 네 효의 9는 6으로, 6은 9로 변화시켜 지괘를 얻는다. 이때에는 지괘의 괘사로 점을 친다. '변하는 효'가 '변하지 않는 효'보다 많기 때문이다.

#### (6) 다섯 효가 9, 6일 경우

1) 만약 한 효가 '변해야 하는 효'이면 9는 6으로, 6은 9로 변화시켜 지괘를 얻는다. 이때에는 본괘의 변효의 효사로 점을 친다.

2) 만약 다섯 효가 모두 '변해야 하는 효'가 아니면 다섯 효의 9는 6으로, 6은 9로 변화시켜 지괘를 얻는다. 이때에는 지괘의 괘사로 점을 친다. '변하는 효'가 '변하지 않는 효' 보다 많기 때문이다. 『좌전』 양공 9년에 목강穆姜이 "점을 쳐 간괘의 둘째 음효(六二)의 영수가 변하지 않는 8을 얻었으니, 이것은 간괘가 수괘로 변한 것이라고 한다(遇艮之八, 是謂艮之隨)"라고 한 것이 그 예이다. 상세한 것은 뒷장을 보라.

### (7) 여섯 효 모두 9, 6일 경우

이것은 '모든 효가 변하는 괘(全變之卦)'이니 '변해야 하는 효'를 구할 필요가 없다. 여섯 효의 9는 6으로, 6은 9로 변화시켜 지괘를 얻는다. 건괘가 곤괘로 변하는 것을 얻으면 건괘의 '용구用九'의 효사로 점을 친다. 곤괘가 건괘로 변하는 것을 얻으면 곤괘의 '용육用六'의 효사로 점을 친다. 다른 괘를 얻으면 이때에는 지괘의 괘사로 점을 친다. 모든 효가 변하기 때문이다. 예를 들면, 점을 쳐 진괘震卦를 얻어 손괘巽卦로 변하였다면 '진괘가 손괘로 변한 것을 얻었다(遇震之巽)'라 하고, 이때에는 손괘의 괘사로 점을 친다.

진괘

손괘

요약해서 말하면, 천지의 수와 괘의 영수는 변효를 결정하는 중요한 기본이다. '변하지 않는 괘'는 본괘의 괘사로 점을 친다. '모든 효가 변하는 괘'는 지괘의 괘사로 점을 친다(건괘와 곤괘는 예외이다). 이 두 가지 외에 만약 '변해야 하는 효'와 '변하는 효'가 서로 마주친다면 본괘의 변효의 효사로 점을 친다. 만약 이것이 서로 마주치지 않을 때는, '변하는 효'가 '변하지 않는 효'보다 적다면 본괘의 괘사로 점을 치고, 많다면 지괘의 괘사로 점을 치고, 같다면 본괘와 지괘의 괘사를 합하여 점을 친다. 이것이 『주역』 점법의 대강의 내용이다. 괘를 변화시키는 법(變卦法)은 『좌전』과 『국어』 중에 혹은 증거가 있기도 하고 혹은 없기도 하다. 증거가 있는 것은 증거로써 알 수 있고, 증거가 없는 것은 증거가 있는 것을 미루어 알 수 있으니 당연히 큰 오류는 없을 것이다.

## 3. 춘추전국시대의 점법의 실제 증명

『좌전』과 『국어』에 기록되어 있는 점친 사례들은 춘추전국시대의 점법의 실제 증명이다. 지금 분류하여 서술하겠다.

### (1) 여섯 효가 모두 변하지 않은 예

#### 1) 『좌전』 희공僖公 15년

진秦나라 제후가 진晉을 치려고 하였다. 복도보卜徒父가 시초점(筮)을 쳐보고는 "길합니다. 황하를 건너면 제후의 수레는 부서집니다"라고 말하였다. 진秦의 제후가 그게 무슨 말이냐고 힐문하자 대답하기를 "이것이야말로 대길大吉입니다. 적은 세 번 패하고 우리는 반드시 진晉의 제후를 생포할 것입니다. 점괘는 고괘蠱卦인데 점풀이 글에 '전차 천 대를 가진 나라가 세 번 싸워 퇴각하고 세 번 퇴각한 뒤에는 그 숫여우를 잡게 된다(千乘三去, 三去之餘, 獲其雄狐)'라고 하였습니다. 여우는 속이는 것인데 생포되는 사람은 반드시 적의 제후일 것입니다. 고괘의 아랫괘(貞)는 바람(風)이고, 윗괘(悔)는 산(山)입니다. 계절은 가을인데 우리가 그 열매를 떨어뜨리고 재목을 취하니 이기는 것이요 열매가 떨어지면 재목이 없어지니 진晉이 어찌 패하지 않겠습니까?"라고 하였다. 진晉은 세 번 싸움에 패하고 한韓으로 물러났다. ……임술壬戌의 날에 두 나라는 한원韓原에서 싸웠다. ……진秦이 진晉의 제후를 생포하여 돌아갔다.

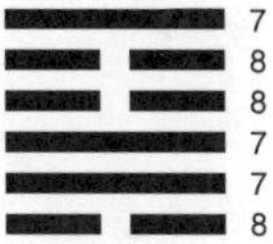


고괘

2) 『좌전』 성공成公 16년

초나라가 새벽에 진晉의 군사에 접근하여 진을 쳤다. ……묘분황苗賁皇이 진의 제후에게 말하기를 "초의 정예부대는 중군中軍에 속해 있는 초왕의 친위병뿐입니다. 우리 정예부대를 나누어서 초군의 좌우를 치십시오. 그리고는 삼군의 병력을 초왕의 친위대 공격에 집중시키면 초군은 반드시 크게 패할 것입니다"라고 하였다. 제후는 시초점을 치게 하였다. 점치는 관리가 말하기를 "길합니다. 복괘復卦를 얻었습니다. 점풀이 글에 '남쪽 나라가 쭈그러지고, 활을 그 나라 왕에게 쏘아 그 눈을 맞힌다(南國蹙, 射其元王, 中厥目)'라고 하였습니다. 나라가 쭈그러지고 왕이 부상을 당했는데 어찌 패하지 않겠습니까?"라고 하였다.

복괘

위의 두 가지 예는 여섯 효가 모두 7, 혹은 8이어서 변하지 않는 괘이다. 그들이 얻은 고괘蠱卦와 복괘復卦의 괘상은 위의 그림과 같다. 이것은 괘를 변화시키는 법(變卦法) 중의 (1)에 해당하는 것이다. 다만 그 점풀이 글은 『주역』에 보이지 않으니 다른 종류의 점책에 근거하였으며 그 점풀이 글은 당연히 괘사이다. 그 괘명과 『주역』의 괘명은 같으니 『주역』 점법의 방증이라고 할 수 있다.

3) 『국어』「진어晉語」

10월에 진晉의 혜공惠公이 죽었다. 12월에 진秦의 제후가 피난한 진晉의 공자를 받아들였다. 동인董因이 진의 공자를 국경인 하河에서 영접하였다. 공자가 "나는 도움을 얻어 어려움을 해결할 수 있겠는가?"라고 물었다. 동인이 대답하기를 "신이 점을 쳐보겠습니다"라고 하고, 태괘泰卦의 한 음효의 영수가 8인 것을 얻었다. 그가 말하기를 "이것은 천지가 결합하는 것을 말합니다. 괘사에 '형통하리니, 잃는 것은 적고 얻는 것은 크리라(亨, 小往大來)'라고 하였습니다. 지금 진秦의 제후가 공자를 받아들이려고 하는데 어찌 도움을 얻어 어려움을 해결할 수 없겠습니까"라고 하였다.

태괘

위의 한 예는 한 효 혹은 두 효가 9, 6이나, '변해야 하는 효'와 '변하는 효'가 서로 마주치지 않은 것이다. '변해야 하는 효'는 9 혹은 6과 마주치지 아니하고 8과 마주치므로 "태괘의 한 음효의 영수가 8인 것을 얻었다(得泰之八)"라고 말한 것이다. 이른바 "형통하리니, 잃는 것은 적고 얻는 것은 크리라(亨, 小往大來)"는 말은 태괘의 괘사이다. 그래서 본괘의 괘사로 점을 친 것이다. 이것은 괘를 변화시키는 법(變卦法) 중 (2)의 2), 혹은 (3)의 2)에 해당하는 것이다.

### (2) 한 효가 변한 예

#### 1) 『좌전』 소공昭公 12년

남괴南蒯가 반란을 일으키려고 남몰래 시초점을 치니, 곤괘坤卦가 비괘比卦로 변하는 것을 얻었다(곤괘의 다섯째 효가 변하였다). 점풀이 글에 "황색 치마를 입었으니, 크게 길하다(黃裳, 元吉)"라고 하였다[곤괘 다섯째 음효(六五)의 효사이다]. 그는 크게 길할 것으로 여기고 자복혜백子服惠伯에게 보이면서 "어떤 일을 도모한다면 어떻겠습니까?"라고 말하였다. 그러자 혜복이 말하기를 "나는 일찍이 충성스럽고 신의 있는 일은 잘 되지만 그렇지 않으면 반드시 실패한다고 배웠다. 밖으로는 강하고 안으로는 온화한 것이 충이다. 화평을 근본으로 하여 바름을 좇는 것이 신이다. 그러므로 '황색 치마를 입었으니, 크게 길하다'라고 한 것이다. 황색(黃)은 가운데 색이다. 치마(裳)는 몸의 아래를 꾸미는 것이다. 크다(元)는 것은 선의 근원이다(元, 善之長也). 가운데가 충성스럽지 않으면 그 색을 얻지 못하고, 아랫사람이 공손하지 않으면 그 꾸밈을 얻지 못하고, 하는 일에 선하지 않으면 그 끝을 얻지 못한다. 밖과 안이 화평한 것이 충이고 신의로 일을 따르는 것이 공손이며 충, 신, 공 세 가지 덕을 갖춘 것이 선이다. 이 세 가지의 덕(충, 공, 선)을 갖추지 않고는 점풀이 글의 길한 운에 해당되지 않는다. 또 『역』은 도의에 어긋나는 일을 점치는 것은 불가하다(易不可以占險). 그런데 그대는 장차 무슨 일을 도모하고자 하는가? 그대는 장차 또 무슨 일을 꾸밀 수 있겠는가? 가운데가 아름다워야 황색(黃)에 해당되고, 위가 아름다워야 크다(元)에 해당되며, 아래가 아름다워야 치마(裳)에 해당된다. 이 세 가지를 갖추어야 점을 칠 수 있지만 무엇인가 결여된 것이 있다면 비록 점이 길하다 해도 그 운을 받지 못한다"라고 하였다.

곤괘

비괘

2) 『좌전』 애공哀公 9년

송나라의 황원皇瑗이 정나라의 군대를 포위하였다. 진晉의 조앙趙鞅이 정나라를 구하기 위해 거북점(卜)을 쳐, 물이 불에게 달려드는 징조를 얻었다. ……양호陽虎가 『주역』으로 시초점(筮)을 치니 태괘泰卦가 수괘需卦로 변하는 것을 얻었다(태괘의 다섯째 효가 변하였다). 그는 말하기를 "송나라는 바야흐로 길하니 더불어 싸워서는 안 됩니다. 송의 조상인 미자계微子啓는 은殷의 왕 제을帝乙의 큰아들이니 송과 정은 인척입니다. 태괘에서 지(祉)는 곧 복(祿)입니다. 만약 제을의 큰아들이 누이동생을 정나라로 시집을 보내어 송나라가 길한 복이 있다면〔태괘 다섯째 음효(六五)의 효사에 '제을이 딸을 시집보내는데, 복이 있으니, 크게 길하다(帝乙歸妹, 以祉, 元吉)'라고 하였다〕, 우리가 송나라를 친다고 하여 무슨 길한 운을 얻겠습니까?"라고 하였다. 그리하여 정나라를 구원하는 일을 그만두었다.

태괘

수괘

### 3) 『좌전』 희공僖公 25년

진秦의 제후가 황하의 위로 군사를 이끌고 가서 천자를 서울로 들여보내려고 하였다. 호언狐偃이 진晉의 제후에게 말하기를 "제후들이 따르기를 바라는 것에는 천자를 위하는 일보다 더 좋은 일이 없습니다. 천자를 위하면 제후들이 신뢰하고, 또 이것은 큰 의리입니다. 문후文侯의 공적을 계승하여 제후들에게 신의를 선양함은 지금이 좋은 때입니다"라고 하였다. 진의 제후가 "시초점을 쳐보라"고 하였다. 점을 치니 대유괘大有卦가 규괘睽卦로 변하는 것을 얻었다(대유괘의 셋째 효가 변하였다). 점치는 관리가 말하기를 "길합니다. 제후가 천자에게 향연을 받는(公用亨于天子) 점괘를 얻었습니다〔대유괘 셋째 양효(九三)에 '공후가 천자의 향연을 받는다(公用亨于天子)'라고 하였다〕. 싸움에 이겨서 천자에게 대접을 받을 것이니 아주 크게 길한 것입니다. 또 이 괘는 하늘(☰)이 변해서 못(☱)이 되어 해(☲)에 대하고 있습니다(天爲澤以當日). 이것은 천자가 마음을 내려 제후를 맞이하는 뜻이니 이 또한 좋지 않습니까? 대유괘와 규괘와의 관계를 떠나서 그것 자체만으로도 역시 같은 것입니다"라고 하였다. 진晉의 제후는 진秦의 군사를 중지시키고 군사를 이끌고 천자가 있는 곳으로 내려갔다.

대유괘

규괘

4) 『좌전』 장공莊公 22년

진陳의 여공厲公이 ……경중敬仲을 낳았다. 경중이 어렸을 때 주나라의 점치는 관리가 『주역』으로 점을 쳐주겠다고 진나라 제후를 만났다. 진의 제후가 그에게 점을 치게 하니 관괘觀卦가 비괘否卦로 변하는 것을 얻었다(관괘의 넷째 효가 변하였다). 그가 말하기를 "이것은 '나라의 찬란함을 살피고, 왕의 빈객이 되니 이롭다(觀國之光, 利用賓于王)'는 말입니다〔관괘 넷째 음효(六四)의 효사이다〕. 이 사람(敬仲)은 진나라 제후를 대신해서 나라를 보존할 것입니다. 그런데 이 나라 안에서가 아니라 다른 나라에서 그렇게 할 것입니다. 그 자신이 아니라 그의 자손이 그렇게 할 것입니다. 빛(光)이라는 것은 멀리 다른 곳에서 빛나는 것입니다. 곤(☷)은 땅입니다. 손(☴)은 바람입니다. 건(☰)은 하늘입니다. 바람(☴)이 하늘(☰)로 변하여 땅(☷) 위에 있으니 산(☶)입니다(坤土也, 巽風也, 乾天也, 風爲天於土上, 山也). 산에는 재목이 있고 하늘의 빛이 그것을 비추니 땅 위에 있으므로 '나라의 찬란함을 살피고, 왕의 빈객이 되니 이롭다'라고 하였습니다. 제후가 천자를 알현하러 가 뜰 안에 바칠 백물百物을 널어놓고 옥백玉帛을 바치어 천지간의 아름다움을 다 구비하였으므로 '왕의 빈객이 되니 이롭다'라고 하였습니다. 나라의 찬란함을 볼 수 있으므로 자신이 아니라 후손이 그렇게 할 것이라는 것이요, 바람이 불어 땅에 닿으므로 이 나라 안에서가 아니라 다른 나라에서 그렇게 할 것이라는 것입니다. 만약 다른 나라에서라면 반드시 강씨姜氏 성의 나라(제)에서일 것입니다. 강은 대악大嶽의 후손이니 산악은 하늘과 짝이 될 것입니다. 만물은 이 두 가지보다 더 클 수는 없는 것이니, 진陳나라가 쇠퇴하면 이 사람(敬仲)의 자손이 창성할 것입니다"라고 하였다. 과연 진나라가 처음 망하기 시작했을 때 경중의 5세손인 진환자陳桓子가 비로소 제齊나라에서 강대해졌고, 그 뒤 진나라가 망했을 때 경중의 8세손인 성자成子가 비로소 제나라의 정권을 얻게 되었다.

관괘

비괘

5) 『좌전』 소공昭公 5년

애초에 목자穆子가 출생함에 부친인 장숙莊叔이 『주역』으로 시초점을 쳐서 명이괘明夷卦가 겸괘謙卦로 변하는 것을 얻었다(명이괘의 처음 효가 변하였다). 점치는 관리인 초구楚丘에게 보이니 말하기를 "이 사람은 장차 나라를 떠났다가 돌아와 제사 지내는 일을 계승할 것입니다. 참언讒言을 하는 사람을 데리고 들어올 것이니 그 사람의 이름은 우牛이며 결국에는 굶주려 죽을 것입니다. 명이는 날(日)입니다. 날의 수는 열(十)입니다. 그러므로 하루는 열 시時가 있고 당연히 열 개의 자리가 있습니다. 첫째는 왕으로부터 아래로 둘째는 제후, 셋째는 경卿입니다. 하루에서 일중日中을 위로 삼아 왕의 때가 되고, 아침 식사 때는 제후의 때이며, 해가 솟을 때는 경의 때입니다. 명이괘가 겸괘로 변한 것은 날의 밝음이 완전치 않은 때를 나타낸 것이니 밤이 새는 시각에 해당됩니다. 그러므로 경의 위치에 이를 수 있어 가문의 제사 지내는 일을 계승한다는 것입니다. 겸괘로 변한다는 것은 새(鳥)에 해당하므로 '우는 꿩이 날아간다(明夷于飛)'라 하였습니다. 날의 밝음이 완전치 않아서 '그 날개를 드리운다(垂其翼)'라 하였습니다. 해가 움직이는 것을 현상하였으므로 '군자가 간다(君子于行)'라 하였습니다. 셋째의 위치인 날이 새는 시각의 운이므로 '3일 동안 먹지 못한다(三

日不食)'라 하였습니다. 리(☲)는 불입니다. 간(☶)은 산입니다. 리가 불이 되어 불이 산을 태우면 산은 황폐(敗)해집니다(離火也, 艮山也, 離爲火, 火焚山, 山敗). 사람에 있어서 말이 되며 패언敗言은 참언이 되므로(于人爲言, 敗言爲讒) '갈 곳이 있으니, 주인에게 잘못이 있다(有攸往, 主人有言)'라 한 것입니다〔명이괘 처음 양효(初九)의 효사에 '우는 꿩이 날아가는데 (왼쪽) 날개를 드리운다. 군자가 가는데 삼 일을 먹지 못한다. 갈 곳이 있으니, 주인에게 잘못이 있다(明夷于飛, 垂其(左)翼, 君子于行, 三日不食. 有攸往, 主人有言)'라고 하였다〕. 말(言)은 반드시 참언일 것입니다. 리괘는 소입니다. 세상이 어지러워지면 참언이 유행하고, 유행하면 리괘가 마침 맞게 되므로 그 이름을 우牛라 한 것입니다. 겸괘가 부족하여 날아도 빨리 날지 못하며, 날개를 드리워 높이 오르지 못하고, 날개를 넓게 펴지 못하므로 이 사람(穆子)은 나라를 떠났다가 돌아와 제사 지내는 일을 계승할 것이라고 말한 것입니다. 그대가 차석次席의 경이니 이 사람도 그럴 것입니다. 복이 적어 명대로 살지 못할 것입니다"라고 하였다.

명이괘

겸괘

6)『좌전』 양공襄公 25년

제나라 당棠 지역의 관인의 아내는 동곽언東郭偃의 누님이었다. 동곽언은 최무자崔武子의 가신이었다. 당의 관인이 죽자 동곽언은 최무자가 탄 수레를 끌고 가 조문을 했다. 최무자가 죽은 자의 아내 강씨姜氏를 보고 아름답다고 여겨 동곽언을 통하여 아내로 맞이하려고 하였다. 동곽언이 말하기를 "부부는 성을 달리하는 것인데, 지금 군은 정공丁公의 후손이고 신은 환공桓公의 후손이니 동성이어서 안 됩니다"라고 하였다. 최무자가 시초점을 쳐보니 곤괘困卦가 대과괘大過卦로 변하는 것을 얻었다(곤괘의 셋째 효가 변하였다). 점치는 관리들은 모두 길하다고 하였다. 진문자陳文子에게 보여주니 말하기를 "남편은 바람(風)을 따르고 바람은 아내를 떨어뜨리는 괘이니 아내로 맞이할 수 없습니다. 또 점풀이 글에 '돌에 묶여 있다가 감옥에 갇혔다. 풀려나 집으로 돌아가니 아내를 볼 수 없어, 흉하다(困于石, 據于蒺藜, 入于其宮, 不見其妻, 凶)'라고 하였습니다〔곤괘 셋째 음효(六三)의 효사이다〕. '돌에 묶여 있다'는 것은 앞으로 가도 건너지 못한다는 것입니다. '감옥에 갇혔다'는 것은 믿는 것에게 다치게 된다는 것입니다. '풀려나 집으로 돌아가니 아내를 볼 수 없어, 흉하다'는 것은 돌아갈 곳이 없다는 것입니다"라고 하였다. 최무자는 "그 여자는 과부인데 무슨 해가 되겠는가? 그런 액운은 죽은 남편이 당했던 것이다"라고 말하고 바로 그 여자를 아내로 맞이하였다.

곤괘 대과괘

7) 『좌전』 희공僖公 15년

전에 진晉의 헌공獻公이 딸 백희伯姬를 진秦나라에 시집보내면서 점을 쳐보니, 귀매괘歸妹卦가 규괘睽卦로 변하는 것을 얻었다(귀매괘의 꼭대기 효가 변하였다). 점치는 관리인 소蘇가 점을 치고 말하기를 "불길합니다. 점풀이 글에 '남자가 양을 칼로 찔렀으나 피가 나지 않고, 여자가 대바구니를 들었으나 얻을 것이 없다(士刲羊亦無衁也, 女承筐亦無貺也)'라 하였습니다〔귀매괘 꼭대기 음효(上六)의 효사에 '여자가 대바구니를 들었으나 과일이 없고, 남자가 양을 칼로 찔렀으나 피가 나지 않았다(女承筐无實, 士刲羊无血)'라 하였다. 『좌전』에 인용한 것과 『주역』의 문장은 조금 다르다〕. 서쪽의 이웃 나라(秦)가 책망을 하여도 대꾸할 수 없습니다. 귀매괘가 규괘로 변한다는 것은 도와줄 사람이 없다는 것과 같습니다. 진괘震卦가 리괘離卦로 변하는 것은 또한 리괘가 진괘로 변하는 것과 마찬가지로, 우레(雷)가 되고 불(火)이 되어 영씨嬴氏(진秦의 국성國姓)가 희씨姬氏(진晉의 국성國姓)를 쳐부수게 됩니다. 수레에 바퀴가 빠져나가고 불이 군기를 태우며 군사들을 이끌고 나아감에 불리하니 종구宗丘에서 패하게 됩니다. 귀매에 '나그네가 홀로 가는데, 도적이 활을 당겨 쏜다(睽孤, 寇張之弧)'라고 하였는데〔규괘 꼭대기 양효(上九)에 '나그네가 홀로 가다가 돼지를 실어 나르는 것과 한 수레 가득 귀신이 실려 있는 것을 보았는데, 먼저 활을 당겨 쏘려고 하다가 뒤에 활을 내려놓으니, 도적이 아니라 혼인하는 것이다(睽孤見豕負塗, 載鬼一車, 先張之弧, 後說之弧, 匪寇, 婚媾)'라고 하였다〕, 조카가 고모에 의지하고 6년 후에 피하여 자기의 나라로 도망쳐 돌아가 그의 집을 버리고 다음 해에 고량高梁의 언덕에서 죽을 것입니다"라고 하였다. 뒤에 혜공惠公이 한원韓原의 전투에서 포로가 되어 진秦에 머물러 있게 되자 "선군先君께서 소의 점을 따랐다면 내가 여기까지 이르지 않았을 것이다!"라고 말하였다. 그러자 한간韓簡이 옆에서 모시고 있다가 말하기를 "거북점은 모양을 보고, 시초점은 수를 헤아립니다. 만물은 생긴 후에 모양이 있고, 모양이 있은 후에 크고 많아지며, 크고 많아진 후에 수가 있게 됩니다. 선군(獻公)의 패덕은 어찌 다 헤아리겠습니까? 소의 점을 그대로 따랐다 해도 무슨 보탬이 있었겠습니까?"라고 하였다.

귀매괘

규괘

위의 7가지 예는 모두 본괘의 변효의 효사로 점을 쳤다. 그러나 7)조는 지괘의 변효의 효사를 겸하여 점을 쳤다. 이것은 『좌전』과 『국어』에서 드물게 보이는 예이다.

8) 『좌전』 소공昭公 7년

위衛나라 양공襄公의 부인 강씨姜氏는 아들이 없고 첩인 주압婤姶이 아들 맹집孟縶을 낳았다. 공성자孔成子의 꿈에 위나라 제후의 선조인 강숙康叔이 나타나 말하기를 "너는 원元을 제후로 세워라! 내 너의 아들 기羈의 손자인 어圉와 점치는 관리인 구苟로 하여금 그를 돕게 하리다"라고 하였다. 또한 점치는 관리인 조朝에게도 꿈에 강숙이 나타나 말하기를 "내 너의 아들 구苟와 공증서孔烝鉏(공성자)의 증손 어圉에게 명하여 원을 돕게 하겠다"라고 하였다. 조가 공성자를 만나 꿈 이야기를 알려주자 두 사람의 꿈이 일치하였다. 진晉의 한선자韓宣子가 집정하여 제후들을 예방했던 해에 양공의 애첩 주압이 또 아들을 낳으니 이름을 원元이라고 하였다. 큰아들인 맹집은 다리가 불구여서 제대로 걷지 못하였다. 공성자가 『주역』으로 점을 치면서 "원이 부디 이 위나라를 차지하여 사직을 주관하게 해주옵소서"라고 말하며 준괘屯卦를 얻었다. 그는 다시 "저는 맹집을 제후로 세우기를 원하니 좋은 운을 주옵소서"라고 말하며, 준괘가 비괘比卦로 변하는 것을 얻었다(준괘의 처음 효가 변하였다). 점치는 관리인 조에게 보이자 그는 "원元은 형통합니다(亨)"(준괘의 괘사이다)라고 말하였다. 공성자가

"원은 윗사람(맹집)을 두고 한 말이 아닌가?"라고 말하자, 조가 대답하기를 "강숙이 원이라고 이름을 지어주셨는데 원을 윗사람이라고 말할 수 있습니다. 맹집은 육신이 온전하지 못하여 장차 종자宗子의 노릇을 못할 것이니 윗사람이라고 이를 수가 없습니다. 또 점풀이 글에 '제후를 세우면 이롭다(利建侯)'라고 했는데〔준괘 처음 양효(初九)의 효사이다〕, 큰아들이 길하다면 당연히 제후가 되는 것인데 어찌 '제후를 세우면 이롭다'라고 말하였겠습니까? 큰아들이 아닌 다른 사람을 제후로 세울 것을 말한 것입니다. 두 괘가 모두 그렇게 말하고 있습니다〔준괘와 비괘 모두 '원형元亨'을 말하고 있음을 이른 것이다. 지금 『주역』 비괘의 괘사에 '길하다. 원래의 점은 크게 형통하다. 오랜 기간의 점은 허물이 없다(吉, 原筮元, 永貞无咎)'라고 하였는데 '원元'자 아래에 '형亨'자가 빠졌다〕. 원을 제후로 세우십시오. 강숙의 명이고 두 괘가 모두 그렇게 하라고 알려주고 있으니 점과 꿈이 같은 것은 주의 무왕武王도 그렇게 한 바입니다. 강숙의 명과 점을 따르지 않는다면 어떻게 하시겠습니까? 다리가 불구인 사람은 가만히 있기만 합니다. 제후는 사직을 주관하고 종묘의 제사에 임하며 백성을 지켜야 하고 귀신을 섬겨야 하며 제후들의 회합과 천자를 만나야 하는데 가만히 있기만 해서 어찌하겠습니까? 각기 쓰이는 바대로 하는 것이 좋지 않겠습니까?"라고 하였다. 그리하여 공성자는 영공(元)을 제후로 세웠다.

준괘

비괘

위의 한 예는 본괘와 지괘의 괘사를 합하여 점을 친 것이다. 이것 역시 『좌전』과 『국어』에 드물게 보이는 예이다.

### 9) 『좌전』 민공閔公 2년

성계成季가 태어나려고 할 때, 그 아버지 환공桓公이 점치는 관리인 초구楚丘의 아버지에게 거북점(卜)을 치게 하고, 다시 시초점(筮)을 쳐서 대유괘大有卦가 건괘乾卦로 변하는 것을 얻었다(대유괘의 다섯째 효가 변하였다). 점을 친 사람이 말하기를 "전과 같이 아버지에게 돌아가는 괘입니다. 군의 자리로 가서 존경을 받을 것입니다(同復于父, 敬如君所)"라고 하였다. 그를 낳자 손바닥에 글자가 있었는데 '우友'자였다. 그래서 그것으로 이름을 지었다.

대유괘 건괘

위의 한 예에서 "전과 같이 아버지에게 돌아가는 괘입니다. 군의 자리로 가서 존경을 받을 것입니다(同復于父, 敬如君所)"라는 것은 대유괘 다섯째 음효(六五)의 효사가 아니라 본괘의 괘상을 말한 것이다. 대유괘의 윗괘인 리괘가 변하여 건괘가 되었다. 건은 아버지이고 군이다. 리가 변하여 건이 되니 아버지의 자리로 돌아가고 군의 자리로 가는 모양이다. '여如'는 가는 것(往)이다. '소所'는 자리(處)이다. 여기에서는 괘사와 효사를 인용하지 않고 다만 괘상으로 점을 쳤다.

10) 『좌전』 민공閔公 원년

전에 필만畢萬이 진晉나라에 벼슬하는 것에 대해 점을 치니, 준괘屯卦가 비괘比卦로 변하는 것을 얻었다(준괘의 처음 효가 변하였다). 신료辛廖가 점을 풀이하여 말하기를 "길합니다. 준은 고정되어 있고, 비는 궁중에 들어가는 것을 말하니 이것보다 더 크게 길한 것은 없습니다. 반드시 번창하게 될 것입니다. 진震(☳)이 땅(☷)이 되니 수레가 말을 따르고 발이 땅에 놓이며 형이 장남이 되고 어미가 모든 사람들을 싸안고 만민이 따르게 됩니다(吉. 屯固比入, 吉孰大焉? 其必蕃昌. 震爲土, 車從馬, 足居之, 兄長之, 母覆之, 衆歸之). 준이 비로 변해도 전체의 뜻은 변하지 않으니, 만민이 힘을 합하여 나라가 고정되고, 지위는 안강하여 만민을 죽일 수 있는 권한을 가져 제후가 될 괘입니다. 제후의 자손은 반드시 그의 시조의 지위로 돌아갈 것입니다"라고 하였다.

준괘

비괘

위의 한 예는 괘사와 효사를 인용하지 않고 다만 괘명과 괘상으로 점을 쳤다.

이상 열 가지 예는 모두 『주역』으로 점을 친 것이니, 모두 '변해야 하는 효'와 '변하는 효'가 서로 마주치는 것들이다. 그 괘는 만약 한 효가 9 혹은 6이면 괘를 변화시키는 법(變卦法) 중 (2)의 1)에 해당한다. 만약 두 효가 9 혹은 6이면 괘를 변화시키는 법 중 (3)의 1)에 해당한다. 만약 세 효가 9 혹은 6이면 괘를 변화시키는 법 가운데 (4)의 1)에 해당한다. 만약 네 효가 9 혹은 6이면 괘를 변화시키는 법 가운데 (5)의 1)에 해당한다. 만약 다섯 효가 9 혹은 6이면 괘를 변화시키는 법 가운데 (6)의 1)에 해당한다. 점을 쳐보면 이 다섯 가지의 유형을 넘지 않는다.

### (3) 세 효가 변한 예

1) 『국어』「진어晉語」

진晉나라 공자(重耳)가 친히 점을 쳐 말하기를 "진晉나라를 장악할 수 있다"라고 하였다. 본괘(貞)인 준괘와 지괘(悔)인 예괘를 얻었는데(준괘의 처음, 넷째, 다섯째의 효가 모두 변하였다), 모두 꼭대기 음효(上六)의 영수가 변하지 않는 8이다. 점치는 관리들이 이것을 보고 모두 말하기를 "불길합니다. 막혀서 통하지 않으니 효는 하는 것이 없습니다"라고 하였다. 사공계자司空季子가 말하기를 "길합니다. 이것은 『주역』에서 모두 '제후를 세우면 이롭다(利建侯)'라는 것입니다. 만약 진晉나라가 없다면, 주의 왕실을 보좌하는 데 어찌 제후를 세울 수 있겠습니까? 나는 점에 '어떻게 진나라를 장악하는가'를 물었는데, 점이 알려주기를 '제후를 세우면 이롭다'라고 하였습니다. 내가 진晉의 공자인데 진나라를 얻으려고 하는 데는 이보다 더 길하고 큰 것은 없습니다. 진震은 수레(車)입니다. 감坎은 물입니다. 곤坤은 땅(土)입니다. 준屯은 두터움(厚)입니다. 예豫는 즐거움(樂)입니다(震車也, 坎水也, 屯厚也, 豫樂也). 여러 종류의 수레(車)를 안팎에 널어놓고 이들로 하여금 순종하여 훈련하게 하고, 풍부한 샘물(水)이 만물을 윤택하게 하고, 땅(土)은 비옥하여(厚) 과실을 풍성하게(樂) 하니, 진나라를 장악하지 않는다면 어찌 이러한 것들을 얻을 수 있겠습니까? 진震은 우레(雷)이고 수레(車)입니다. 감坎은 수고로움(勞)이고 물(水)이고 백성(衆)입니다. 진괘震卦는 우레(雷)와 수레(車)를 주로 하고 물(水)과 백성(衆)을 더하고 있습니다. 수레는 곧 진震의 상이고 무武를 나타냅니다. 백성(衆)들이 순종하니 문文을 상징합니다. 문무를 갖추었으니 두터움(厚)이 지극한 것입니다. 그러므로 '준屯'이라 하였습니다(震, 雷也, 車也. 坎, 勞也, 水也, 衆也. 主雷與車, 而尙水與衆. 車有震, 武也. 衆而順, 文也. 文武具, 厚之至也. 故曰屯). 그 풀이글에 말하기를 '크게 형통하리니, 이롭다는 점이다. 갈 곳이 있어도 가지 말라. 제후를 세우면 이롭다(元亨, 利貞, 勿用有攸往, 利建侯)'라고 하였습니다(준괘의 괘사이다). 진뢰震雷를 주로 하니 으뜸(長)입니다. 그러므로 '크다(元)'라고 하였습니다. 백성들이 순종하니 아름다운 것(嘉)입니다. 그러므로 '형통하다(亨)'라고 하였습니다. 준괘의 아랫괘(內卦)가 진뢰입니다. 그러므로 '이롭다는 점이다(利貞)'라고 하였습니다. 수레(車)가 위에 있고 물(水)이 아래에 있으니 반드시 무리의 어른이 될 것입니다. 그러나 작은 일은 이루지 못하니 막히게 될 것입니다. 그러므로 '갈 곳이 있어도 가지 말라(勿用有攸往)'고 하였습니다. 한 남자가 행하는데 백성들이 순종하여 무武의 위엄이 있습니다. 그러므로 '제후를 세우면 이롭다(利建侯)'라고 하였습니다. 곤坤은 어머니(母)입니다. 진震은 장남입니다. 어머니(坤)는 늙고 자식(震)은 강합니다. 그러므로 '예豫'라고 하였습니다(坤, 母也. 震, 長男也. 母老子彊, 故曰豫). 그 풀이글에 말하기를 '제후를 세우고 군사를 일으킴이 이롭다(利建侯行師)'라고 하였으니(예괘의 괘사이다), 즐거움에 거하여 위엄을 내는 것을 이른 것입니다. 이 두 괘는 공자께서 진나라를 얻을 수 있다는 괘입니다"라고 하였다.

준괘

예괘

위의 한 예는 처음(初), 넷째(四), 다섯째(五) 효가 모두 변하는 것이다. 점을 칠 때 준괘屯卦를 얻어 영수가 48이다. 55에서 48을 빼면 나머지가 7이다. 앞에서 말한 방법대로 셈을 하여, 꼭대기 효에서 7이 다하므로 꼭대기 효가 '변해야 하는 효'가 된다. 그러나 꼭대기 효가 8이어서 '변하지 않는 효'이므로, 이것은 준괘의 꼭대기 음효(上六)의 영수가 변하지 않는 8을 얻은 것이다. 준괘의 꼭대기 음효의 효사로 점을 쳐서는 안 되며 즉시 준괘의 9는 6으로, 6은 9로 변화시켜 예괘豫卦를 얻는다. 준괘의 꼭대기 음효의 8은 역시 예괘의 꼭대기 음효의 8이므로 "본괘(貞)인 준괘와 지괘(悔)인 예괘를 얻었는데, 모두 꼭대기 음효(上六)의 영수가 변하지 않는 8이다(得貞屯悔豫, 皆八也)"라고 말하였다. 정貞은 본괘이고, 회悔는 지괘이다. 그러므로 준과 예 두 괘의 괘사를 합하여 점을 쳤다. 이것은 괘를 변화시키는 법(變卦法) 중 (4)의 2)에 해당한다. 내가 말한 괘를 변화시키는 법이 아니면 이 문장의 "본괘(貞)인 준괘와 지괘(悔)인 예괘를 얻었는데, 모두 꼭대기 음효(上六)의 영수가 변하지 않는 8이다(得貞屯悔豫, 皆八也)"라는 말은 끝내 해석할 수 없으니 내가 말한 괘를 변화시키는 법이 억측하여 지어낸 것이 아님을 알 수 있다.

준괘

예괘

(2) 『국어』 「주어周語」

선양공單襄公이 말하기를 "……성공成公이 진晉나라로 돌아갔을 때, 나는 진나라가 점을 쳐 건괘乾卦가 비괘否卦로 변하는 것을 얻었다고 들었다(건괘의 처음, 둘째, 셋째 효 모두 변하였다). 점을 친 사람이 말하기를 '하늘과 짝을 이루나 끝을 보지 못하니, 세 번 나라 밖으로 나갈 것입니다(配而不終, 君三出焉)'라고 하였다. 한 번은 이미 나갔고, 그 이후는 어떻게 될지 알 수 없으나, 그 다음은 반드시 여기에 이르게 될 것이다"라고 하였다.

건괘

비괘

위의 한 예는 처음(初), 둘째(二), 셋째(三) 효가 모두 변하는 것이다. 점을 칠 때 건괘乾卦를 얻어 영수가 48이다. 55에서 48을 빼면 나머지가 7이다. 앞에서 말한 방법대로 셈을 하여, 꼭대기 효에서 7이 다하므로 꼭대기 효가 '변해야 하는 효'가 된다. 그러나 꼭대기 효는 7이어서 '변하지 않는 효'이므로, 이것은 건괘의 꼭대기 양효(上九)의 영수가 변하지 않는 7을 얻은 것이다(是得乾之七). 건괘의 꼭대기 양효의 효사로 점을 쳐서는 안 되며 즉시 건괘의 9는 6으로 변화시켜 비괘否卦를 얻어, 마땅히 건과 비 두 괘의 괘사를 합하여 점을 쳐야 한다. 그러나 『국어』는 생략하여 말하지 않았다. 이것은 괘를 변화시키는 법 가운데 4의 (2)에 해당한다.

건괘 비괘

## (4) 다섯 효가 변한 예

(1) 『좌전』 양공襄公 9년

목강穆姜이 동궁東宮에서 훙거薨去했다. 목강이 처음 동궁으로 자리를 옮겨 시초점을 쳐, 간괘艮卦의 둘째 음효(六二)의 영수가 변하지 않는 8을 얻었다. 점을 친 관리가 말하기를 "이것은 간괘가 수괘隨卦로 변한 것입니다(간괘의 처음, 셋째, 넷째, 다섯째, 꼭대기 효 모두 변하였다). 수는 밖으로 나간다(出)는 뜻이므로 빨리 동궁을 빠져나가십시오"라고 하였다. 목강이 말하기를 "그럴 수 없다. 수괘는 『주역』에서 '수는 원형이정이니 허물이 없다(隨, 元亨利貞, 无咎)'라고 하였다(수괘의 괘사이다). 원元은 체體의 근원이요, 형亨은 아름다움이 모인 것이요, 이利는 올바름의 조화요, 정貞은 모든 일의 줄거리이다. 인을 행하면 사람의 어른이 될 수 있고, 아름다운 덕은 예와 합할 수 있으며, 사물을 이롭게 하는 것은 올바름에 합할 수 있고, 바르고 굳은 것은 모든 일의 근본이 될 수 있다. 그러므로 속일 수 없는 것이다. 그리니 비록 수괘이지만 허물이 없다고 한 것이다. 그런데 지금 나는 여자이면서 난에 가담한데다, 본래 아랫자리에 있으면서도 어질지 못하였으니 원元이라 이를 수 없고, 나라를 편안하게 하지 못하였으니 형亨이라 이를 수 없으며, 일을 도모하여 몸을 해쳤으니 이利라고 이를 수 없고, 제후 부인의 자리임을 생각하지 않고 음란하게 행동하였으니 정貞이라고 이를 수가 없다. 원래 이 네 가지 덕을 갖추어야 수괘를 얻었다 하더라도 허물이 없는 것인데, 나는 이 네 가지 덕이 없는데 어찌 수괘가 내 운이 되겠는가? 나는 나쁜 짓을 했는데 어찌 허물이 없겠는가? 반드시 여기에서 죽을 것이니 나갈 수 없다"고 하였다.

간괘

수괘

위의 한 예는 처음(初), 셋째(三), 넷째(四), 다섯째(五), 꼭대기(上) 효가 모두 변한 것이다. 점을 칠 때 간괘艮卦를 얻어 영수가 44이다. 55에서 44를 빼면 나머지가 11이다. 앞에서 말한 방법대로 셈을 하여, 둘째 효에서 11이 다하므로 둘째 효가 '변해야 하는 효'가 된다. 그러나 둘째 효가 8이어서 '변하지 않는 효'이므로 "간괘의 둘째 음효(六二)의 영수가 변하지 않는 8을 얻었다(得艮之八)"라고 말한 것이다. 간괘의 둘째 음효의 효사로 점을 쳐서는 안 되며, 즉시 간괘의 9는 6, 6는 9로 변화시켜 수괘隨卦를 얻으므로 "이것은 간괘가 수괘로 변한 것(是謂艮之隨)"이라고 한 것이다. 수괘의 괘사인 "크게 형통하리니, 이롭다는 점이다. 허물이 없다(元亨, 利貞, 无咎)"를 인용하여 지괘의 괘사로 점을 쳤다. 이것은 괘를 변화시키는 법 중 (6)의 2)에 해당한다. 내가 말한 괘를 변화시키는 법이 아니면 이 문장의 "간괘의 둘째 음효의 영수가 변하지 않는 8을 얻었다. 이것은 간괘가 수괘로 변한 것이라고 한다(遇艮之八, 是謂艮之隨)"라는 말은 끝내 해석할 수가 없으니, 역시 내가 말한 괘를 변화시키는 법이 억측하여 지어낸 것이 아님을 알 수 있다.

간괘

수괘

『좌전』과 『국어』에 기록되어 있는 점친 사례들을 종합해보면 춘추전국시대의 점법을 대략 알 수 있다. 요약해서 말하면, 점법에는 여섯 항목이 있다. 하나는 괘를 얻는 것(成卦)이니, 즉 '본괘'를 얻는 것이다. 둘은 괘를 변화시키는 것(變卦)이니, 즉 '지괘'를 얻는 것이다. 셋은 점글(筮辭)을 보는 것이니, 즉 괘사와 효사를 보는 것이다. 넷은 괘상卦象을 보는 것이니, 즉 본괘(貞)과 지괘(悔)의 상을 보는 것이다. 『좌전』에서 말한 "고괘의 아랫괘(貞)는 바람이고 윗괘(悔)는 산이다(蠱之貞風也, 其悔山也)"와 같은 것이다. 다섯은 괘명卦名을 보는 것이니, 『국어』에서 말한 "준은 두터움이다, 예는 즐거움이다(屯厚也, 豫樂也)"와 같은 것이다. 여섯은 인간사(人事)를 보는 것이니, 『좌전』에 기록한 남괴南蒯가 곤괘의 "황색 치마를 입었으니, 크게 길하다(黃裳, 元吉)"를 얻었으나 불길하고, 목강穆姜이 수괘의 "크게 형통하리니, 이롭다는 점이다. 허물이 없다(元亨. 利貞, 无咎)"를 얻었으나 흉한 것과 같은 것이다. 뒤의 네 가지는 서로 뒤섞여 복잡하니 일정한 규격으로 정할 수 없다. 점치는 것은, 일은 귀신에게 의뢰하고 이치는 허황된 것과 연관성을 갖는 것인데, 길하고 흉한 것은 때로 점치는 사람 등이 본뜻을 확대하고 억지로 갖다 붙인 것을 따라서 올바른 격식을 이루는 것이 없다. 『국어』「진어晉語」에 기록된 중이重耳가 점을 쳐 "본괘(貞)인 준괘와 지괘(悔)인 예괘를 얻었는데, 모두 꼭대기 음효(上六)의 영수가 변하지 않는 8이다(得貞屯悔豫, 皆八也)"라는 말을 얻은 것을 두고 점치는 관리들은 모두 불길하다고 여겼지만 사공계자司空季子 홀로 길하다고 여겼고, 『좌전』 양공襄公 25년에 기록한 최무자崔武子

가 점을 쳐 곤괘困卦가 대과괘로 변한 것을 얻은 것을 두고 점치는 관리들은 모두 길하다고 여겼으나 진문자陳文子 홀로 불길하다고 여긴 것과 같이, 길흉의 판단은 또한 사람이 보는 바에 따라 다르다는 것을 증명할 수 있는 것이다. 그러므로 나는 이 글에서 '괘를 얻는 법(成卦法)'과 '괘를 변화시키는 법(變卦法)'의 기술을 주로 하였고, 점글을 보는 한 면에서는 통례는 자세하게 하였으나 특례는 생략하였고, 괘상과 괘명과 인간사를 보는 세 가지는 잠시 비워두고 논하지 않았다.

나는 이 시대에 살면서 귀신에 대한 미신을 되풀이하고 또한 상고 시대의 무술巫術로써 세상을 현혹하고 사람을 속일 생각은 없다. 그렇다면 고대의 점법을 고찰하고 연구하는 것이 지금 이 시대에 무슨 의미가 있는가? 그것은 내가 옛 서적을 깊이 연구하는 데 도움이 되기 때문이다. 고대 점법을 대략 알지 않으면 『주역』 고경古經, 『주역』 「대전大傳」과 『좌전』 『국어』 등을 깊이 연구하는 데에 어떤 때는 그 뜻을 분명히 알기가 쉽지 않은 것이 있으니, 이것은 확실히 말할 수 있는 것이다. 지금 예를 들어 설명하겠다.

『주역』 고경의 효의 명칭은 처음(初), 둘째(二), 셋째(三), 넷째(四), 다섯째(五), 꼭대기(上)로써 여섯 효의 자리와 순서를 표시한다. 이것은 쉽게 이해할 수 있는 것이다. 그러나 9로써 효의 양성을 표시하고, 6으로써 효의 음성을 표시하는 것은 쉽게 이해할 수 있는 것이 아니다. 내가 처음 이것을 보았을 때 9는 홀수여서 양성을 표시하고, 6은 짝수여서 음성을 표시하는 것으로만 알았다. 그런데 홀수에는 1, 3, 5, 7, 9가 있는데 『주역』은 왜 9자만을 사용하며, 짝수는 2, 4, 6, 8, 10이 있는데 『주역』은 왜 6자만을 사용하는가에 대해 묻는다면 대답할 수 없었다. 나는 점법을 대략 알고 양효에 9를 사용하는 것은 점칠 때 얻은 효가 시초를 9번 덜어낸 것이니〔한 번에 4개씩 덜어낸다. 한 책策은 요즘 말로 한 뿌리

(根)와 같은 뜻이다] 변하는 양효이고, 음효에 6을 사용하는 것은 점칠 때 얻은 효가 시초를 6번 덜어낸 것이니 변하는 음효임을 알게 되었다. 이것이 그 한 가지 예이다.

『주역』「대전」에 실려 있는 점법에 속하는 문장은 고대 점법을 대략 알지 못한다면 당연히 이해할 도리가 없다. 이에 대해 앞에서 기술한 것을 보면 알 수 있을 것이니 여기에 두 번 말하지 않겠다. 지금 이 말의 뜻을 명확하게 밝히고자 한다면 앞에서 이미 언급한 몇 구절을 다시 열거하여 예로 하여야 한다. 「계사전 상」에 "건의 시초 수는 216개이고, 곤의 시초 수는 144개이다. 이것을 합하면 360이 되며 만 1년의 날짜에 해당한다(乾之策二百一十有六, 坤之策百四十有四, 凡三百六十, 當期之日)"라고 하였다(일 년은 360일이다). 『주역』 건괘의 6효는 모두 9이다. 점법에 의해 각 효는 모두 시초를 9번 덜어내며 한 번에 4개씩 덜어낸다. 6과 9와 4를 서로 곱하면 바로 216책策을 얻는다. 『주역』 곤괘의 6효는 모두 6이다. 점법에 의해 각 효는 모두 시초를 6번 덜어내며 한 번에 4개씩 덜어낸다. 6과 6과 4를 서로 곱하면 바로 144책을 얻는다. 두 수를 서로 더하면 360책을 얻는다. 그 계산 방식은 아래와 같다.

6효×9번 덜어낸 수×4책=216책 ························ 건괘의 시초 수
6효×6번 덜어낸 수×4책=144책 ························ 곤괘의 시초 수
216책+144책=360책 ············································ 두 괘의 총 시초 수

「계사전 상」에 또 말하였다. "두 편의 시초 수는 11,520이니 만물의 수에 해당한다(二篇之策, 萬有一千五百二十, 當萬物之數也)." 『주역』 고경 상하 두 편은 모두 64괘이고, 각 괘가 여섯 효이니 모두 384효가 된다. 양효인 9와 음효인 6은 각각 그 반을 차지하니 즉 각각 192효이다. 점법에

의해 양효는 9이고 시초를 9번 덜어내며 한 번에 4개씩 덜어낸다. 192와 9와 4를 서로 곱하면 6,912책을 얻는다. 음효는 6이고 시초를 6번 덜어내며 한 번에 4개씩 덜어낸다. 192와 6과 4를 서로 곱하면 4,608책을 얻는다. 두 수를 서로 더하면 바로 11,520책을 얻는다. 그 계산 방식은 아래와 같다.

64괘×6효=384효 ………………………… 책 전체 효의 수
384효÷2=192효 ………………………… 책 전체 양효와 음효의 수
192효×9번 덜어낸 수×4책=6,912책 … 책 전체 양효의 시초 수
192효×6번 덜어낸 수×4책=4,608책 … 책 전체 음효의 시초 수
6,912책+4,608책=11,520책 ………… 책 전체 총 시초 수

이상 말한 바와 같이, 만약 고대 점법을 대략 알지 못하면 이러한 내용들은 이해하기가 어렵다. 이것이 또 한 가지 예이다.

『좌전』과 『국어』에 기록되어 있는 점친 사례에, '어떤 괘를 얻었다(遇某卦)', '어떤 괘가 어떤 괘로 변한 것을 얻었다(遇某卦之某卦)', '어떤 괘의 어느 효의 영수가 변하지 않는 8을 얻었다(遇某卦之八)'라는 것 등은 만약 고대 점법을 바로 알지 못한다면 더욱 명확히 알 수 없다. 앞의 문장을 다시 비춰보면 내 말이 거짓이 아님을 증명할 수 있으니 다시 자세한 설명을 덧붙일 필요는 없다.

# 『좌전』과 『국어』 중의 주역점에 대한 연구

左國中易筮之研究

이경지李鏡池

『좌전』에 『주역』으로 점을 친 것에 관한 기재는 모두 12조가 있고, 『주역』의 문구를 인용한 것은 5, 6조가 있다. 『국어』에 주역점에 대한 기재는 2조가 있다. 이것이 가장 오래된 『주역』에 관한 기재이다. 『논어』에 기록되어 있는 이른바 "몇 년을 더 보태어 나이 50에 『역』을 공부한다(假我數年, 五十而學易)"는 공자가 말한 이 한 구절은 어떠한 의미인지 정확히 정의를 내리지 못하는 범위 속에 있고, 이 구절이 설령 공자가 『주역』에 대해 진짜로 한 말이라고 하더라도, 공자가 『주역』을 공부했다는 것을 설명할 뿐이지 『주역』 그 자체의 연구와는 아무런 관계가 없다. 공자는 『논어』에서 『주역』의 "그 덕을 항구히 지키지 않으면 욕을 얻을 수 있다(不恒其德, 或承之羞)"는 구절을 인용하였으나, 도리어 "점치지 않을 뿐(不占而已矣)"이라고 말하여, 『주역』의 문구를 속어로 여겨 취급하였으며 또한 『주역』을 점책으로 여기지 않고 수양서로 여겼던 것이다. 우리는 『주역』의 최초의 사회상의 지위와 일반인의 『주역』에 대한 태도, 그리고 그 성질은 어떠한 것이며 뒤에 전해진 『주역』과 같지 않은 곳이 있는가 없는가 하는 것들을 연구해야 한다. 이러한 문제들을 연구하는 데에 우리는 곧 『좌전』과 『국어』에 기재되어 있는 10여 개의 문장을 가지고 연구의 사료로 삼아야 한다.

『좌전』과 『국어』에 기록되어 있는 글을 보면, 주역점은 실제로 매우 영험하다. 혼사를 점치고, 전쟁을 점치고, 눈앞의 일의 실행을 점치고, 장래의 운명을 점치고, 길하고 흉하고 하는 것이 영험하지 않음이 없었다. 이것은 『주역』이 당시 사회에서 차지했던 힘과 사람의 신앙을 흡인하고 사람의 사상을 지배했음을 충분히 보여주고 있는 것이다. 또 백료伯廖가 『주역』의 구절을 인용하여 만만曼滿이 반드시 죽을 것임을 알았고, 장자莊子가 『주역』의 구절을 사용하여 진晉의 군사가 반드시 패할 것임을 예측하였고, 채묵蔡墨이 『주역』의 구절을 인용하여 용이라는 것이 반드시 있음을 반증하였고, 한선자韓宣子가 역상易象을 보고 주나라의 예禮가 노魯나라에 있음을 찬양한 것 등등을 통해 『주역』은 당시의 사람들에 의해 점점 중시되었고, 『주역』의 구절은 격언과 귀중한 교훈의 가치를 가지고 있었음을 알 수 있다. 술수術數를 믿었던 선진先秦 사회에서 『주역』은 점의 영험함으로 일반인의 신앙을 널리 얻었다. 여기에다 격언식의 교훈의 가치를 더하였으니, 유가는 오로지 이 방면에서 그들의 사상을 담아 발휘하였고, 그래서 『주역』의 지위는 하루하루 높아졌다. 우리는 이러한 흔적을 대강 찾아낼 수 있다.

처음에는 『주역』이 어떻게 사람들에 의해 중시되었는지는 결코 알 수가 없다. 이것에 대해 다른 선진先秦 문헌 중에 알 수 있는 인증은 보이지 않고, 다만 『좌전』에 기재되어 있는 것에서 사실상 볼 수 있다. 『좌전』에서 거북점(卜)과 시초점(筮)을 기록한 것에는, 반드시 먼저 거북점을 치고 뒤에 시초점을 쳤으니, 비록 거북점과 시초점이 흔히 부합한다고 말하였으나 길흉이 서로 같지 않을 때도 있었다. 예를 들어, 진晉나라 헌공獻公이 여희驪姬를 부인으로 삼으려 하였을 때, 거북점은 불길하였고 시초점은 길하였다. 헌공이 "시초점을 따르겠다(從筮)"라고 말하자 점을 친 사람이 "시초점은 잘 안 맞고 거북점은 잘 맞으니, 잘 맞는 것을 따르는 것이 좋습니다(筮短龜長, 不如從長)"라고 말하였다(희공僖公 4년 전傳). 어떤 사람들은 이 말을 두고 거북점을 치는 사람(卜人)이 거북점을 편든 것이라고 말하나, 점치는 사람이 감히 헌공의 의도를 어기고 헌공의 생각과 맞지 않는 말을 하였으니, 그의 말이 조금도 근거가 없다거나 『주역』을 기만하는 의도가 있었다고는 말할 수 없다. '거북점은 잘 맞고 시초점은 잘 안 맞는다(筮短龜長)'는 논법은 아마 당시에 널리 인정된 말일 것이며, 그래서 종종 먼저 거북점을 치고 난 뒤에 시초점을 쳤던 것이다. 그렇지 않다면, 왜 먼저 복잡하고 어려운 거북점을 친 다음에 간단하고 편리한 시초점을 치려고 했겠는가? 만약 과연 주역점이 이미 일반인의 확신을 완전히 얻었다면 거북점은 벌써 도태되었을 것이니, 누가 아직도 그렇게 번거로운 거북점을 쳤겠는가? 여희에 대한 이 한 가지 일만 봐도 '시초점은 잘 안 맞고 거북점은 잘 맞는다(筮短龜長)'는 말이 틀리지 않았다는 것을 바로 증명해주고 있는 것이다. 안타깝게도 우리는 여희를 점친 것이 어떤 종류의 '길吉'인지 보지 못하였다.

나는 『주역』이 춘추시대에 점책의 일종일 뿐만 아니라 비교적 유명한 한 권의 책이었다고 생각한다. 후에 와서 주역점의 용법이 간편하고 매우 영험하며 철학적 원리의 문장을 가지고 있었기 때문에 그 가치는 점점 높아졌다. 거북점은 복잡하고 어려우며 재료 또한 얻기가 쉽지 않았기 때문에 곧 유행이 지나고 주역점에 의해 그 지위를 빼앗기게 된 것이다.

우리는 『좌전』과 『국어』에 기재되어 있는 것에서 대략 다음의 몇 가지 항목을 알 수 있다.

## 1. 점법

『주역』은 본래 일종의 점책이다. 이것에 대해서는 이미 의심스러운 점이 없으니, 『좌전』과 『국어』에 기록되어 있는 점친 사례들이 그 증거이다. 그러나 『주역』은 도대체 어떻게 점을 쳤을 것인가는 자세히 고찰하기 어려운 문제의 하나이다. 그 점법이 벌써 실전되었고, 『좌전』과 『국어』에 기록되어 있는 것은 점친 결과를 기록한 것에 불과할 뿐 점치는 방법이 아니기 때문이다. 후인들이 『주역』 점법에 근거한 것은 대부분 『주역』「계사전繫辭傳」에 의거한 것이다. 「계사전」은 『주역』 경문보다 늦게 나왔으니 여기에 기재되어 있는 점법이 곧 춘추시대 전후의 점친 방법이라고 감히 말할 수도 없고, 더군다나 「계사전」의 점법은 약간 난잡하고 뚜렷하지 않은 말들이 기록되어 있으므로 이에 의거한 후인들의 점법이 잘못되었다는 것은 더 말할 나위도 없다.

우리는 지금 『좌전』과 『국어』에 기재되어 있는 점친 결과의 내용에서 대략 다음의 몇 가지 조항을 얻을 수 있다(이것들은 전해오는 설이나, 여기에서는 전대흔錢大昕의 『잠연당문집潛研堂文集, 권4卷四』「답문어答問語」에서 인용하였다).

① 한 효가 변하면 변효의 효사로 점을 친다. 관괘觀卦가 비괘否卦로 변한 것(觀之否)(장공莊公 22년), 귀매괘歸妹卦가 규괘睽卦로 변한 것(歸妹之睽)(희공僖公 15년), 명이괘明夷卦가 겸괘謙卦로 변한 것(明夷之謙)(소공昭公 5년) 등과 같은 것이다.

② 여러 효가 변하면 괘사로 점친다. 간괘艮卦의 둘째 음효(六二)의 영수營數가 변하지 않는 8인 것(艮之八)(양공襄公 9년), 본괘(貞)인 준괘屯卦와 지괘(悔)인 예괘豫卦 모두 꼭대기 음효(上六)의 영수가 변하지 않는 8

인 것(屯貞悔豫皆八)(「진어晉語」 4) 등과 같은 것이다.

③ 여섯 효가 모두 변하지 않으면 역시 괘사로 점친다. 태괘泰卦의 한 음효의 영수가 변하지 않는 8인 것(泰之八)(「진어晉語」 4) 과 같은 것이다.

이러한 몇 가지 조항은 후인이 『좌전』에 기록되어 있는 바에 따라 추측한 것이지 본래의 진상을 얻은 것인가 하는 것은 감히 말할 수 없다. 예를 들면, 제①조에 대해서 조여매趙汝楳는 일찍 반대 의견을 제출하였다. 그는 다음과 같이 말하였다.

『좌전』 장공莊公 22년 주나라의 점치는 관리가 진경중陳敬仲을 점쳐, 관괘觀卦가 비괘否卦로 변하는 것을 얻었다. 민공閔公 원년 필만畢萬이 점을 쳐, 준괘屯卦가 비괘比卦로 변하는 것을 얻었다. 민공 2년 환공桓公이 성계成季를 점쳐, 대유괘大有卦가 건괘乾卦로 변하는 것을 얻었다. 희공僖公 15년 진晉의 헌공獻公이 백희伯姬를 시집보내면서 점을 쳐, 귀매괘歸妹卦가 규괘睽卦로 변하는 것을 얻었다. 희공 25년 진秦의 제후가 왕을 서울로 들여보내는 것을 점쳐, 대유괘大有卦가 규괘睽卦로 변하는 것을 얻었다. 양공襄公 25년 최무자崔武子가 당棠의 강씨姜氏를 점쳐, 곤괘困卦가 대과괘大過卦로 변하는 것을 얻었다. 소공昭公 5년 장숙莊叔이 목자穆子를 점쳐, 명이괘明夷卦가 겸괘謙卦로 변하는 것을 얻었다. 이러한 것들은 모두 두 괘의 변효로 점을 친 것이다. 그러나 소공昭公 12년 남괴南蒯가 점을 쳐, 곤괘坤卦가 비괘比卦로 변하고 것을 얻었고, 애공哀公 9년에 조앙趙鞅이 정鄭나라를 구하기 위해 점을 쳐, 태괘泰卦가 수괘需卦로 변하는 것을 얻었다는 것은 다만 본괘만 사용하였지 지괘는 사용하지 않았으니, 변효를 사용한 것은 또한 일정하지가 않았다

案:左傳莊公二十二年, 周史筮陳敬仲, 遇觀之否. 閔公元年, 畢萬筮, 遇屯之比, 閔公二年, 威公(實桓公)筮成季, 遇大有之乾. 僖公十五年, 晉獻公

筮嫁伯姬, 遇歸妹之睽, 僖公二十五年, 秦伯筮納王, 遇大有之睽. 襄公二十五年, 崔武子筮棠姜, 遇困之大過. 昭公五年, 莊叔筮穆子, 遇明夷之謙. 皆以兩卦之變爻占. 然昭公十二年, 南蒯筮, 遇坤之比. 哀公九年, 趙鞅筮救鄭, 遇泰之需, 乃止用本卦而不及之卦, 則所用變爻亦不定.(『주역집문周易輯聞』 부록 「서종筮宗」)

제②조에 대해서, 그는 『역수대략易數大略』의 '세 효가 변하면, 본괘와 지괘의 괘사로 점을 친다'는 설을 반박하였다.

「진어晉語」에서, 진나라 공자가 진국을 장악하는 것에 대해 점을 쳐, 본괘(貞)인 준괘屯卦와 지괘(悔)인 예괘豫卦를 얻었다. 사공계자司空季子가 "제후를 세우면 이롭다(利建侯)"고 말하였는데, 이것은 두 괘의 괘사로 점을 친 것이다. 그러나 「주어周語」에서 진晉이 성공成公을 점쳐, 건괘乾卦가 비괘否卦로 변하는 것을 얻었다. 이 역시 세 효가 변한 것이나, 곧 당시의 점책을 인용하였지 『주역』의 괘사를 들지 않았다.

案:晉語, 晉公子筮有晉國, 得貞屯悔豫. 司公季子擧"利建侯", 此以兩卦彖辭占者. 然周語, 晉筮成公, 遇乾之否, 亦三爻變, 乃引當時占書而不擧易彖.(「서종筮宗」)

제③조의 '여섯 효가 모두 변하지 않는 것'의 예에 대해서, 그는 역시 다른 의견을 제기하였다.

『좌전』 소공昭公 7년 공성자孔成子가 원元을 제후로 세우는 것에 대해 점을 쳐, 준괘屯卦를 얻었고 괘는 변하지 않았다. 그는 "원형元亨"이라고 말하였는데, 이것은 괘사로 점을 친 것이다. 그러나 성공成公 16년 진晉과

초楚의 전쟁에서 진이 점을 쳐 복괘復卦를 얻었을 때와, 희공僖公 15년 진秦이 진晉을 정벌할 때 점을 쳐 고괘蠱卦를 얻었을 때에는 모두 괘가 변하지 않았는데 둘 다 괘사를 들지 않았다. 공성자孔成子가 집縶을 제후로 세우는 것에 대해 점을 쳐, 준괘屯卦가 비괘比卦로 변하는 것을 얻었다. 이것은 곧 한 효가 변한 것인데 점치는 관리인 조朝가 괘사를 들어 "원형元亨"이라고 말하였다. 따라서 여섯 효가 모두 변하지 않는 것은 오로지 괘사로만 점치지 않았으며, 한 효가 변하는 것은 도리어 괘사로 점을 쳤다.

案:左傳昭公七年, 孔成子筮立元, 遇屯, 不變, 曰:"元亨."此擧卦彖爲占者. 然成公十六年, 晉楚戰, 晉筮遇復. 僖公十五年, 秦伐晉, 筮遇蠱. 皆不變, 皆不擧卦彖. 孔成子筮立縶, 遇屯之比, 乃一爻變, 史朝擧卦彖曰:"元亨." 則六爻不變者, 不專以卦彖占. 而一爻變者, 反得擧卦彖也.(「서종筮宗」)

그가 이렇게 말한 것들에 따르자면, 『좌전』과 『국어』에 기록되어 있는 것은 그야말로 어떤 점의 방법으로 점을 친 것인지 그 점법을 찾아낼 수가 없다. 본래 일정한 방법이 없이 어떤 때는 이렇게 말하고 어떤 때는 저렇게 해석하였기 때문에, 후인이 몇 개 조의 원칙을 세워 이것을 개괄하여 사람으로 하여금 믿고 따르도록 한다면 결과는 실패할 것이다. 그러므로 그것으로 하여금 오히려 일정한 내용도 없고, 일정한 점의 법칙이 있거나 없거나 하는 사이에 둔 후에 그것의 신비한 영험을 경험하는 것이 훨씬 좋을 것이다. 모기령毛奇齡은 『춘추점서서春秋占筮書』를 지었는데, 그는 주역점의 영험함을 극력 추앙하였다. 이 책에서 고사 한 가지를 인용하면 다음과 같다.

후한 영건永建 3년, 대장군으로 세운 양상梁商의 딸을 귀인貴人으로 하고자 하였다. 점을 쳐서 ……곤괘坤卦가 비괘比卦로 변하는 것을 얻었다.

…… 당시 점을 풀이한 사람이 이를 풀이하여 다만 "원형元亨"과 "정중正中"만을 말하였다. 그 후에 그녀는 순제順帝의 황후가 되었다. 순제가 죽자 황태후皇太后가 되었다. 자식이 없어 다른 비의 아들을 계위시켜놓고 자신이 국정을 맡아보았으니 곧 충제沖帝였다. 충제가 죽자 질제質帝를 즉위시켜 또 국정을 맡아보았다. 그녀의 오빠 양기梁冀가 질제를 시해한 후에 환제桓帝를 계위시켰다. 그리하여 양기가 권력을 마음대로 휘두르자, 환관들이 정치를 어지럽히는 화를 일으켰다. 지금 그 점을 보면, 곤괘의 다섯째 음효(六五)는 황후다. 곤괘가 비괘로 변하였다. 곤괘의 다섯째 음효가 비괘의 다섯째 양효로 변하니, 이 양은 임금이요 국정을 맡아보는 것이다. 이른바 '밝게 보필하는 것(顯比)'이다〔비괘比卦 다섯째 음효(六五)에 "밝게 보필하니, 왕이 삼면에서 몰아 사냥을 하는데, 앞면으로 짐승을 놓쳐버렸다(顯比, 王用三驅, 失前禽)." "거슬리는 것을 버리고 순종하는 것을 취한다(舍逆取順)"라고 하였다〕. '삼면에서 몰아 사냥을 한다(三驅)'는 것은 세 명의 황제를 세우는 것이다. '앞면으로 짐승을 놓쳐버렸다(失前禽)'는 것은 자식이 없는 것이니, 황태자가 없다는 말과 같다. '거슬리는 것은 버리고 순종하는 것을 취한다(舍逆取順)'는 것은 환관을 믿고 충신을 죽이는 것이다〔내(이경지)가 생각하기에 '사역취순舍逆取順'은 「상전象傳」의 문장이며, 이것으로 '실전금失前禽'의 뜻을 해석한 것이지, 결코 효사가 아니다〕. 이것과 가장 다를 수 있는 것은, 하나는 복괘復卦에서 미루어(역법易法을 추산하면, 무릇 한 개의 양괘는 모두 박괘剝卦와 복괘復卦에서 나온다), 진괘震卦의 처음 양효(初九)인 양이 비괘比卦의 다섯째 양효(九五)로 변하였고, 하나는 박괘剝卦에서 미루어, 간괘艮卦의 꼭대기 양효(上九)인 양이 비괘比卦의 다섯째 양효(九五)로 변한 것이다. 진은 맏아들이고 형이다. 간은 문이고 문지기이다(이 말은 「설괘전說卦傳」에 모두 나온다). 오빠인 양기와 환관을 합하여 모두 다섯째 양효(九五)와 더불어 변화에 참여한 상이

있으므로, 그래서 황제를 시해하고 정치를 어지럽히는 화가 있었다. 만약 한의 태사太史가 이러한 변화의 상을 알았더라면, 반드시 대장군으로 세운 양상의 딸이 귀인이 되는 것을 반대하였을 것이다.

東漢永建三年. 立大將軍梁商女爲貴人, 筮之, ……得坤之比, …… 當時解之者, 但曰"元吉" "正中"而已. 其後進爲后, 順帝崩, 進爲皇太后, 以無子, 立他妃子, 臨朝, 卽沖帝也. 沖帝崩, 質帝立, 又臨朝. 及兄冀弑質帝, 然後迎桓帝立之, 而于是有兄冀擅權, 宦官亂政之禍. 今占之, 則坤五, 后也. 之比, 而變剛, 君也, 臨朝也, 所謂 '顯比'者也. (比九五"顯比, 王用三驅, 失前禽", "舍逆取順".) '三驅', 立三帝也. '失前禽'者, 無子也, 猶無前星也. '舍逆取順'者, 信宦官, 殺忠良也. (池案 '舍逆取順', 爲象傳之文, 用以解 '失前禽'之意者, 並非爻辭.)其最可異者, 一推自復(推易法, 凡一陽卦俱從剝復來), 以震初之剛而易比五. 一推自剝, 以艮上之剛而易以比五. 震爲長子, 爲兄. 艮爲門闕, 爲閽寺(俱見說卦). 合兄冀與宦官而皆與九五有參易之象, 因之有弑帝亂政之禍. 向使漢之太史知此, 則必唾而去之矣.

곤괘 비괘 복괘 박괘

만약 한의 태사가 모기령의 시대에 태어났더라면 그가 점친 이후의 역사적인 사실은 이미 전개되었으므로 증명할 수 있었을 것이니, 그의 총명함은 결코 모기령에 못지않았을 것이다. 반대로 말해서, 만약 모기령이 후한의 태사였다면 그가 점친 이후의 역사적인 사실은 아직 전개되지 않았으므로 아마 '원형元亨'과 '정중正中'의 말만 하는데 그쳤을 것이다. 어쨌든 간에 한의 태사는 '삼면에서 몰아 사냥을 한다(三驅)'는 것이 곧 '세 황제를 세우는 것'이고, '앞에서 짐승을 놓쳐버렸다(失前禽)'는 것이 곧 '자식이 없는 것'이라는 것을 생각하지 못하였다. 그는 또 '거슬리는 것을 버리고 순종하는 것을 취한다(舍逆取順)'는 한 구절의 「상전」의 말을 경문과 같이 합하여 큰 의의가 있는 것을 결코 알지 못하였으니, 즉 '환관을 믿고 충신을 죽인다'는 해법을 생각하지 못했던 것이다. 우리는 다만 『주역』의 신비하고 오묘함에 경탄할 수 있을 뿐, 한의 태사의 무지함을 책망하기를 원하지 않는다. 왜냐하면 『주역』은 실제로 매우 신묘하여 '넓고 커서 모든 것을 갖추고 있으며(廣大悉備)' 포괄하지 않는 것이 없기 때문이다. 그 변화는 무궁하며, 상을 취한 것은 무한하고, 점은 또 이렇게 영험하니, 한의 태사는 다만 스스로 재능이 모자라는 것을 탄식할 뿐, 모기령 선생을 기다려 그가 천백 년 후에 태사를 대신하여 이를 해석하였던 것이다.

『좌전』과 『국어』 중에서 점치는 원칙을 구하는 것은 이미 불가능하게 되었다. 그렇다면 춘추시대의 점치는 관리(卜官)의 부류들이 점친 것이 또 그렇게 영험했던 것은 결국 그들이 입에서 나오는 대로 마구 지껄인 것이 마침 사실과 우연히 일치했기 때문인가? 이는 당연히 그렇지 않다. 당시 그들에게는 그들의 일정한 방법이 있었으나, 우리가 모르고 있을 뿐이다. 그들의 방법은 어쩌면 비교적 좋은 것들이 있었지만 현재 우리들이 고찰하고 연구해내지 못할 뿐이다. 당시 점에 대한 일종의 기술이 사용되었고, 이것이 사회에 널리 퍼져 일반인들의 확신을 널리 얻을 수 있었으니, 그것은 당연히 그 시행 방법이 있었던 것이다. 비록 현재 우리들은 반드시 그 점을 믿는 것은 아니나 당시에는 반드시 믿는 것이었다. 또 춘추시대에 사용한 점법이 꼭 원시적인 점법이라고 할 수 없는 것은 바로 진한시대 이후의 점법이 반드시 선진시대의 점법과 마찬가지로 원시적인 것이라고 할 수 없는 것과 같다. 그러나 춘추시대에는 확실히

『주역』을 가지고 점을 쳤고, 점에는 또한 반드시 점치는 방법이 있었다. 그 방법은 우리가 비록 몇 개 조의 원칙으로 정할 수는 없지만 그들이 말한 것을 종합해서 하나의 결론을 내릴 수 있다. 이에 대해 조여매는 『역아易雅』라는 책에서 이미 설명하였다. 그는 다음과 같이 말하였다.

> 무릇 유자儒者가 점을 명하는 요체는 성인에 바탕을 두고 있으니, 그 방법에는 다섯 가지가 있다. 하나는 신身이요, 둘은 위位요, 셋은 시時요, 넷은 사事요, 다섯은 점占이다. 점을 구하는 것을 신身이라 하고, 처해 있는 바를 위位라 하고, 겪고 있는 일을 시時라 하고, 점에 명하는 것을 사事라 하고, 길흉을 예시하는 것을 점占이라고 한다. 그러므로 점을 잘 치는 사람은 이미 괘를 얻었다면 반드시 점을 보는 사람의 본분(身)과 그 사람의 처한 위치(位)가 적합한가 어떤가, 겪고 있는 일(時)이 험한지 평이한지를 살피고 또 점치는 것(事)의 그릇됨과 바름을 고찰하여 점(占)의 길흉을 결정한다.
>
> 夫儒者命占之要, 本於聖人, 其法有五:曰身, 曰位, 曰時, 曰事, 曰占. 求占之謂身, 所居之謂位, 所遇之謂時, 命筮之謂事, 兆吉凶之謂占. 故善占者, 旣得卦矣, 必察其人之素履, 與居位之當否, 遭時之險夷, 又考所筮之邪正, 以定占之吉凶.(「점석占釋 제구第九」)

이것은 『좌전』과 『국어』에 기재되어 있는 것에서 점이 영험한 것을 종합하여 해석한 것이며, 이 해석은 점의 변화의 원칙을 벗겨낼 수 있는 것이다. 『주역』의 괘효와 괘효사가 이미 한정되어 있는 바에야(춘추시대를 전후하여 대개 다른 괘효사가 아직 있었다), 점을 쳐서 똑같은 괘효를 얻은 사람은 당연히 똑같은 길흉이 있어야 맞지 않겠는가. 그렇다면 점법은 매우 틀에 박힌 것을 면할 수 없다. 그러나 사실상 점을 쳐 똑같은 괘효를 얻었다 해도 어떤 때는 길흉이 상반되어 나타나기도 하니, 그것은 더욱 길흉이 근거가 없는 것이 된다. 이렇게 된다면 사람들이 어떻게 점을 믿겠는가? 『주역』의 점법은 처음에 어쩌면 이러한 불충분한 부분이 있었을 것이나 나중에 여러 차례 시험을 거치고 사후에 자세히 연구하여 비로소 점법이 원래 이렇게 간단한 것이 아님을 알게 되었으니, 반드시 점치는 사람이 그 사람(人)과 그 위치(位), 그리고 그 때(時)와 그 일(事)로부터 추구해서 점풀이 글과 서로 부합하는가 어떤가를 대조한 뒤에 길흉을 정할 수 있었던 것이다. 점을 쳐서 길吉을 얻었다고 해서 반드시 운이 좋은 것은 아니며 어려움을 참고 견딜 수 있어야 비로소 이룰 수 있었다(남괴南蒯가 장차 반란을 일으키려는 고사와 같다). 점을 쳐서 흉凶을 얻었다고 해서 반드시 불운한 것이 아니며 상황(時地)을 보아서 결정하였다(중이重耳가 나라를 얻는 일을 점친 것과, 노魯나라가 월越나라를 정벌하려고 하자 자공子貢과 공자가 길흉을 말한 고사와 같다. 『논형論衡』 24, 「복서편卜筮篇」을 보라). 이러한 신身과 위位와 시時와 사事에 근거하여 길흉을 정한 점법은, 생각건대 한 차례 변화를 경과한 뒤에야 비교적 진보한 점법이 되었을 것이다. 여기에 『역아易雅』에서 열거한 예증을 다시 인용해보아도 무방하다.

잠시 위衛나라 공성자孔成子가 점친 것을 말하겠다. 맹집盟縶과 원元은 모두 첩 주압婤姶의 아들인 것이 신身이다. 맹집은 맏아들이고 원은 둘째 아들인 것이 위位다. 양공襄公이 죽자 사직에 주인이 없는 것이 시時다. 위나라를 차지하는 것을 점친 것이 사事다. 원을 점쳐 준괘屯卦를 얻고, 맹집을 점쳐 준괘가 비괘比卦로 변하는 것을 얻은 것이 점占이다. 아버지를 이어 제후가 되어 장차 사직을 주관하고 종묘의 제사에 임하며 백성을 지키고 귀신을 섬기며 제후들의 회합과 천자를 만나야 하는데, 맹집은 몸이 온

전하지 못하여 할 수 없으니 성자가 설령 점을 치지 않아도 누가 제후가 되어야 하는지를 알 수 있는 것이다. 미혹하여 두 사람을 점쳐 모두 '원형元亨'을 얻었으나, 홀연히 점치는 관리인 조朝가 '원'을 '맏아들'로 여겼으니, 불구자는 제후가 될 수 없다는 뜻인지 분명하지는 않으나, 맹집의 점이 길한 것은 절름발이가 제후가 되어야 한다는 것이니, 이렇게 되면 점은 영험한 연유를 잃어버리게 된다.

姑以衛孔成子所筮論之. 孟縶與元皆嬖人婤姶之子, 則身也. 孟長, 元次, 則位也. 襄公死, 社稷無主, 則時也. 筮享衛國, 則事也. 筮元得屯, 筮孟得屯之比, 則占也. 夫繼體爲君, 將主社稷, 臨祭祀, 奉民人, 事思神, 從會朝, 而孟不良能行, 成子雖不筮可也. 疑而兩筮之, 皆得'元亨', 儻史朝以'元'爲'長', 昧非人之義, 而吉孟之占, 是使跛躄爲君, 而蓍失其所以靈矣.

공성자가 맹집을 제후로 세우는 일을 두고 점을 쳐 준괘가 비괘로 변하는 것을 얻었는데, 점치는 관리인 조朝가 괘사로 점을 쳤다. 필만畢萬이 벼슬하는 일을 두고 점을 쳐, 역시 준괘가 비괘로 변하는 것을 얻었는데, 신료辛廖가 본괘와 지괘 두 괘상으로 점을 쳤다. 괘는 같으나 점은 다른 것이 아니라, 제후를 세우는 것과 벼슬하는 일의 경중이 이미 다르고, 맹집과 필만의 신身과 위位와 시時가 또 다르니, 비록 백 사람 천 사람이 다 같이 이 괘를 얻었다 해도 그 점이 어찌 같을 수가 있겠는가!

孔成子筮立孟, 得屯之比, 史朝以卦辭爲占. 畢萬筮仕, 亦得屯之比, 辛廖兼本卦之卦兩象爲占. 非卦同而占異也, 立君與仕事之重輕已殊, 孟縶畢萬之身與位時又殊, 雖使百人千人同得此卦, 其占烏乎而可同!

남괴南蒯가 장차 반란을 일으키려고 점을 쳐 곤괘坤卦의 "황색 치마를 입었으니, 크게 길하다(黃裳, 元吉)"는 것을 얻었다. 자복혜백子服惠伯이 충성스럽고 신의 있는 일은 잘 되나 그렇지 않으면 반드시 실패한다고 여겼다.

南蒯將叛, 筮得坤"黃裳元吉", 子服惠伯以爲忠信之事則可, 不然必敗.

진晉나라 문공文公이 진나라를 장악하는 것에 대해 점을 쳐 준괘가 예괘豫卦로 변하는 것을 얻었다. 점치는 관리는 불길하다고 여겼지만 사공계자司空季子는 점에 명한 풀이 글로 점을 쳐 "길함이 이보다 더 큰 것이 없다"고 하였다.

晉文筮有晉國, 得屯之豫. 史以爲不吉, 司公季子以命筮之辭占之, 曰: "吉孰大焉!"

이로써 길흉은 일정한 것이 없고, 점은 인간사에서 비롯됨을 알 수 있다. 본래 괘는 길하나 점은 흉하고, 괘는 흉하나 점은 길한 것이 있으며, 또한 같은 괘에 다른 점과 다른 괘에 같은 점도 있으니, 이 다섯 가지를 참고하여 고려하지 않으면 점의 뜻을 얻고 그 신묘함을 다할 수가 없다.

是知吉凶無常, 占由人事. 固有卦吉占凶, 卦凶占吉. 亦有同卦異占, 異卦同占. 非參稽五物, 無以得蓍之情而窮其神也.

『좌전』과 『국어』에 기재되어 있는 점친 사례를 보면, 『주역』이 그렇게 영험한 연유는 절대로 한 효가 변하면 무엇을 가지고 점을 치고, 여러 효가 변하면 무엇을 가지고 점을 치며, 변하지 않으면 무엇을 가지고 점을 친다는 등 같은 것에 있지 않다. 이러한 간단한 몇 조의 조례가 일을 성사할 수 있는 것은 반드시 '신身, 위位, 시時, 사事, 점占'의 다섯 가지를 참고하여 고려하여야 가능한 것이니, 이렇게 하여야 비로소 점의 뛰어난 능력을 다할 수 있고, 점의 현묘한 요령을 얻을 수 있으며, 『주역』의 신비함을 찾을 수 있다. 만약 이 다섯 가지가 아직 충분하지 않다면 아마 살고 있는 지방地方의 '지地' 한 항목이나 혹은 기타 항목을 덧붙여 점의 길흉을 판단하는 데 참고할 수 있을 것이다. 만약 '점'의 한 항목이 『좌전』과 『국어』에서 말한 괘 '상'에서 아직 부족하게 사용되어 의심이 간다면, 그들이 사용한 방법을 모방하고 다시 더 많은 방법을 더할 수 있을 것이다. 예를 들면, 「설괘전說卦傳」에 기재되어 있는 것과 구가九家가 수집한 30여 종의 역상易象을 말하는 바와 같은 것들이다. 이러한 것들로도 아직 충분하지 못한 듯하면 한유漢儒를 배우고 다시 팔괘 방위 같은 것들을 창조하고 납갑納甲, 납음納音, 세응世應, 비복飛伏 등과 같은 놀이를 공부해도 무방하다. 그러나 다만 점을 해석함에 능통해야 하고 말함에 영험해야 한다.

## 2. 괘상

「계사전繫辭傳」에서 말하였다. "성인이 괘를 그리고, 그 상을 살펴 점글을 이어서 길흉을 밝히니, 강함과 부드러움이 서로 바뀌어 변화를 낳는다. 그러므로 길흉은 잃음과 얻음의 상이다. 뉘우침과 어려움은 근심과 놀라움의 상이다. 변화는 나아감과 물러감의 상이다. 강함과 부드러움은 낮과 밤의 상이다. ……그러므로 군자는 움직이지 않을 때에는 괘효의 상을 살피고 점글을 음미하며, 움직일 때에는 괘효의 변화를 보고 점을 음미한다(聖人設卦觀象, 繫辭焉而明吉凶. 剛柔相推而生變化. 是故吉凶者, 失得之象也. 悔吝者, 憂虞之象也. 變化者, 進退之象也. 剛柔者, 晝夜之象也. ……是故君子居則觀其象而玩其辭, 動則觀其變而玩其占)" 또 말하였다. "그러므로 역은 상이다. 상은 형상을 본뜬 것이다(是故易者象也, 象也者像也)" 상象은 『주역』에서 가장 중요한 용어이다. 이것은 "성인이 천하의 심오함을 보고, 그 형상을 본떠서 사물의 알맞음을 상징한 것(聖人有以見天下之賾, 而擬諸其形容, 象其物宜)"이다. 괘 가운데에 상을 함유하고 있으니 괘는 곧 상을 대표하는 것이다. 『좌전』과 『국어』에서 괘상을 말한 것은 다음과 같다.

곤괘坤卦는 땅(土)이다. 손괘巽卦는 바람(風)이다. 건괘乾卦는 하늘(天)이다. 바람이 하늘로 변하여 땅 위에 있으니, 산이다(風爲天於土上, 山也).(장공莊公 22년)

진괘震卦는 수레(車)다. 감괘坎卦는 물(水)이다. 곤괘坤卦는 땅(土)이다. 준괘屯卦는 두터움(厚)이다. 예괘豫卦는 즐거움(樂)이다.(「진어晉語」)

『좌전』과 『국어』에 기재되어 있는 것을 종합하면 괘상에는 대략 다음과 같은 몇 가지 종류가 있다.

건괘乾卦 —— 하늘(天), 천자(天子), 금(金), 옥(玉).
곤괘坤卦 —— 땅(土), 말(馬), 어머니(母), 무리(衆), 순종(順), 비단(帛).
진괘震卦 —— 수레(車), 우레(雷), 형(兄), 장남(長男), 발(足).
손괘巽卦 —— 바람(風).
감괘坎卦 —— 물(水), 남자(夫), 백성(衆), 수고로움(勞).
리괘離卦 —— 불(火), 해(日), 새(鳥), 소(牛), 공후(公侯).
간괘艮卦 —— 산(山), '사람에게 하는 말이다(於人爲言)', 뜰(庭).
태괘兌卦 —— 못(澤).
준괘屯卦 —— 두터움(厚), 고정되어 있음(固).
예괘豫卦 —— 즐거움(樂).
명이괘明夷卦 —— 날(日).

비괘比卦 —— 들어감(入).

수괘隨卦 —— 나감(出).

「설괘전說卦傳」과 「잡괘전雜卦傳」에서 말한 괘상들은 위의 이러한 괘상들을 완전히 채취하여 이를 더욱 확충한 것이다. 고대에 사용한 괘상은 당연히 이러한 것들에만 한정되어 있지 않았다. 「설괘전」에서 말한 괘상은 결코 터무니없이 날조한 것이 아니며, 실제로 있었던 것을 바탕으로 기록하였던 것이라고 말할 수 있다. 위의 예는 곧 간단한 몇 개 조를 말한 것이며, 한 괘 가운데 이미 몇 종의 상을 취한 것도 있고, 취한 상은 그 범위 또한 넓어서 천문 지리에서 인간사의 각 방면에 이르기까지 모두 다 갖추고 있다. 팔괘의 관계에서 곤괘를 어머니로 하고, 진괘를 남자라고 한 설을 검증해보면 마치 그 당시에 이미 '한 집안(一家)'을 이루었을 것이라는 생각을 갖게 한다.

## 3. 변괘變卦와 호체互體

『좌전』과 『국어』에서 어떤 괘가 어떤 괘로 '변하였다'(某卦 '之' 某卦)는 것을 자주 말하였다. 즉 관괘가 비괘로 변하였다(觀之否), 준괘가 비괘로 변하였다(屯之比)는 구절과 같은 것이다. '지之'는 변한다(變)는 것이다. '관괘가 비괘로 변하였다(觀之否)'는 것은 관괘의 넷째 음효(六四)가 넷째 양효(九四)로 변하여 비괘否卦가 되었다는 것이다. 준괘가 비괘로 변하였다(屯之比)는 것은 준괘의 처음 양효(初九)가 처음 음효(初六)으로 변하여 비괘比卦가 되었다는 것이다.

'변괘變卦'와 '괘변卦變'은 다르다. '변괘'는 시초를 셈하는 것에서 변하는 것이고, '괘변'은 괘가 스스로 변하는 것이다. 주희朱熹는 『괘변도卦變圖』에서 말하였다. "무릇 한 효가 음이고 한 효가 양인 괘는 각각 6개이며, 모두 복괘復卦와 구괘姤卦에서 나왔다. 두 효가 음이고 두 효가 양인 괘는 각각 15개이며, 모두 임괘臨卦와 둔괘遯卦에서 나왔다. 세 효가 음이고 세 효가 양인 괘는 각각 20개이며, 모두 태괘泰卦와 비괘否卦에서 나왔다. 네 효가 음이고 네 효가 양인 괘는 각각 15개이며, 모두 대장괘大壯卦와 관괘觀卦에서 나왔다. 다섯 효가 음이고 다섯 효가 양인 괘는 각각 6개이며, 모두 쾌괘夬卦와 박괘剝卦에서 나왔다(凡一陰一陽之卦各六, 皆自復姤而來. 二陰二陽之卦各十有五, 皆自臨遯而來. 三陰三陽之卦各二十, 皆自泰否而來. 四陰四陽之卦各十有五, 皆自大壯觀而來. 五陰五陽之卦各六, 皆自夬剝而來)." 왕응린王應麟은 『곤학기문困學紀聞』에서 "한 괘가 변하여 64괘가 되고, 64괘가 변하여 4,096괘가 된다…….(一卦變六十四. 六十四卦變四千九十有六……)"라고 말하였다. 전대흔錢大昕은 『잠연당집潛研堂集』에서 "괘변의 설은 한유漢儒들이 이것을 '지괘之卦'라고 하였다. 우번虞翻은 『역』을 말하면서 오로지 '방통旁通'과 '지괘之卦'만을 취하였다. '방통'이란 것은 건괘와 곤괘, 감괘와 리괘, 간괘와 태괘, 진괘와 손괘가 교역하여 서로 변하는 것이다. '지괘'는 곧 두 효가 교역하여 한 괘를 얻는 것이다(卦變之說, 漢儒謂之 '之卦'. 虞翻說易, 專取 '旁通' 與 '之卦'. '旁通'者, 乾與坤, 坎與離, 艮與兌, 震與巽交相變也. '之卦'則以兩爻交易而得一卦)"라고 말하였다. 본괘 중에서 두 효가 교역하여 한 괘를 얻는 '괘변'과 시초를 셈하여 이 괘에서 저 괘로 변해간 '변괘'는 자연히 같지 않다. 한유가 말하는 '지괘'와 『좌전』과 『국어』에서 "어느 괘가 어느 괘로 '변하였다'(某卦 '之' 某卦)"라는 말 또한 같지 않은 것이다. 『좌전』과 『국어』에서는 다만 '변괘'를 말하였지 '괘변'의 법은 사용하지 않았다. '괘변'을 말한 것은 당연히 한유에서 비롯되었고, 그 근원은 대개 괘효사卦爻辭와 「단전彖傳」에서 말한 '왕래往來'

'상하上下' '강유剛柔'와 손괘損卦 셋째 음효(六三)에서 "세 사람이 가면 한 사람을 잃게 되고, 한 사람이 가면 그 벗을 얻게 된다(三人行則損一人, 一人行則得其友)"(고정림顧亭林 『일지록日知錄』 설괘說)는 구절 등에서 추연해 나온 것이다(괘변의 설을 논박한 것에 대해, 이돈李惇의 『군경식소羣經識小』를 보라).

'호체互體'의 설은 보통 한 괘에서 둘째(二), 셋째(三), 넷째 효(四)와 셋째(三), 넷째(四), 다섯째(五) 효가 서로 합하여 한 괘를 이루는 것을 말한다. 이 '호체'의 괘는 말하는 바에 의하면 본괘와 매우 관계가 있는 것이니, 한 괘의 의미는 호체괘의 의미를 포함하고 있다. 따라서 한 괘의 점은 또한 호체괘에서도 추측해야 한다. 예를 들면, 팔괘 중의 순음純陰 순양純陽인 건괘와 곤괘 두 괘를 제외하고, 진괘震卦에는 간괘(☶)가 아래에 감괘(☵)가 위에 있는(艮下坎上) 호체를 포함하고 있고, 손괘巽卦에는 태괘(☱)가 아래에 리괘(☲)가 위에 있는(兌下離上) 호체를 포함하고 있는 것과 같은 것이다.

진괘 손괘

호체는 한유漢儒들이 괘상을 억지로 갖다 붙이는 것을 사용하여 점을 해석한 일종의 교묘한 방법이다. 예를 들겠다.

"관괘觀卦가 비괘否卦로 변하는 것을 얻었다. ……곤괘(☷)는 땅이다. 손괘(☴)는 바람이다. 건괘(☰)는 하늘이다. 바람(☴)이 하늘(☰)로 변하여 땅(☷) 위에 있으니, 산(☶)이다." 두예杜預는 주를 달아 "둘째, 셋째, 넷째 효가 간괘의 상이다. 간괘는 산이다"라고 하였다.

"遇觀之否, ……坤, 土也. 巽, 風也. 乾, 天也. 風爲天於土上, 山也." 杜注 · "自二至四, 有艮象, 艮爲山."

관괘

비괘

'바람이 하늘로 변하여 땅 위에 있다(風爲天於土上)'는 것이 어떻게 '산'인가 하는 것은 참으로 해석하기가 어렵다. 그러나 괘상은 이러하나, 『좌전』의 이 문장에서는 호체를 말하는 것인지 설명하지 않았다. 곧 처음(初), 둘째(二), 셋째(三), 넷째(四), 다섯째(五), 꼭대기(上) 등의 효의 명칭은 『좌전』과 『국어』에서는 찾아 볼 수가 없다. 그런즉 둘째, 셋째, 넷째 효와 셋째, 넷째, 다섯째 효가 서로 합하여 괘를 이룬다는 호체설은 그 당시에는 아직 당연히 없었으며, 이 문장은 최소한 나중에 이루어진 논법 같지도 않다. 또 예를 들겠다.

귀매괘歸妹卦가 규괘睽卦로 변하는 것을 얻었다. ……풀이글에 이르기를 "남자가 양을 칼로 찔러도 피가 나지 않고, 여자가 대바구니를 손에 들어도 얻을 것이 없다. 서쪽의 이웃 나라(秦)가 책망을 하여도 대꾸할 수 없다. ……우레가 되고 불이 되어, 영씨嬴氏(진秦의 국성國姓)가 희씨姬氏(진晉의 국성國姓)를 쳐부수게 된다. 수레에 바퀴가 빠져나가고 불이 군기를 태우며 군사들을 이끌고 나아감에 불리하니 종구宗丘에서 패하게 된다……"라고 하였다. 복건服虔은 주를 달아 "셋째, 넷째, 다섯째 효가 감괘이다. 감은 피이니, 피가 감괘 위에 있으므로 찔러도 피가 나지 않는다고 하였다. 셋째, 넷째, 다섯째 효는 감괘이다. 감은 달이니, 달은 서쪽에서 나오므로 서쪽의 이웃나라를 말하였다. ……셋째, 넷째, 다섯째 효는 감괘의 상이니, 물이 불을 이기므로 영씨가 희씨를 쳐부수게 된다고 한 것이다. ……다섯째, 넷째, 셋째 효는 감괘이니 물의 상(水象)이다. 진괘는 수레이니, 물을 얻어 바퀴가 빠져 나가는 것이다"라고 하였다.

遇歸妹之睽. ……其繇曰:"士刲羊, 亦無衁也. 女承筐, 亦無貺也. 西鄰責言, 不可償也. ……爲雷爲火, 爲嬴敗姬. 車說其輹, 火焚其旗, 不利行師, 敗于宗丘……" 服虔注·"三至五, 坎. 坎爲血, 血在坎上, 故刺無血. 三至五爲坎. 坎爲月, 月生西方, 故爲西鄰. ……三至五有坎象, 水勝火, 故爲嬴敗姬. 五至三有坎爲水象. 震爲車, 得水而脫其輹也."

귀매괘

규괘

이러한 해석은 모두 글자만 보고 억지로 갖다 붙인 것이며, 원래는 이러한 뜻이 결코 없었다. 가장 가소로운 것은 감괘가 이미 피라면 어떻게 또 '피가 감괘 위에 있다(血在坎上)'라고 말하는가? 바꾸어 말하면 "피가 피 위에 있으므로, 찔러도 피가 나시 않는다(血在血上, 故刺無血)"는 말인데 이 말이 통할 수 있는가?

요컨대, 『좌전』과 『국어』에 기재되어 있는 점친 글에 후인들이 비록 호체설을 억지로 갖다 붙일 수는 있었지만, 그러나 이러한 논법은 『좌전』과 『국어』에는 원래 없는 것이다.

## 4. 괘효사의 해석

『역경』의 내용은 두 부분으로 나눈다. 하나는 괘 그림(卦畫)인데, 이것은 상을 취한 것이다. 또 하나는 풀이 글(繫辭)인데, 이것은 길흉을 분별한 것이다. 상象의 부분에서는, 그 범위를 매우 넓게 확대할 수 있으므로 역학가들은 팔괘를 가지고 우주의 삼라만상을 모두 포괄할 수 있다. 왜냐하면 이 몇 개의 부호가 비록 간단하지만 매우 신비한 것이기 때문이다. 여기에는 마음대로 무엇이든 갖다 붙일 수 있으니, 이것이 포용하지 않는 것이라고는 없다. 풀이 글(辭)의 부분에서는, 이것이 비교적 한정되어 있는 것 같으므로 실제로 그 한 구절을 다소 확대할 수 없으며 더욱 그것을 변경할 수도 없다. 그러나 이것은 상象과 비교한 말일 뿐이며, 한 구절의 해석은 어떤 때는 또한 여러 가지 종류의 논법이 있을 수도 있다. 『주역』의 괘효사卦爻辭와 같이 그렇게 고문체이고 심오하여 이해하기 어려운 말은, 어떤 때에는 그 구절을 나누어 읽어야 할뿐더러, 또 한 구절을 나누어 읽는 데에도 여러 가지 종류의 나누어 읽는 법(分法)이 있으니, 하물며 그 글 뜻의 해석이 이에 따라 여러 가지로 달라질 수 있는 것은 더 말할 나위도 없다. 예를 들어, 『주역』 책을 열면 첫 한 구절이 이런 말로 되어 있다.

건원형리정

乾元亨利貞

이것을 다음과 같이 읽을 수 읽다.

건: 원, 형, 리, 정.
乾: 元, 亨, 利, 貞.

『좌전』에서 목강穆姜의 해석은 이와 같이 읽은 것이다. 그러나 또 이렇게도 읽을 수 있다.

건: 원, 형, 리정.
乾: 元, 亨, 利貞.

『국어』에서 사공계자司空季子의 말은 이와 같은 종류이다. 그러나 또 이렇게도 읽을 수 있다.

건원, 형, 리정.
乾元, 亨, 利貞.

『국어』의 「진어晉語」와 『주역』의 「문언전文言傳」은 이와 같은 논법이었다. 「문언전」에는 "건원은 건이 처음 만물을 생하여 형통하다는 것이다. 이정은 건의 성정이다(乾元者, 始而亨者也. 利貞者, 性情也)"라고 하였다. 그러나 만약 『주역』의 경문을 문법적으로 비교하는 연구를 한다면, 또 아래와 같이 읽을 수도 있다.

건: 원형, 리정.
乾: 元亨, 利貞.

읽는 법이 이렇게 같지 않으니, 해석도 당연히 같지 않다. 지금 『좌전』

과 『국어』에 기재되어 있는 『주역』의 점글과 『역전』의 해석을 한번 비교해보겠다.

(1) 『좌전』 소공昭公 12년

황색은 가운데 색이다. 치마는 몸의 아래를 꾸미는 것이다. 원은 선의 근원이다. ……가운데가 아름다워야 황색에 해당되고, 위가 아름다워야 원에 해당되며, 아래가 아름다워야 치마에 해당된다. 이 세 가지를 갖추어야 점을 칠 수 있다.

黃, 中之色也. 裳, 下之飾也, 元, 善之長也. ……中美能黃, 上美爲元, 下美則裳. 參成可筮.(坤之比)

『역전』 「상전象傳」

황색 치마를 입었으니, 크게 길하다'는 것은 아름다움이 속에 있다는 것이다.

'黃裳元吉', 文在中也.

『역전』 「문언전文言傳」

군자는 아름다움이 마음속에 있어 사리에 통달하고, 바른 자리에서 예를 지키며, 아름다움이 마음속에 있어 네 팔과 다리에 이르고 사업에 나타나니, 아름다움이 지극한 것이다.

君子黃中通理, 正位居體, 美在其中而暢於四肢, 發於事業, 美之至也.

(2) 『국어』「진어晉語」

진뢰震雷를 주로 하니 으뜸(長)이다. 그러므로 "원元"이라고 하였다. 백성들이 순종하니 아름다운 것(嘉)이다. 그러므로 "형亨"이라고 하였다. 준괘의 아랫괘(內卦)가 진뢰이다. 그러므로 "이정利貞"이라고 하였다. 수레(車)가 물 위에 있고 물(水)이 아래에 있으니 반드시 무리의 어른이 될 것이다. 그러나 작은 일은 이루지 못하니 막히게 될 것이다. 그러므로 "갈 곳이 있어도 가지 말라"고 하였다. 한 남자가 행하는데 백성들이 순종하여 무武의 위엄이 있다. 그러므로 "제후를 세우면 이롭다"라고 하였다.

主震雷, 長也, 故曰"元". 衆而順嘉也, 故曰"亨". 內有震雷, 故曰"利貞". 車上水下, 必伯. 小事不濟壅也, 故曰"勿用有攸往", 一夫之行也. 衆順而有武威, 故曰"利建侯". (屯)

『역전』「단전彖傳」

준은 강유剛柔가 처음 교합하여 어려움이 생겨난 것이다. 험난한 가운데 움직이니 크게 '형통하고 바르다'. 우레와 비의 움직임이 천지 사이에 가득하니, 하늘이 초목을 만들었다. 마땅히 '제후를 세울 것'이니, 그렇게 하면 크게 편안할 것이다.

屯, 剛柔始交而難生. 動乎險中, 大亨貞. 雨雷之動滿盈, 天造草昧. 宜建侯而不寧.

『역전』「상전」

구름과 우레가 준괘의 상이다. 군자는 이 괘상을 본받아 천하를 다스린다.

雲雷, 屯. 君子以經綸.

(3) 『좌전』 선공宣公 12년

일을 행함에 아랫사람이 윗사람에게 순종하는 것이 장臧이 되고, 윗사람의 명령을 어기는 것을 부否라 한다. 무리가 흩어진 것을 약弱이라 하고, 시내가 막히어 흐르지 못하는 것을 택澤이라 한다. 이것은 군율이 있어도 제멋대로 한다는 것이다. 그러므로 "율律"이라고 하였다. 군율이 잘 지켜지지 않으면 있으나 마나 하는 것이 된다. 물이 가득 차 있어도 흐를 수 없으면 그 물은 말라버리고, 막히어 제대로 흐르지 못하는 것은 흉한 것이다.

執事順成爲臧, 逆爲否. 衆散爲弱. 川壅爲澤. 有律以如己也, 故曰"律". 否臧, 且律竭也. 盈而以竭, 夭且不整, 所以凶也. (師之臨)

『역전』 「상전」

'출병은 기율로써 한다'는 것은 기율을 잃으면 흉하다는 것이다.

'師出以律', 失律凶也.

(4) 『좌전』 장공莊公 22년

빛이라는 것은 멀리 다른 곳에서 빛나는 것이다. ……산에는 재목이 있고 하늘의 빛이 그것을 비추니 땅 위에 있으므로 "나라의 찬란함을 살피고, 왕의 빈객이 되니 이롭다"라고 하였다. ……제후가 천자를 알현하러 가서 뜰 안에 바칠 백물百物을 늘어놓고 옥백玉帛을 바치어 천지간의 아름다움을 다 구비하였으므로 "왕의 빈객이 되니 이롭다"라고 하였다.

光遠而自他有耀者也. ……有山之材, 而照之以天光, 於是乎居土上, 故曰"觀國之光". ……庭實旅百, 奉之以玉帛, 天地之美具焉, 故曰"利用賓于王".(觀之否)

『역전』「상전」

'나라의 찬란함을 살핀다'는 것은 왕의 빈객이 된다는 것이다.

'觀國之光', 尙賓也.

(5) 『좌전』 양공襄公 25년

'돌에 묶여 있다'는 것은 앞으로 가도 건너지 못한다는 것이다. '감옥에 갇혔다'는 것은 믿는 것에 다치게 된다는 것이다. '풀려나 집으로 돌아가니 아내를 볼 수 없어, 흉하다'는 것은 돌아갈 곳이 없다는 것이다.

'困于石', 往不濟也. '據于蒺藜', 所恃傷也. '入于其宮, 不見其妻, 凶', 無所歸也. (困之大過)

『역전』, 「상전」

'감옥에 갇혔다'는 것은 음이 양의 위에 있기 때문이다. '풀려나 집으로 돌아가니 아내를 볼 수 없다'는 것은 상서롭지 못하다는 것이다.

'據于蒺藜', 乘剛也. '入于其宮, 不見其妻', 不祥也.

『역전』「계사전」

공자께서 말씀하셨다. "곤경을 당할 바가 아닌데 곤경을 당하고 있으니, 이름은 반드시 욕되고, 의지할 바가 아닌데 의지하고 있으니 몸은 반드시 위태롭다. 이미 욕되고 또 위태로워서 죽을 때가 장차 이른 것이니, 어찌 아내를 볼 수 있겠는가!

子曰: "非所困而困焉, 名必辱. 非所據而據焉, 身必危. 旣辱且危, 死期將至, 妻其可得見邪!

나는 위의 다섯 가지 문장을 들어 예로 들었다. 그 나머지 수괘隨卦의 '원형리정元亨利貞'의 해석과 같은 것은 「문언전」에서도 채용하였다. 명이괘明夷卦가 겸괘謙卦로 변한 것(소공 5년)에서 복초구卜楚丘의 말은 『역전』에서 비교할 수 있는 것이 없다.

나는 『좌전』 『국어』와 『역전』의 각종 해석을 비교하여, 『좌전』과 『국어』에 기재되어 있는 것이 『역전』보다 비교적 상세하고 빠짐이 없으며 적절한 것이라고 생각한다. 그 가운데 가장 의미가 없는 것은 「상전象傳」의 말이니, 종종 말한 것이 말하지 않는 것과 같다. 그 원인에 대해, 『좌전』과 『국어』는 점치는 관리(卜官)나 혹은 『주역』에 대해 연구한 사람이 해석한 것이므로 비교적 타당하였고, 『역전』을 지은 작자들은 유가들인데, 그들은 본래 『주역』을 그다지 이해하지 못하는 사람들이어서 그들이 『주역』을 일종의 점책으로 간주하였기 때문이라고 생각한다. 그러나 그들은 이 점책에 대해, 도리를 설명한 문장이 대단하며 지극히 정확하고 가치 있는 말들이 그 속에 있다고 점점 여기게 되어, 비로소 이러한 것들에 주의를 기울이게 되었다. 그들은 마침내 『주역』을 그들의 경전으로 끌어들여 유가의 색채로 한층 더 물들였다. 「단전彖傳」을 쓴 사람들은 아마 아직 점치는 관리의 무리들과 왕래가 있어 그들로부터 전수받았을 것이므로 그들이 말한 것은 『좌전』 『국어』와 또한 차이가 없음을 알 수 있다. 「소상小象」(효사를 해석한 것)을 쓴 사람들은 전혀 맥락도 모르고 덩달아 흉내 내어 줄곧 효사를 베꼈을 뿐이다.

『좌전』과 『국어』의 점글(筮辭)이 『역전』의 해석보다 비교적 적절한 것은 또 다음 한 문장의 말을 인용하여 증명할 수 있다.

『춘추』 양공襄公 9년 전傳에, 목강穆姜이 점치는 관리에게 답한 말과 지금 「문언전」의 머리글은 대략 같으나 문구는 조금 다르다. 문장의 형세(文

勢)로 말하면, 『좌전』에서 말한 것이 더 적합하다. 문장의 뜻(文義)로 말하면, '원元'은 곧 '으뜸(首)'이다. 그러므로 『좌전』에서는 '체의 근원(體之長)'이라고 말하였고, 끝내 「문언전」처럼 '선의 근원(善之長)'이라 여기지 않았다. '회會'라는 것은 합한다(合)는 것이다. 그러므로 『좌전』에서 목강이 한 말 앞쪽에서는 '아름다움이 모인 것(嘉之會也)'이라 하였고, 뒤쪽에서는 '아름다운 덕은 예와 합할 수 있다(嘉德足以合禮)'라고 하였다. 만약 「문언전」처럼 '아름다움이 모인 것은 예와 합할 수 있다(嘉會足以合禮)'라고 말한다면 한 문장에서 중복되며, '가회嘉會' 두 글자는 또한 해석할 수 없는 것이다. 사람의 어른이 될 수 있고(足以長人), 예와 합하며(合禮), 올바름에 합하며(和義), 일의 근본(幹事)이 될 수 있어서 '비록 수괘이지만 허물이 없다(雖隨, 无咎)'는 것이다. 지금 「문언전」에서 그 아래의 두 구절(雖隨, 无咎)을 빼버리고, '군자君子'라는 글자를 네 구절(體仁足以長人, 嘉會足以合禮, 利物足以和義, 貞固足以幹事) 위에 놓아두었으니, 위아래 글과 뜻(文義)이 결국 서로 받아들일 수 없게 되었다.

春秋襄公九年傳, 穆姜答史之言, 與今文言篇首略同, 而詞小異. 以文勢論, 則於彼處爲宜. 以文義論, 則'元'卽'首'也, 故謂爲'體之長', 不得遂以爲'善之長'. '會'者, 合也, 故前云'嘉之會也', 後云'嘉德足以合禮'. 若云'嘉會足以合禮', 則於文爲複, 而'嘉會'二字亦不可解. 足以長人, 合禮, 和義, 而幹事, 是以'雖隨, 无咎'. 今删其下二句, 而冠'君子'字於四語之上, 則與上下文義了不相蒙.(최술崔述, 『수사고신록洙泗考信錄』)

최술은 「문언전」이 '공자가 한 말이 아니라는 것(非孔子所爲)'을 증명하려고 하였으므로 '『역전』을 지은 사람이 노나라의 점치는 관리의 말에서 채용하여 그 뜻을 잃어버렸다(作傳者采之魯史而失其義)'는 비밀을 들추어내었다. 실제로 『역전』이 『역』을 해석한 것은 모두 『좌전』과 『국어』

의 점글에 대한 해석과 비교하여 차이가 있으니, 이것은 그 둘의 시대가 같지 않기 때문이다. 우리는 『역전』의 잘못된 곳을 감추어두고 말하지 않을 수 없다. 『역전』은 대부분 유가에서 나왔다. 유가가 『주역』을 점책으로 긍정하여 『전傳』을 지은 것은 이미 오랜 후의 일이었다. 이것은 당연히 『주역』이 경서經書로 높여져 한 번 변화한 다음의 일이었다. 경서로 높여진 『주역』과 점을 치기 위한 용도로 쓴 『주역』은 같지 않은 것이니, 하나는 술수數術 시대의 것이고, 하나는 철학적 원리(哲理) 시대의 것이다. 쓰인 시대에 선후가 있기 때문에 해석에도 일치하지 않는 것이 있게 되었다. 『역』을 해석한 사람들의 유파가 같지 않았기 때문에 그들의 관점에도 차별이 있게 되었다. 「문언전」에서 '원형리정元亨利貞'을 해석한 내용은 비록 『좌전』에서 채용한 것이지만 서로 같지 않는 점이 있으니, 이는 결코 '그 뜻을 잃어버린(失其義)' 잘못이 있어서가 아니라, 실은 시대가 같지 않고 관념도 같지 않은데 원인이 있었다. 「문언전」에서 고쳐진 자구字句는 비록 적으나 시대의 영향을 받은 것은 실로 컸다. 『좌전』 소공 12년의 '곤괘가 비괘로 변한 것(坤之比)'의 한 문장을 다시 보면, 『좌전』의 자복혜백子服惠伯이 해석한 것은 아름다움에 상 중 하의 구분이 있고, '세 가지를 갖추어야 점을 칠 수 있다(參成可筮)'는 것이나, 「문언전」은 곧 다른 하나의 견해가 있었으니, "군자는 아름다움이 마음속에 있어 사리에 통달하고, 바른 자리에 거하여 예를 지키며, 아름다움이 마음속에 있어 사지에 이르고 사업에 나타나니, 아름다움이 지극한 것이다(君子黃中通理, 正位居體, 美在其中而暢於四肢, 發於事業, 美之至也)"라고 말하였다. 그 어조의 차별은 사상이 같지 않은 것과 더불어 대략적으로 볼 수 있는 것이다. 「문언전」의 말은 당연히 점치는 것에서 말하지 않고 철학적 원리에서 말하였으니, 『역전』에는 또 비교적 높고 깊은 도리가 있는 것이다. 『좌전』과 『국어』에 기재되어 있는 춘추시대 사람들의 『역』에 대한 해석은 한편으로 점을 고려하면서 또 한편으로는 본래의 뜻을 확대하여 발휘하려고 하였다. 『역전』은 비록 경을 해석한 것이라고 말하나 실제로는 『역』을 빌려 그들의 봉건 윤리 사상을 발휘하였으니, 통치자를 위한 선전으로 그 중점은 이미 바뀌었다.

## 5. 당시의 점 책과 점친 사람이 지은 글

『좌전』과 『국어』에 인용한 점풀이 글은 『주역』의 괘효사卦爻辭와 대부분 서로 같으나, 다른 것도 조금 있다. 예를 들면, 『좌전』 희공僖公 15년에 귀매괘歸妹卦가 규괘睽卦로 변한 것에 "남자가 양을 칼로 찔러도 피가 나지 않고, 여자가 대바구니를 손에 들어도 얻을 것이 없다(士刲羊亦無衁也, 女承筐亦無貺也)"라고 하였는데, 지금 『주역』의 귀매괘 꼭대기 음효(上六) 효사에는 "여자가 대바구니를 들었으나 과일이 없고, 남자가 양을 칼로 찔렀으나 피가 없다(女承筐无實, 士刲羊无血)"라고 하였다. 뜻은 서로 비슷하나 근본 취지와는 관계가 없다. 점풀이 글 중에는 완전히 같지 않은 한 구절이 있다.

> 진秦나라 제후가 진晉을 치려고 하였다. 복도보卜徒父가 시초점(筮)을 쳐 보고는 "길합니다. 황하를 건너면 제후의 수레는 부서집니다"라고 말하였다. 진秦의 제후가 그게 무슨 말이냐고 힐문하자 대답하기를 "이것이야말로 대길大吉입니다. 적은 세 번 패하고 우리는 반드시 진晉의 제후를 생포할 것입니다. 점괘는 고괘蠱卦인데 점풀이 글에 '전차 천 대를 가진 나라가 세 번 싸워 퇴각하고 세 번 퇴각한 뒤에는 그 숫여우를 잡게 된다'고 하였습니다. 여우는 속이는 것인데 생포되는 사람은 반드시 적의 제후

일 것입니다"라고 하였다.

秦伯伐晉, 卜徒父筮之:"吉. 有涉河, 侯車敗." 詰之, 對曰:"乃大吉也. 三敗必獲晉君. 其卦遇蠱, 曰:'千乘三去, 三去之餘, 獲其雄狐.' 夫狐蠱, 必其君也."(『좌전』 희공僖公 15년)

『주역』에서 고괘蠱卦의 괘사는 "크게 형통하리라. 큰 내를 건너면 이로울 것이니, 갑일의 삼 일 전과 갑일의 삼 일 후에 건너야 하리라(元亨. 利涉大川, 先甲三日, 後甲三日)"라고 하였다. 복도보가 한 말은 그 자신이 지은 글이 아니다. 그 풀이 글을 완미한 것으로 보아 스스로 점책에서 인용한 것 같다. 그러므로 두예杜預가 주를 달아 말하기를 "점치는 책은 잡된 글이다(卜筮書雜辭)"라고 하였다. 또 성공成公 16년 전傳에 다음과 같은 기록이 있다.

진晉의 제후가 정鄭나라를 정벌하려고 했다. ……점을 쳐서 점치는 관리가 말하기를 "길합니다. 복괘復卦를 얻었습니다. 점풀이 글에 '남쪽 나라가 쭈그러지고, 활을 그 나라 왕에게 쏘아 그 눈을 맞힌다'라고 하였습니다. 나라가 쭈그러지고 왕이 부상을 당했는데 어찌 패하지 않겠습니까?"라고 하였다. 이 풀이글과 『주역』은 또한 같지 않으니, 유현劉炫은 역시 잡된 점글이라고 하였다.

晉侯將伐鄭, ……筮之, 史曰:"吉. 其卦遇復, 曰:'南國蹙, 射其元王中厥目.' 國蹙王傷, 不敗何待!" 辭與『周易』亦不同, 劉炫謂亦是雜占之辭(희공 15년 『정의正義』에서 인용).

『좌전』에서 인용한 점풀이 글과 『주역』의 괘효사가 같지 않기 때문에, 그것은 '잡된 점글(雜占之辭)'이라고 말하였고 또 '점치는 책은 잡된 글

(筮書雜辭)'이라고 한 것이다. 당시 점치는 데 사용한 것은 거북(龜)과 시초(蓍) 외에 당연히 다른 점법과 점책이 있었거나, 혹은 『주역』에 현존하는 괘효사 외에 또 다른 점풀이 글이 있었음을 알 수 있다. 그러나 애석하게도 우리는 지금 그것을 알 방도가 없다. 다만 『주역』의 괘효사 외에 또 다른 점풀이 글이 있었음을, 또 역점에 사용한 것은 반드시 『역』의 점글에만 의한 것이 아니었으며, 다른 점글과 『주역』은 동등한 가치가 있었고 똑같이 영험했음을 알 수 있는 것이다.

『좌전』과 『국어』에 기재되어 있는 바에 따르면, 또 일종의 특별한 현상이 있었으니 곧 점치는 관리가 점칠 때 임시로 지은 글이다.

> 성계成季가 태어나려고 할 때, 그 아버지 환공桓公이 점치는 관리인 초구楚丘의 아버지에게 거북점(卜)을 치게 하고, ……다시 시초점(筮)을 쳐서 대유괘大有卦가 건괘乾卦로 변하는 것을 얻었다. 점을 친 사람이 말하기를 "전과 같이 아버지에게 돌아가는 괘입니다. 군주의 자리로 가서 존경을 받을 것입니다"라고 하였다.
>
> 成季之將生也, 桓公使卜楚丘之父卜之, ……又筮之, 遇大有之乾, 曰: "同復于父, 敬如君所."(민공閔公 2년)

두예는 주에서 "건은 군주이고 아버지이다. 리괘離卦가 건괘로 변하였으므로 '전과 같이 아버지에게 돌아간다'라고 말하였으니, 존경을 받는 것이 군주와 같다(乾爲君父, 離變爲乾, 故曰 '同復與父', 見敬與君同)"라고 하였다. 점친 사람의 글이 괘효사와 매우 유사하다. 또 소공昭公 5년 전傳에 다음과 같은 기록이 있다.

> 애초에 목자穆子가 출생함에 부친인 장숙莊叔이 『주역』으로 시초점을

쳐서 명이괘明夷卦가 겸괘謙卦로 변하는 것을 얻었다. 점치는 관리인 초구楚丘에게 보이니 말하기를 "이 사람은 장차 나라를 떠났다가 돌아와 제사 지내는 일을 계승할 것입니다. 참언讒言을 하는 사람을 데리고 들어올 것이니 그 사람의 이름은 우牛이고 결국 굶주려 죽을 것입니다"라고 하였다.

初, 穆子之生也, 莊叔以周易筮之, 遇明夷之謙, 以示卜楚丘. 曰:"是將行而歸爲子祀, 以讒人入. 其名曰牛. 卒以餒死."

구법句法은 비록 괘효사와 같지 않으나, 그 성질과 고사는 서로 매우 비슷하다. 『주역』의 괘효사 가운데 어떤 것은 고사의 성질을 함유하고 있다. 예를 들면, 수괘隨卦 꼭대기 음효(上六)에 "잡아두었다가 놓아 보내주니, 왕이 서산에 제사를 지낸다(拘係之, 乃從維之, 王用亨于西山)", 대장괘大壯卦 다섯째 음효(六五)에 "역나라에서 양을 잃었으나, 뉘우침이 없다(喪羊于易, 无悔)", 진괘晉卦에 "강후가 다른 나라와 싸워 노획한 말이 많아 왕에게 바쳤는데, 하루에 세 번 이겼다(康侯用錫馬蕃庶, 晝日三接)", 고괘蠱卦 꼭대기 양효(上九)에 "왕을 섬기지 않으니, 그 덕이 고상하다(不事王侯, 高尙其事)", 명이괘明夷卦 다섯째 음효(六五)에 "기자가 우는 꿩을 잡으니, 이롭다는 점이다(箕子之明夷, 利貞)"라고 한 것 등은 모두 고사의 배경을 지니고 있다. 이러한 점글은 만약 그 고사의 내막을 명백히 밝힐 수 있다면 해석하기가 쉬우나 그렇지 않으면 사람마다 말하는 것이 달라서 해석하기가 어렵다. 예를 들어, '강후康侯'의 '강'은 '미명美名'이라 하기도 하고(왕필王弼 주注), "후는 승진한 신하를 말한다(侯, 謂昇進之臣)"(공영달孔穎達 소疏)라고도 하며, 또 '기자箕子'가 변하여 '해자荄滋'가 되기도 하였다. 왕해가 "역나라에서 양을 잃어버렸다(喪羊于易)"는 고사는 왕국유王國維와 고힐강顧頡剛 선생의 연구가 과거의 어느 『주역』의 해설에 비해 뛰어나게 훌륭하다(고힐강 선생의 「주역 괘효사 중의 고사(周易

卦爻辭中的故事)」를 보라). 『좌전』에 기재되어 있는 성계와 목자가 출생할 때의 점글은, 만약 점친 사람의 글만 기록되어 있고 고사의 배경을 언급하지 않고 있다면, 이러한 점글은 그것이 어찌된 것이지 이해하는 사람은 아마 영원히 없을 것이다. 『주역』의 괘효사는 곧 점치는 관리가 기재한 것이나, 그 가운데 우리들이 쉽게 이해할 수 없는 글이 많이 있는 이유는 우리들이 다만 점글(筮辭)만 볼 뿐, 그 점글의 배경은 볼 수 없기 때문이다.

# 『주역』의 점글에 대한 연구

周易筮辭考

이경지李鏡池

1. ‘서筮’ ‘점占’과 괘효사의 저작 체제
2. ‘점에 묻는다(占問)’는 것과 그 범위
3. 괘효사 중의 고사
4. 『주역』 중의 비比 홍興 시가
5. 괘효사 중의 격언
6. 괘명과 괘효사의 편찬
7. ‘문왕이 역을 발전시켰다’는 전설의 시대와 지리적 배경
8. 괘효사에서 빠진 글과 뒤바뀐 순서

우리는 『주역』이 점책이라고 믿는다. 그 기원은 점에 있었고 그 용도 또한 점에 있었다. 그 증거는 다른 곳에서 찾을 필요 없이, 『주역』 그 자체인 괘효사卦爻辭 중에서 찾을 수 있다. 여기에서 『주역』의 괘효사를 분석하여 연구하고자 한다.

## 1. '서筮' '점占'과 괘효사의 저작 체제

『주역』 중에 '서筮'를 말한 곳이 두 곳이 있다.

처음 점을 치면 알려주고, 두세 번 점을 치면 욕되게 하는 것이니, 욕되게 하면 알려주지 않는다.

初筮告, 再三瀆, 瀆則不告.(몽괘蒙卦)

동시에 다시 점치니, 크고 영원하다는 점이다. 허물이 없다.

原筮, 元永貞, 无咎. (비괘比卦)

'점占'을 말한 곳이 한 곳이 있다.

점을 치기 않아도 포로를 잡는다.

未占, 有孚. 〔혁괘革卦, 다섯째 양효(九五)〕

점복은 "옳은 것과 그른 것, 해야 할 것과 해서는 안 될 것을 결정하는 것(決嫌疑, 定猶與)"(『예기禮記』「곡례曲禮」)이며, 화복을 묻고 길흉을 밝히는 것이니, 시초점(筮)과 거북점(卜)에 대해 자연히 절대로 신임하는 생각을 가져야 한다. 점이 길하면 길한 것이고 흉하면 흉한 것이니, 점을 쳐 '흉凶'을 얻었다고 해서 재차 삼차 점을 쳐 억지로 '길吉'을 찾아낼 수는 없다. 한 번이면 족한 것이니 다시 점칠 필요가 없다. 그래서 "처음 점을 치면 알려주고, 두세 번 점을 치면 욕되게 하는 것(初筮告, 再三瀆)"이라고 말하였다. 「곡례曲禮」에 또 말하기를 "거북점과 시초점은 세 번을 초과할 수 없다(卜筮不過三)"라 하였고, 「소의少儀」에서 역시 "두 번 묻지 않는다(不貳問)"고 하였다. 만약 한 가지 문제를 두고 점을 친 후 또 다시 점을 친다면 그 점을 믿지 못한다는 것을 드러내는 것이니 곧 점을 모독하는 것과 같다. 어떤 문제가 있어 점을 치는 사람에게 물었는데 그 사람을 모욕하였다면 그 사람은 자연히 그 문제의 해결에 대해 가르쳐주지 않는다. 설령 점을 칠 때 사용하는 시초와 거북이 화를 낼 수 없어 두세 번 점을 쳐도 변함없이 길흉을 가르쳐준다 하더라도 이 길흉은 대개 믿을 수가 없다. 왜냐하면 마음속에 근본적으로 그 점을 의심하여 해결하지 못하기 때문인데, 도대체 처음 점을 쳐 알려준 것이 맞는가 아니면 두 번 세 번 점친 결과가 맞는가는 알 수가 없는 것이다. 이것이 어찌 점친 것이 점치지 않은 것과 같고, 점이 알려준 것이 알려주지 않은 것과 같지 않겠는가? 이것을 일러 "욕되게 하면 가르쳐 주지 않는다(瀆則不告)"고

하는 것이다.

'원서原筮'의 '원原'에 대해, 간보干寶는 '복卜'이라 해석하였고(이정조李鼎祚, 『주역집해周易集解』), 공영달孔穎達은 "원은 사물의 실정을 궁구한 것이다(原窮其情)"(『주역정의周易正義』)라고 해석하였으며, 주진朱震은 '재再'(『한상역집전漢上易集傳』)라 해석하였고, 고염무顧炎武도 이와 같이 해석하였다(『일지록日知錄』). 유월兪樾은 '원서原筮'는 몽괘蒙卦의 '초서初筮'와 같다고 하였다. 유월은 다음과 같이 말하였다.

> 『설문說文』「천부灥部」에 "천灥은 물이 흘러나오는 근원이다. 중문重文에는 원原이라 하였다"라고 기록하였다. 이것이 원原의 본뜻이니, 물이 흘러나오는 근원이다. 지금 관습에는 수水자를 보태어 원源이라고 하는데, 즉 그 글자이다. 그러므로 원래의 뜻이 파생되어 '처음(始)'의 뜻이 있게 되었다. 『한서漢書』「원제기元帝紀」 주注에 진작晉灼의 말을 인용하여 "원原은 근본(本)이다. 시조의 묘이므로 본本이라고 하였다"라고 기록하였다. '원서原筮'의 '원原'은 당연히 이를 따라 뜻을 읽어야 한다. 곧 "뒤에 오는 사람은 흉하다(後夫凶)"는 구절과 서로 짝이 된다. ……"원서原筮, 원영정元永貞, 무구无咎."는 곧 『주역정의周易正義』에서 말한 "앞에 있는 사람은 길하다(在先者吉)"는 것이다.
>
> 『說文』「灥部」:"灥, 水泉本也. 重文, 原." 是原之本義, 水泉本也. 今俗加水作源, 卽其字也. 故引申之則有'始'義. 『漢書』「元帝紀」注引晉灼曰:"原, 本也. 始祖之廟, 故曰本也." '原筮'之'原', 當從此訓. 正與"後夫凶"相對. …… "原筮, 元永貞, 无咎", 卽『正義』所謂"在先者吉"也.(『군경평의羣經平議』 일一)

유월은 『주역정의周易正義』에서 말한 "앞에 있는 사람은 길하다(在先者吉)"는 설을 믿었다. 이것에 대해 비록 아직 문제 삼을 점은 있다 해도,

그는 '원原'을 '본本'으로 해석하여 '원서原筮'와 '초서初筮'를 같은 것으로 여겼으니, 매우 이치에 가깝다. 대개 처음 점을 칠 때 "원영정무구元永貞无咎"의 징조가 있었다는 것이다. 이 '원原'을 '재再'로 해석한다면 더욱 좋다. 고대에는 거북점과 시초점을 병용하였고, 또 "세 사람이 점쳤다(三人占)"(『서경書經』, 「홍범洪範」)는 말이 있는데, 이 둘을 동시에 거행하였기 때문이다. '원서原筮'는 같은 문제에 대해 다른 사람이 다른 방법(거북점 혹은 시초점)으로 점을 친 것을 말한다. 이 문장 뒤에 이어 있는 "복속하지 않는 나라에서 조정에 오는데, 뒤에 오는 사람은 흉하다(不寧方來, 後夫凶)"는 말은 당연히 또 다른 한 번의 점글(筮辭)이다.

나는 『주역』의 괘효사가 이루어진 원인에 대해 추측을 하나 하고 있다. 그것은 바로 괘효사는 곧 점치는 관리(卜史)의 점친 기록이라는 것이다. 『주례周禮』 「춘관春官」에 말하기를 "점치는 사람은 ……거북점과 시초점을 끝마친 후 점친 일을 기록한 비단을 어느 곳에 매어두었다가, 거북이나 시초에 알린 글을 그 징조와 괘효에 따라 계열별로 분류하여, 한 해가 끝날 때 그 점이 영험했는가 영험하지 않았는가를 자세히 조사하였다(占人 ……凡卜筮, 旣事則繫幣以比其命, 歲終則計其占之中否)"라고 하였다. 점친 것에는 반드시 한 효가 여러 점친 내용을 갖고 있었으니, 이에 따라 여러 종류의 기록이 있게 되었다. 한 해가 끝날 때, 점친 각종의 기록을 모아 비교 대조하여 그 점이 영험했는지 영험하지 않았는지를 자세히 조사하였다. 그래서 괘사와 효사 중에는 약간의 서로 이어지지 않는 구절이 있게 되었다. 이러한 구절은 분별하여 해석해야 한다. 만약 억지로 갖다 붙여 서로 연관된 의미로 만들어 해석하려면 마구잡이로 끌어다 붙이지 않으면 안 된다. 예를 들면, 사괘師卦 다섯째 음효(六五)에 "사냥을 하여 새와 짐승을 잡았다. 왕의 말을 집행하니 이로워 허물이 없다. 지휘관은 군대를 통솔하고 부관은 수레에 시체를 싣고 돌아오니, 점은 흉하다

(田有禽, 利執言, 无咎. 長子帥師, 弟子輿尸, 貞凶)"라고 하였는데, '허물이 없다(无咎)'이상의 문장은 당연히 다른 때의 점글이고, '지휘관(長子)' 이하의 문장은 또 다른 때의 점글이다. 소축괘小畜卦 꼭대기 양효(上九)에 "비는 왔다가 이미 개었으니, 아직 수레에 실을 수 있다. 부인의 점은 위태롭다. 보름이 지나 군자가 정벌한다면 흉하다(旣雨旣處, 尙德載, 婦貞厲. 月幾望, 君子征, 凶)"라고 하였는데, '부인의 점은 위태롭다(婦貞厲)'와 '보름이 지나(月幾望)'는 당연히 동시에 나온 점글이 아니다. 또 준괘屯卦 둘째 음효(六二)에 "많은 사람들이 모여 돌며 말을 타고 선회하니, 도적이 아니라 혼인하는 것이다(屯如邅如, 乘馬班如, 匪寇, 婚媾)"라는 이 몇 구절과 비괘賁卦 넷째 음효(六四)의 "화려하게 꾸미고, 날은 덥고, 백마는 나는 듯 달린다. 도적이 아니라 혼인하는 것이다(賁如皤如, 白馬翰如, 匪寇, 婚媾)"라는 한 문장은 서로 비슷하다. 그러나 비괘 넷째 음효의 문장은 이 구절밖에 없으나, 준괘 둘째 음효에는 아직 이어지는 글이 있으니 곧 "여자의 점은 허혼하지 않다가 십 년이 되어 허혼한다(女子貞不字, 十年乃字)"는 문장이다. 여기에서 '여자女子'와 '혼인한다(婚媾)'는 문장은 물론 상관될 가능성도 있지만, 한편으로는 혼인하는 것을 말하면서 또 한편으로는 '허혼(字)'과 '허혼하지 않는 것(不字)'을 점쳤다. 시집가는 것을 '자字'라고 여긴다면 윗문장과 연관성이 있으나, '자字'라는 글자를 '낳아 기르다(孕育)'는 뜻으로 말한 것인지 알 수 없으니 〔우번虞翻은 "자字는 임신이다(妊娠也)"라고 하였다. 『집해集解』를 보라. 『설문』에는 "자字는 아이를 낳는 것이다(乳也)"라고 하였다. 이것이 본래의 뜻이다. 자字가 성인이 된 여자를 칭하는 이름으로 하거나 허혼의 뜻으로 사용된 것은 비교적 늦게 만들어진 설이다〕, 윗문장의 혼인한다는 기술과는 관계가 없는 것이다. 우리는 문장에서 기술한 것의 다름과 같음을 비교하여 서로 이어지지 않는 구절을 추정할 수 있다.

우리는 괘사와 효사를 기술한 예를 가지고 더욱 이것을 논단할 수 있다. 괘효사를 기술한 예를 종합해서 보면 대략 여섯 종류가 있다.

(1) 순수하게 길흉을 정한 점글.

건괘乾卦: "크게 형통하리니, 이롭다는 점이다(元亨, 利貞)."

항괘恒卦 둘째 양효(九二): "뉘우침이 없어진다(悔亡)."

대장괘大壯卦 둘째 양효(九二): "점은 길하다(貞吉)."

해괘解卦 처음 음효(初六): "허물이 없다(无咎)."

이러한 예는 대략 괘사에 많다.

(2) 단순히 사실을 서술하였으나 길흉을 제시하지 않은 것.

곤괘坤卦 처음 음효(初六): "서리를 밟고 출정하여, 굳은 얼음이 얼 때 도착한다(履霜, 堅氷至)."

곤괘 꼭대기 음효(上六): "용이 들에서 싸우니, 그 피가 줄줄 흘러내린다(龍戰于野, 其血玄黃)."

비괘否卦 셋째 음효(六三): "수치스런 마음을 품는다(包羞)."

수괘隨卦 둘째 음효(六二): "어린아이는 묶고, 어른은 잃는다(係小子, 失丈夫)."

이러한 예는 효사에 많다.

(3) 먼저 서술하고 뒤에 길흉을 말한 것.

건괘乾卦 셋째 양효(九三): "군자가 하루 종일 근심하고, 밤에는 경계한다면, 위태로우나 허물이 없다(君子終日乾乾, 夕惕若, 厲, 无咎)."

꼭대기 양효(上九): "끝까지 올라간 용이니, 뉘우침이 있다(亢龍, 有悔)."

곤괘坤卦 다섯째 음효(六五): 황색 치마를 입었으니, 크게 길하다(黃裳,

元吉)."

몽괘蒙卦 넷째 음효(六四): "몽매한 사람이 곤경에 처해 있으니, 어렵다(困蒙, 吝)." 이 예가 가장 많이 보인다.

(4) 먼저 길흉을 말하고 뒤에 서술한 것.

소축괘小畜卦: "형통하다. 짙은 구름이 일어도 비가 오지 않으니, 우리 서쪽들에서부터이다(亨. 密雲不雨, 自我西郊)."

겸괘謙卦 넷째 음효(六四): 이롭지 않음이 없으니, 사람에게 베푸나 겸손하다(无不利, 撝謙)."

이괘頤卦: 점은 길하다. 먹을 것을 살펴보고 스스로 식량을 구해야 한다(貞吉. 觀頤, 自求口實)."

함괘咸卦 넷째 양효(九四): "점은 길하다. 뉘우침이 없어진다. 끊임없이 왕래하니, 벗이 너의 생각을 따른다(貞吉, 悔亡. 憧憧往來, 朋從爾思)."

(5) 사실을 서술하고 길흉을 말하며, 또 사실을 서술하고 길흉을 말한 것.

송괘訟卦 셋째 음효(六三): "옛날의 덕을 꾸미니, 점은 위태로우나 마침내 길하다. 어떤 사람은 왕의 일을 쫓으나 이루는 것이 없다(食舊德, 貞厲, 終吉. 或從王事, 无成)."

수괘隨卦 넷째 양효(九四): "쫓아가면 덫이 있으니, 점은 흉하다. 길에서 적을 사로잡아 맹약시키니 무슨 허물이 있겠는가?(隨有獲, 貞凶. 有孚在道, 以明, 何咎)."

복괘復卦 꼭대기 음효(上六): "길을 잃고 돌아오니 흉하며 재앙이 있다. 출병하였으나 마침내 크게 패하여 임금에게도 영향을 미쳐 흉하다. 십 년이 되어도 정벌하지 못한다(迷復, 凶, 有災眚. 用行師, 終有大

敗, 以其國君, 凶. 至于十年不克征)."

(6) 혼합한 것. 혹은 먼저 길흉을 말하고, 사실을 서술하고, 또 길흉을 말한 것. 혹은 먼저 사실을 서술하고, 길흉을 말하고, 또 사실을 서술한 것.

곤괘坤卦: "크게 형통하다. 암말의 점은 이롭다. 군자가 갈 곳이 있어, 먼저 미혹하나 뒤에 주도권을 잡으니, 이롭다. 서남쪽은 벗을 얻고, 동북쪽은 벗을 잃는다. 안전을 묻는 점은 길하다(元亨. 利牡馬之貞. 君子有攸往, 先迷後得主, 利. 西南得朋, 東北喪朋. 安貞吉)."

복괘復卦: "형통하다. 출정하고 돌아옴에 거리낌이 없다. 원병이 오니 허물이 없다. 그 길을 되돌아오는데 칠 일이면 돌아온다. 갈 곳이 있으면 이롭다(亨. 出入无疾. 朋來无咎. 反復其道, 七日來復. 利有攸往)."

리괘離卦: "이롭다는 점이다. 형통하다. 암소를 기르면 이롭다(利貞. 亨. 畜牝牛, 吉)."

진괘晉掛 다섯째 음효(六五): "뉘우침이 없어진다. 승리를 놓쳤으나 근심하지 말라. 가면 길하여 이롭지 않음이 없다(悔亡. 失得勿恤. 往吉, 无不利)."

규괘睽卦 처음 양효(初九): "뉘우침이 없어진다. 잃은 말은 뒤쫓지 않아도 스스로 돌아온다. 나쁜 사람을 만났으나 허물이 없다(悔亡. 喪馬, 勿逐, 自復. 見惡人, 无咎)."

미제괘未濟卦 다섯째 음효(六五): "점은 길하여 뉘우침이 없다. 군자의 영광은 포로를 사로잡은 것이니, 길하다(貞吉, 无悔. 君子之光, 有孚, 吉)."

이상 여섯 종류의 괘사와 효사의 체제에서, 앞의 세 종류는 비교적 단순하고 대개 한 번 점친 것을 기록한 것이다. 뒤의 세 종류는 기록이 이미 가지런하지 못하고 의미 또한 항상 일관된 연관성이 없으니 몇 번 점친 것을 기록하여 하나로 합친 것 같다. 앞의 세 종류는 점치는 관리가 점글을 짓는 관례이고, 뒤의 세 종류는 분명히 다른 때의 다른 일에 대한 점이다.

나는 괘사와 효사가 이루어진 원인을 추단하면서 이미 『주역』 자체에서 '본증本證'을 얻을 수 있었고, 또 갑골문의 저작 체제에서 유력한 '방증旁證'을 얻을 수 있었다. 갑골문의 저작 체제는 마침 내가 말한 괘사와 효사의 체제에서 앞의 3종과 서로 같다. 지금 분별해서 예를 들면 다음과 같다.

(1) 길흉을 표시한 예.

又巷(『戩壽堂殷虛文字』第五葉, 十四, 甲. 卅三葉, 十三, 甲)

吉(戩二, 三, 甲. 十, 三, 乙. 十五, 一, 乙)

吉 吉 大吉 吉(戩十, 三, 甲)

大吉 吉(戩廿三, 十三, 甲)

上吉(戩十六, 九, 乙)

小吉 上吉(戩廿六, 二, 丙)

貞亾丈(戩十九, 二, 乙. 十九, 三, 甲. 十九, 五, 乙. 十九, 七, 乙. 十九, 八, 甲. 二十, 八, 乙, 丁. 二十, 十, 乙. 廿一, 一, 甲)

(2) 단순히 사실을 서술하였으나 길흉을 제시하지 않은 예.

癸亥卜又土尞羊一小宰圂(戩一, 一)

其尞于土(戩一, 二)

貞于大甲告(戩二, 十二, 丙)

丙申卜派貞自今至于庚辰其雨(戩十四, 五, 乙)

其雨 不雨(戩十四, 八, 甲. 十五, 二. 十六, 六, 乙. 十八, 四, 乙)

西方受禾(戩廿六, 四, 甲)

北方受禾(戩廿六, 四, 乙)

我受黍年(戩廿六, 六)

貞使人于畢(戩廿六, 十, 甲)

(3) 먼저 서술하고 뒤에 길흉을 말한 예.

乙卯卜行貞今月亾田(戩廿七, 十二, 乙)

己未卜卽貞今月亾田(廿七, 十三, 甲)

癸卯卜貞旬亾畎(三十一, 三)

丁巳卜卽貞王賓叙亾丈(十八, 九, 甲)

丙申卜行貞翌乙酉䚃于祖丁亾巻(五, 四, 甲)

翌日辛王其㣟于向亾𢦏(九, 十七, 甲)

叀麥田亾𢦏(十, 八, 乙)

至甶王受又(一, 五)〔왕국유王國維는 甶는 상갑(甶者, 上甲也)이라고 해석하였다. 「노어魯語」에 "상갑미는 계를 통솔할 수 있는 사람이어서 상나라 사람들이 이에 보답하였다(上甲微能帥契者也, 商人報焉)"라고 하였다. 우又는 우祐라고 읽는다. 왕수우王受又는 왕이 복을 받는다(王受福)는 말과 같다.〕

其于小乙㲋受又王受又(五, 十一, 乙)

乙丑卜貞王步亾巛(前三, 二十五)

丁未卜貞王䢅于宮往來亾巛(前二, 二十二)

이 세 종류의 기록 양식은 갑골 거북점글(卜辭)의 저작 체제이다. 『주역』의 점글(筮辭)은 마침 이것과 서로 같다. 우리는 이것에서 두 가지 결론을 얻을 수 있다.

첫째, 괘사와 효사는 시초점의 점글(筮辭)이며, 갑골의 거북점글(卜辭)과 같은 종류이다. 『주역』은 점치는 책(卜筮之書)이다.

둘째, 괘사와 효사 중 그 저작 체제와 거북점글은 같은 것이니, 다 같이 한 차례 점을 친 점글이며, 시초점이 거북점글보다 복잡하고 다른 것은 두 차례 이상 점을 친 점글을 병합한 것이다.

혁괘革卦 다섯째 양효(九五)에 "점을 치지 않아도 포로를 잡는다(未占, 有孚)"에 대해, 『설문說文』「복부卜部」에 "점은 징조를 보고 길흉을 예측하는 것이다. 복卜과 구口로 되어 있다(占, 視兆問也. 从卜从口)"라고 하였다. 또 『서경書經』에 "의문을 묻는다(稽疑)"라 하였고, 『설문』은 점을 인용하여 '게卟'라 하고, "게卟는 점을 쳐 의문을 묻는 것이다. 구口와 복卜으로 되어 있다(卟, 卜以問疑也. 从口从卜)"라고 하였다. 점은 의문을 묻는 것이니, 점占과 게卟 두 글자의 어원은 같은 것이다. 『상서尙書』「홍범洪範」에서 말한 바에 따르면, 거북점(卜)과 시초점(筮)을 이어 쓰면서 '복卜'과 '점占'을 짝하여 들었으니〔「홍범」의 문장을 예로 들면, "거북점(卜)에 다섯 가지, 시초점(占)에 두 가지가 쓰인다(卜五, 占用二)"라고 하였다〕, '점'은 곧 시초점을 가리켜 말한 것이다. 『주역』 혁괘에서 말한 점占은 의심할 것도 없이 당연히 시초점을 가리킨다. "점을 치지 않아도 포로를 잡는다(未占, 有孚)"는 것은 '포로(孚)'를 점치는 준비를 하는데, 아직 '점치지 않아도(未占)' '포로(孚)'가 곧 있었다는 말이다. "포로를 잡으니 형통하다(有孚, 亨)"는 뜻과 같다.

거북점(卜)과 시초점(筮)의 점글에 기록되어 있는 것은 모두 간단하고 또 간단한 문구이다. 이러한 말은 모두 당시의 어떤 사건을 그 배경으로 가지고 있다. 어떤 때 점글은 다소 분명하게 말하고 있는데, 거북점글(卜

辭) 중 제사, 어렵, 여행, 혹은 기우祈雨 등의 일은 분명히 썼고, 『주역』 중에는 혼인, 정벌, 제사, 음식 등 적지 않은 것들을 분명히 말하였다. 그러나 사건의 앞뒤가 맞지 않고 말이 자세하지 않은 것 역시 곳곳에서 볼 수 있다. 각 조의 괘사와 효사를 썼던 당시에는 당연히 문제가 없었다. 그러나 후대 사람의 입장에서 보면 아무도 그 오묘함을 설명할 수 없다. 나는 「좌전과 국어 중의 주역점에 대한 연구(左國中易筮之硏究)」라는 논문에서 이러한 말을 하였다. "『좌전』에 기재되어 있는 성계成季와 목자穆子가 출생할 때의 점글은, 만약 점친 사람의 글만 기록되어 있고 고사의 배경을 언급하지 않고 있다면, 이러한 점글은 그것이 어찌 된 것이지 아마 이해하는 사람은 영원히 없었을 것이다. 『주역』의 괘효사는 곧 점치는 관리가 기재한 것이나, 그 가운데 우리들이 쉽게 이해할 수 없는 글이 많이 있는 이유는 우리들이 다만 점글(筮辭)만 볼 뿐, 그 점글의 배경은 볼 수 없기 때문이다." 이러한 점글에 관해 우리들은 또한 만족스럽게 해석하여 통하기를 바랄 수 없다.

## 2. '점에 묻는다(貞問)'는 것과 그 범위

『주역』「문언전文言傳」이 『좌전』에 기재되어 있는 목강穆姜의 '원元, 형亨, 이利, 정貞'에 대한 말을 베낀 이후부터, 건괘乾卦에 곧 '원, 형, 이, 정'이라는 네 가지 덕이 있게 되었다. 건괘의 이 네 가지 덕이 유행한 이후 '정貞'자의 본뜻은 수천 년 동안 묻혀버렸으니 그 본뜻을 아는 사람은 극히 드물었다. 이것은 참으로 이상한 일이었다. 허신許愼의 『설문해자說文解字』는 비록 사람들이 찬양하고 믿고 받드는 자전字典이지만, 그러나 이 책에서 "정은 점에 묻는 것이다(貞, 卜問也)"라고 한 말을 기꺼이 믿는 사람은 아무도 없었다. 사람들은 단순히 「단전彖傳」의 "정은 바르다는 뜻의 정(貞者, 正也)"이라는 하나의 해석을 보고 이것에 필사적으로 매달려, 결국 이 말이 이천 년 동안 역학가들의 뇌수를 관철하였으며, 감히 여기에 의의를 제기하는 사람이 없었다. 은허殷墟에서 갑골甲骨이 대량으로 발견되고, 거북점글(卜辭) 중 거의 각 조마다 이 '정貞'자를 사용하고 있어서 '정'자의 본뜻은 비로소 회복되었다. 그래서 라진옥羅振玉은 『은허서계고석殷虛書契考釋』의 '정'자 조 아래에서 특별히 허신의 『설문』을 찬양하여 말하기를 "고경古經에서 정貞자의 주는 모두 '바른 것(正)'으로 뜻을 새겼는데 오직 허신의 책에서만 '점에 묻는다(卜問)'는 뜻으로 해석하였다. 고대의 의례儀禮, 고대의 말에서 허신의 책에 의뢰하여 겨우 보존되어 있는 것은 이것이 그 하나이다(古經注貞皆訓正, 惟許書有卜問之訓. 古誼古說, 賴許書而僅存者, 此其一也)"라고 하였다.

『주역』의 괘사와 효사 중에 '정'자를 사용한 곳이 적지 않다. 지금 여러 항으로 나누어 아래에 열거하겠다.

(1) '정길貞吉'(점은 길하다). 단순히 '정길'을 말한 것도 있고, 다른 점글과 이어 말한 것도 있다.

정길貞吉(점은 길하다). —— 수괘需卦 다섯째 양효(九五), 비괘比卦 둘째 음효(六二), 넷째 음효(六四), 겸괘謙卦 둘째 음효(六二), 예괘豫卦 둘째 음효(六二), 수괘隨卦 처음 양효(初九), 임괘臨卦 처음 양효(初九), 이괘頤姤卦, 돈괘遯卦 다섯째 양효(九五), 대장괘大壯卦 둘째 양효(九二), 진괘晉卦 둘째 음효(六二), 가인괘家人卦 둘째 음효(六二), 건괘蹇卦, 해괘解卦 둘째 양효(九二), 구괘姤卦 처음 음효(初六), 승괘升卦 다섯째 음효(六五), 여괘旅卦, 미제괘未濟卦 둘째 양효(九二).

정길형貞吉亨(점은 길하고 형통하다). —— 비괘否卦 처음 음효(初六).

정길회망貞吉悔亡(점은 길하여 뉘우침이 없다). —— 함괘咸卦 넷째 양효(九四), 대장괘大壯卦 넷째 양효(九四), 미제괘未濟卦 넷째 양효(九四).

정길貞吉, 회망悔亡, 무불리无不利. 무초유종无初有終(점은 길하여 뉘우침이 없어지니, 이롭지 않음이 없다. 처음은 없으나 마침은 있다). —— 손괘巽卦 다섯째 양효(九五).

정길貞吉. 망부罔孚, 유무구裕无咎(점은 길하다. 노획한 것은 없으나 또한 허물이 없다). —— 진괘晉卦 처음 음효(初六).

유부有孚, 광형光亨. 정길貞吉(나그네가 얻는 것이 있으니, 크게 형통하다. 점은 길하다). —— 수괘需卦.

무구无咎. 정길貞吉. 이유유왕利有攸往(허물이 없다. 점은 길하다. 갈 곳이 있으면 이롭다). —— 손괘損卦 꼭대기 양효(上九).

소정길小貞吉, 대정흉大貞凶(작은 일의 점은 길하나, 큰 일의 점은 흉하다). —— 준괘屯卦 다섯째 양효(九五).

안정길安貞吉(안전을 묻는 점은 길하다). —— 곤괘坤卦, 송괘訟卦 넷째 양효(九四).

거정길居貞吉(거주하는 곳의 점은 길하다). —— 이괘頤卦 다섯째 음효(六五), ……"居貞吉, 不可涉大川(머무는 점은 길하다. 큰 내를 건너서는 안 된다)", 혁괘革卦 꼭대기 음효(上六)……"征凶. 居貞吉.(정벌하면 흉하다. 거주하는 곳의 점은 길하다)"

정장인길貞丈人吉, 무구无咎(군대를 통솔하는 사람의 점은 길하여 허물이 없다). —— 사괘師卦.

정대인길貞大人吉, 무구无咎(대인의 점은 길하여 허물이 없다). —— 곤괘困卦.

정부인길貞婦人吉, 부자흉夫子凶(점치면 부인은 길하나, 남편은 흉하다). —

— 항괘恒卦 다섯째 음효(六五).

유인정길幽人貞吉(갇힌 사람의 점은 길하다). —— 이괘履卦 둘째 양효(九二).

(2) '정흉貞凶'(점은 흉하다).

정흉貞凶(점은 흉하다). —— 사괘師卦 다섯째 음효(六五), 수괘隨卦 넷째 양효(九四), 손괘巽卦 꼭대기 양효(上九), 중부괘中孚卦 꼭대기 양효(上九).

정흉貞凶, 회망悔亡(점은 흉하나, 뉘우침이 없어진다). —— 절괘節卦 꼭대기 음효(上六).

정흉貞凶, 무유리无攸利(점은 흉하여, 이로울 것이 없다). —— 항괘恒卦 처음 음효(初六).

정흉貞凶. 십년물용十年勿用, 무유리无攸利(점은 흉하다. 십 년을 행할 수 없으니, 이로울 것 없다). —— 이괘頤卦 셋째 음효(六三).

(3) '정려貞厲'(점은 위태롭다).

정려貞厲(점은 위태롭다). —— 이괘履卦 다섯째 양효(九五), 대장괘大壯卦 셋째 양효(九三), 진괘晉卦 넷째 양효(九四), 여괘旅卦 셋째 양효(九三).

정려貞厲, 종길終吉(점은 위태로우나, 끝내 길하다). —— 송괘訟卦 셋째 음효(六三).

정려貞厲, 무구无咎(점은 위태로우나 허물이 없다). —— 서합괘噬嗑卦 다섯째 음효(六五).

정흉征凶, 정려貞厲(정벌하면 흉하니 점은 위태롭다). —— 혁괘革卦 셋째 양효(九三).

부정려婦貞厲(부인의 점은 위태롭다). —— 소축괘小畜卦 꼭대기 양효(上九).

(4) '정린貞吝'(점은 어렵다).

정린貞吝(점은 어렵다). —— 태괘泰卦 꼭대기 음효(上六), 항괘恒卦 셋째 양효(九三), 해괘解卦 셋째 음효(六三).

여길厲吉, 무구无咎, 정린貞吝(위태로우나 길하며, 허물이 없으나 점은 어렵다). —— 진괘晉卦 꼭대기 양효(上九).

(5) '이정利貞'(이롭다는 점이다).

이정利貞(이롭다는 점이다). —— 몽괘蒙卦, 대장괘大壯卦, 명이괘明夷卦 다섯째 음효(六五), 정괘鼎卦 다섯째 음효(六五), 환괘渙卦, 중부괘中孚卦.

이정利貞. 형亨(이롭다는 점이다. 형통하다). —— 리괘離卦.

이정利貞. 정흉征凶(이롭다는 점이다. 정벌하면 흉하다). —— 손괘損卦 둘째 양효(九二).

길吉. 이정利貞(길하다. 이롭다는 점이다). —— 점괘漸卦.

형亨. 이정利貞(형통하다. 이롭다는 점이다). —— 함괘咸卦, 췌괘萃卦, 태괘兌卦, 소과괘小過卦.

원형元亨. 이정利貞(크게 형통하다. 이롭다는 점이다). —— 건괘乾卦, 준괘屯卦, 임괘臨卦, 대축괘大畜卦.

원형元亨. 이정利貞. 무구无咎(크게 형통하다. 이롭다는 점이다. 허물이 없다). —— 수괘隨卦.

원형元亨. 이정利貞. 회망悔亡(크게 형통하다. 이롭다는 점이다. 뉘우침이 없다). —— 혁괘革卦.

원형元亨. 이정利貞. 기비정유생其匪正有眚(크게 형통하다. 이롭다는 점이다. 하는 것이 바르지 못하면 재앙이 있다). —— 무망괘无妄卦.

형亨. 무구无咎. 이정利貞(형통하다. 허물이 없다. 이롭다는 점이다). —— 항괘恒卦.

이간정利艱貞(어려움에 대한 점은 이롭다). —— 대축괘大畜卦 셋째 양효(九三), 명이괘明夷卦.

이간정利艱貞, 길吉(어려움에 대한 점은 이롭고 길하다). —— 서합괘噬嗑卦 넷째 양효(九四).

이영정利永貞(오랜 기간의 점은 이롭다). —— 곤괘坤卦 용육用六.

무구无咎. 이영정利永貞(허물이 없다. 오랜 기간의 점은 이롭다). —— 간괘艮卦 처음 음효(初 六).

이거정利居貞(거주하는 곳의 점은 이롭다). —— 준괘屯卦 처음 양효(初九), 수괘隨卦 셋째 음효(六三).

이녀정利女貞(여자의 점은 이롭다). —— 관괘觀卦 둘째 음효(六二), 가인괘家人卦.

이군자정利君子貞(군자의 점은 이롭다). —— 동인괘同人卦.

불리군자정不利君子貞(군자의 점은 이롭지 않다). —— 비괘否卦.

이유인지정利幽人之貞(갇힌 사람의 점은 이롭다). —— 귀매괘歸妹卦 둘째 양효(九二).

이무인지정利武人之貞(무인의 점은 이롭다). —— 손괘巽卦 처음 음효(初六).

이빈마지정利牝馬之貞(암말의 점은 이롭다). —— 곤괘坤卦.

이우불식지정利于不息之貞(멈추지 않으면 이롭다는 점이다). —— 승괘升卦 꼭대기 음효(上六).

(6) '가정可貞'(행하여도 좋다는 점이다).

가정可貞(행하여도 좋다는 점이다). —— 곤괘坤卦 셋째 음효(六三).

가정可貞, 무구无咎(행하여도 좋다는 점이니, 허물이 없다). —— 무망괘无妄卦 넷째 양효(九四).

유부有孚, 원길元吉, 무구无咎, 가정可貞(포로를 잡으니, 크게 길하여 허물이 없다. 행하여도 좋다는 점이다). —— 손괘損卦.

(7) '불가정不可貞'(불가하다는 점이다).

불가정不可貞(불가하다는 점이다). —— 고괘蠱卦 둘째 양효(九二), 절괘節卦.

불가질정不可疾貞(질병에 대한 점은 불가하다). —— 명이괘明夷卦 셋째 양효(九三).

(8) '멸정蔑貞'(꿈의 점).

멸정蔑貞, 흉凶(꿈을 점치니, 흉하다). —— 박괘剝卦 처음 음효(初六), 둘째 음효(六二).

(9) '정貞'(점치다).

정질항불사貞疾恒不死(병을 점치니, 병이 오래되어도 죽지 않는다). —— 예괘豫卦 다섯째 음효(六五).

위의 이러한 점글에서 보듯이 '정貞'은 '점에 묻는다(卜問)'는 것이지 '바른 것(正)'이 아님을 알 수 있다. 만약 '바른 것(正)'이라고 말한다면 '정흉貞凶', '정려貞厲', '정린貞吝' 등의 말들은 어떻게 해석해야 할 것인가? '정正'이라는 한 글자는 하나의 절대적 '좋음(好)'을 나타내는 명사인데, 어떻게 '정正'을 만났는데 '흉凶'을 초래하며, '정正'인데 어떻게 '위태롭고(厲)' 또 '어려운(吝)' 결과가 이르게 되는가? 예를 들어, 항괘恒卦 다섯째 음효(六五)에 "정부인길貞婦人吉"은 자연히 '올바른(正)' 부인 혹은 정결한 부인이면 길하다라고 말할 수 있는데, 왜 "올바른 부인이면 길하나, 남편은 흉하다(貞婦人吉, 夫子凶)"라고 말하는가? '올바른 부인(貞婦人)'이 있다면 어찌 가정의 행복이 아니겠는가? 무엇 때문에 '남편(夫子)'은 도리어 '흉凶'해지는가? 남편이 불운하면 아내는 오히려 행복하여 '길吉'하다는 말인가? 천하에 이런 이치도 있는가? 더욱이 소축괘小畜卦 꼭대기 양효(上九)에 또 "부정려婦貞厲"라는 한 구절이 있는데, '올바른(貞)' 부인이면 길하고, 부인이 '올바르다(貞)'면 오히려 '위태롭다(厲)'고 하니, 이것은 또 어떻게 된 논법인가? '정貞'을 '바른 것(正)'으로 읽는 자구의 해석에 따라 『주역』을 읽으면, 그 모순이 우스울 뿐만 아니라, 만약 부인이 듣는다면 부인 노릇하기가 어려울 것이다. 그래서 만약 '정貞'을 '바른 것(正)'이라고 하는 자구의 해석에 따른다면 『주역』의 문장 중 '정貞'자가 있는 곳은 어디든지 해석이 통하지 않게 된다. 도학道學 선생들은 융통성 없이 엄정한 표정으로 『주역』을 읽어 도처에 억지로 끌어다 붙여놓았다. 정강성鄭康成은 비교적 총명했으니, 『주례周禮』「대복大卜」의 "범국대정凡國大貞(무릇 국가에 큰 행사가 있으면 점에 묻는다)"이라는 문장에 주를 달면서, 『주역』 사괘師卦의 "정대인길貞大人吉"을 인용하며, "정이 묻는다는 뜻이 되는 것은 바른 것에 묻는 것이기 때문이다. 반드시 먼저 자신의 마음을 바르게 하고 곧 점에 물었다(貞之爲問, 問于正者. 必先正之, 乃從問焉)"라고 하였다. 그는 자신보다 앞선 사람들이 먼저 '정貞'을 '묻는다(問)'는 뜻으로 해석하였으므로 이들을 따라 '묻는다(問)'라고 말했던 것이나, 실은 여전히 분명히 알지 못하였으므로 '정貞'을 또 '바른 것(正)'이라고 뜻을 새겼던 것이다.

이제 이른바 건괘乾卦의 네 가지 덕이라는 '원형리정元亨利貞'을 다시 한번 분석해보자. 이 '원형리정'을 한 글자씩 읽는 독법은 도대체 통하는가 통하지 않는가?

위에 열거한 제 (5)항의 '이정利貞'조의 점글들을 한번 비교해보면, 곧 '원형리정' 네 글자는 마땅히 두 부분으로 나누어 읽어야 하는 것임을 알 수 있다. 즉 원형元亨, 이정利貞. 이라고 읽어야 하지 원元, 형亨, 이利, 정貞. 으로 읽는 것이 아니다.

'이정利貞' 두 글자는 독립해서 일종의 점글로 성립되니, 몽괘蒙卦와 대장괘大壯卦 등의 괘사와 같은 것이다. '이정'은 결코 무슨 '덕'이 아니다. '이'자는 단독으로 사용할 수 없고, '정'자 역시 다른 글과 연결되어야 문장을 이룰 수가 있다. '원元'자 또한 하나의 부사에 불과하며, '원형元亨'이라고 할 수 있을 뿐 '원, 형'이라고 말할 수는 없다. '이정'은 이어 써야만하지 '이'와 '정'으로 나누어 쓸 수 없다. 나누어 쓰면 독립하여 일종의 의미를 이룰 수가 없다. —— '이'는 본래 홀로 사용하는 것이라고 말할 수 있다. '이利'와 '무유리无攸利(이로울 것이 없다)'가 서로 상대가 되기 때문이다. 그러나 『주역』 중에는 '이'자가 단독으로 쓰이지 않았다. "이유유왕利有攸往(갈 곳이 있으면 이롭다)", "이용위대작利用爲大作(큰 건물을 지으면 이롭다)", "이우불식지정利于不息之貞(멈추지 않으면 이롭다는 점이다)" 등 다른 글과 연결하여 사용한 '이'자의 용법만 볼 수 있다. '정'자는 더욱 단독으로 쓰이지 않았으니, 역시 다른 글과 연결해서 뜻을 이룬다. '정'자는 괘사와 효사 중에서 동사이지 형용사가 아니다. '이정'이 결합해야 비로소 뜻이 있다. '이'와 '정'을 분리한다면 곧 허공에 뜬 것이 된다.

'원형리정' 네 글자 중에 '형'자만 독립하여 뜻을 이룬다. '형'은 '좋음

(好)'을 표시하는 일종의 점글이며 '길吉'과 동류이다. 그래서 함괘咸卦, 췌괘萃卦, 태괘兌卦, 소과괘小過卦 등 네 괘의 괘사에서는 "형亨. 이정利貞(형통하다. 이롭다는 점이다)"이라 하였고, 점괘漸卦 괘사에서는 "길吉. 이정利貞(길하다. 이롭다는 점이다)"이라고 하였다. '형'은 '원'과 떨어져 독립할 수 있으니, 몽괘蒙卦, 소축괘小畜卦, 이괘履卦, 동인괘同人卦, 겸괘謙卦, 서합괘噬嗑卦 등 여러 괘의 괘사에서와 같이 자주 볼 수 있다. '원'은 '원형元亨'이 아니면 '원길元吉'이든가, '원길'이 아니면 '원영정元永貞' 혹은 '원부元夫'이든가 한다. 『주역』에서 언제 하나의 독립된 '원'자를 본 적이 있는가? '원'은 '형'과 서로 이어 문장을 이루며, '이정'은 또 분리되어서는 뜻을 이룰 수가 없으니, 어디에서 네 가지 덕을 찾을 것인가? 『주역』 책 첫머리에 나오는 이 한 구절의 구독句讀조차도 이렇게 엉터리로 나누어 억지로 끊어 읽었는데, 그 나머지도 제멋대로 끊어 읽었다는 것은 생각하면 곧 알 수 있다. 「문언전」을 지은 사람들이(?) 성인의 법보法寶에 가탁한 방법을 사용하여 한 번 가리우자, 후래의 역학가들 모두 이것에 머리를 숙이고 순종하여 믿고 따랐으니, 오늘의 입장에서 보면 그 가련함은 금할 수가 없다. —— 사실 「문언전」은 속임을 당했으니 『좌전』의 목강穆姜의 말을 그대로 베낀 것이다.

'정'의 본뜻은 '묻는다(問)'는 뜻이라고 단정할 수 있다. 갑골 점글(卜辭) 중의 '𡆥'은 거북에게 점을 묻는 것이다. 『주역』 괘사와 효사 중의 '정貞'자는 시초蓍草에게 점을 묻는 것이다. 괘사와 효사에 기재되어 있는 '정'에 대한 것을 종합해보면, 대략 아래의 몇 가지 결과가 있다.

(1) 점에 물어 길한 것(貞問而吉的).

"정길貞吉(점은 길하다)."

"정길형貞吉亨(점은 길하여 형통하다)."

"이정利貞(이롭다는 점이다)."
"원형元亨. 이정利貞(크게 형통하다. 이롭다는 점이다)."
"이영정利永貞(오랜 기간의 점은 이롭다)."
"가정可貞(행하여도 좋다는 점이다)"의 종류가 이렇다.

(2) 점을 쳐 불완전하게 길한 것(貞而不全吉的).
"정길貞吉, 회망悔亡, 무불리无不利. 무초유종无初有終(점은 길하다. 뉘우침이 없어지니, 이롭지 않음이 없다. 처음은 없으나 끝은 있다)."
"정려貞厲, 종길終吉(점은 위태로우나 끝내 길하다)."
"정려貞厲, 무구无咎(점은 위태로우나 허물이 없다)."
"여길厲吉, 무구无咎, 정린貞吝(위태로우나 길하며 허물이 없으나 점은 어렵다)."
"원형元亨, 이정利貞, 회망悔亡(크게 형통하니, 이롭다는 점이다. 뉘우침이 없어진다)"의 종류가 이렇다.

(3) 일종의 범위를 지정하여 점에 묻는 것(指定一種範圍的貞問).
"정대인길貞大人吉(대인의 점은 길하다)"은 대인을 점친 것이다.
"정부인길貞婦人吉, 부자흉夫子凶(점치면 부인은 길하나, 남편은 흉하다)"은 부인과 남편을 점친 것이다.
"소정길小貞吉, 대정흉大貞凶(작은 일의 점은 길하나, 큰일의 점은 흉하다)"은 크고 작은 일의 구분이 있는 것이다.
"거정길居貞吉(머무는 곳의 점은 길하다)"은 머무르는 곳에 한정한 것이다.
"불가질병不可疾貞(질병에 대한 점은 이롭지 않다)"과 "정질항불사貞疾恒不死(병을 점치니, 병이 오래되어도 죽지 않는다)"는 오로지 질병에 대한 점을 가리켜 말한 것이다.

(4) 점에 물어 흉한 것(貞問而凶的).
"정흉貞凶(점은 흉하다)."
"정려貞厲(점은 위태롭다)."
"정린貞吝(점은 어렵다)."
"불가정不可貞(불가하다는 점이다)"의 종류가 이렇다.

거북에게 점을 묻는(貞卜) 일에 대해 지금 '어떻게 그렇게 되는가'라는 그 결말을 고찰하는 것은 이미 매우 어렵게 되었다. 아마 갑골문을 연구하는 전문가들이 장래에 하나의 결말을 연구해낼 것이다. 현재 보이는 거북점글(卜辭)에 근거하면 점치는 것은 비교적 좀 단순한 것 같다. 하나의 일이 길하면 곧 길한 것이고 흉하면 곧 흉한 것이니, 점을 판단하는 것에 애매모호한 말이 의외로 없다. 갑골문의 이른바 "소길小吉, 상길上吉", "길吉, 길吉, 대길大吉, 길吉", "대길大吉, 길吉" 등의 기재는 다만 길하다는 한 방면에 속하는 말이다. 『주역』의 괘효사卦爻辭에서는 "정길貞吉(점은 길하다)"하고 또 "회망悔亡(뉘우침이 없어진다)"하며, "여厲(위태롭다)"하나 또 "길吉(길하다)"하고, "길吉"하고 또 "무구无咎(허물이 없다)"하며, "무구无咎"하나 또 "정린貞吝(점은 어렵다)"한 것 등은 그야말로 반복한 것이 일정하지 않아 심작하기가 어렵다. 이것에 대해 우리는 다만 이미 말한 가설을 가져와 해석할 수 있으니, 곧 몇 차례 점친 것을 경과하여 그 결과를 합한 것이다. 왜냐하면 어떤 때의 점의 결과는 길하고 형통하며, 어떤 때의 점의 결과는 도리어 이와 다른 방면에 속하는 뉘우침이 없어진다는 것이고, 혹은 비록 점을 쳐 뉘우치고 위태롭다는 것을 얻었으나 마침내 허물이 없다고 말하고 있기 때문이다. "소정길小貞吉, 대정흉大貞凶(작은 일의 점은 길하나, 큰일의 점은 흉하다)", "정부인길貞婦人吉, 부자흉夫子凶(점치면 부인은 길하나, 남편은 흉하다)", "군자길君子吉, 소인비小人否(군자는 길하나, 소인은 막힌다)"〔둔괘遯卦, 넷째 양효(九四)〕, "소인길小人吉, 대인비형大人否亨(소인은 길하나, 대인은 막힌다. 형통하다)"〔비괘否卦, 둘째 음효(六二)〕와 "정질항불사貞疾恒不死(병을 점치니, 병이 오래되어도 죽지 않는다)"의 '항恒'자를 보면, 이러한 것들은 모두 한 때의 말이 아니라, 몇 차례 시험을 경과한 결과임을 알려주고 있다. 두 종류의 서로 모순되는 말로 이어진 문구나 혹은 의미가 복잡한 문구 아래에는 이 가설을 사용하여 설명할 수 있다. 우리는 많은 말을 허비해가면서 에둘러 각 조의 괘효사 혹은 모든 괘와 『주역』 전부를 한 계통의 일관된 사상으로 만들어낼 필요가 없다. 솔직히 말하면, 『주역』의 재료의 내원來源은 사상이 간단하고 문화가 천박했던 시대에서 나왔다. 그 시대에는 아직 매우 위태롭고 두려움을 느끼게 하는 것들이 많았고, 자연계로부터 시시각각 자신들을 방비해야 하는 압박을 받아 신명의 묵시에 의지하여 재해를 모면하려고 하였다. 그 시대에는 아직 높고 깊은 철학적 원리를 말하지 않았고, 아직 계통적이고 조직적인 사고를 하려는 노력을 하지 않았다. 『주역』은 문화가 천박했던 사회의 상황을 반영한 것이지 그 속에는 높고 깊은 도리가 없다. 설령 있다 해도 약간의 경험이 누적된 것, 자발적이고 소박하고 조직 체계를 이루지 않는 것들이다. 몇 편의 『역전易傳』은 곧 전국戰國, 진秦, 한漢나라 사람들의 사상이다. 상수象數, 납갑納甲, 세응世應, 유혼遊魂 등은 한대의 음양참위가陰陽讖緯家들이 농간을 부린 것이다. 왕필王弼의 『역주易注』는 노장자류老莊者流들의 청담사상이다. 선천도先天圖, 후천도後天圖는 도교도들의 무료한 장난감이다. 정이程頤의 『역전易傳』, 주희의 『주역본의周易本義』는 유, 불, 도 3교를 뒤섞은 신유가新儒家 사상이다. 이러한 모든 것들은 원시적인 『주역』의 본래 면목이 아니다.

이러한 후인의 해석에 대해 각자의 시대로 되돌아가보면 각각 그 진실을 가지고 있다. 그러나 만약 『주역』과 혼합한다면 곧 두 가지 모두를 잃게 된다.

이상 '정貞'과 점의 결과를 해석하였다.

아래에서 점에 물은 인물과 물은 일에 대해서는 아직 살펴보아야 한다. 괘효사에 기재되어 있는 것을 종합해보면, 점에 물은 인물은 대략 아래의 몇 가지 종류가 있다.

(1) 군왕君王: "대군의 마땅함이니, 길하다(大君之宜, 吉)."〔임괘臨卦 다섯째 음효(六五)〕, "왕의 거소는 허물이 없다(王居无咎)."〔환괘渙卦 다섯째 양효(九五)〕.
(2) 제후侯: "제후를 세우면 이롭다(利建侯)."〔준괘屯卦 처음 양효(初九)〕
(3) 대인大人: "대인의 점은 길하다(貞大人吉)."〔곤괘困卦〕
(4) 군자君子: "군자의 점은 이롭다(利君子貞)."〔동인괘同人卦〕, 군자의 점은 이롭지 않다(不利君子貞)."〔비괘否卦〕
(5) 장인丈人: "장인의 점은 길하다(貞丈人吉)."〔사괘師卦〕
(6) 무인武人: "무인의 점은 이롭다(利武人之貞)."〔손괘巽卦 처음 음효(初六)〕
(7) 유인幽人: "갇힌 사람의 점은 이롭다(利幽人之貞)."〔귀매괘歸妹卦 둘째 양효(九二)〕, "갇힌 사람의 점은 길하다(幽人貞吉)."〔이괘履卦 둘째 양효(九二)〕
(8) 직관職官: "어떤 사람은 왕을 따라 정벌에 나아가, 이루는 것은 없으나 마침은 있다(或從王事, 无成有終)."〔곤괘坤卦 셋째 음효(六三)〕

(9) 부인婦人: "부인의 점은 길하다(貞婦人吉)."〔항괘恒卦 다섯째 음효(六五)〕, 여자의 점은 이롭다(利女貞)."〔관괘觀卦 둘째 음효(六二), 가인괘家人卦〕

(10) 소인小人: "소인은 소용이 없다(小人勿用)."〔사괘師卦 꼭대기 음효(上六), 기제괘旣濟卦 셋째 양효(九三)〕, "소인은 길하다(小人吉)."〔비괘否卦 둘째 음효(六二)〕

(11) 장부丈夫: "남편은 흉하다(夫子凶)."〔항괘恒卦 다섯째 음효(六五)〕

(12) 소자小子: "어린아이는 위태롭다(小子厲)."〔점괘漸卦 처음 음효(初六)〕

이 인물표에서 보이는 것처럼, 당시 점을 사용한 사람은 실제로 매우 많았다는 것을 알 수 있다. 귀족 계급에서 평민 사회에 이르기까지 모두 이 '신령한 물건(神物)'에 의지하여 그들 생활의 경로를 지도받고자 하였다.

우리는 또 괘효사에 기재되어 있는 점의 범위에 대해 통계를 내어보면 그 시대 사람들의 중요한 생활상을 알 수 있다. —— 그러나 괘효사 중에 어떤 기록은 매우 불명확하여 그것이 가리키는 것이 도대체 무엇인지 알 수 없고 더욱이 찾아 볼 수 있는 사적事績이 없다. 그래서 여기에서는 대략적 비교만 할 수 있고 정밀한 통계는 이끌어낼 수 없다. 괘효사 중의 기록한 것에 대해 예를 든 것과 해설은 모두 '분론分論'에서 말하였으니, 여기에서는 다만 대략적 수만 열거하겠다.

(1) 길을 떠남(行旅): 광범위하게 '길을 떠나는 것'을 서술한 것은 100조에 가깝다. 가는 것(往), 길을 떠나는 것(旅), 행상(商旅), 내를 건너는 것(涉川), 빈객 접견(賓見), 이사(遷徙) 등을 포괄하면 200

조가 넘는다. 그 가운데 "갈 곳이 있다(有攸往)"라고 말한 곳이 5곳, "갈 곳이 있으면 이롭다(利有攸往)"라고 말한 것이 11곳, "갈 곳이 있으면 불리하다(不利有攸往)"고 말한 것이 2곳, "갈 곳이 있어도 가지 말라(勿用有攸往)"고 말한 것이 2곳, "갈 곳이 있으면 조금 이롭다(小利有攸往)"라고 말한 것이 1곳 있다. 또 "큰 내를 건너면 이롭다(利涉大川)", "큰 내를 건너라(用涉大川)"라고 말한 것이 모두 10곳, "큰 내를 건너면 불리하다(不利涉大川)", "큰 내를 건너서는 안 된다(不可涉大川)"라고 말한 것이 모두 2곳 있다. 옛사람들이 집을 떠나 먼 곳으로 가는 일에 얼마나 신중했는가를 알 수 있다.

(2) 전쟁戰爭: 정벌과 침략자들을 포괄하여 말하였는데 8, 90조 정도가 된다. '정征'자는 무릇 18번 보인다.
(3) 제사享祀: 12조가 있다.
(4) 음식飲食: 30조 넘게 있다.
(5) 어렵漁獵: 19조.
(6) 목축牧畜: 17조.
(7) 농업農業: 적지 않다. 그러나 아주 분명하지 않으므로 통계를 내지 않았다.
(8) 혼인婚媾: 18조가 있다.
(9) 거처와 가정 생활(居處及家庭生活): 대략 20여 조가 있다.
(10) 부녀의 생육(婦女孕育): 3조.
(11) 질병疾病: 7조.
(12) 상벌과 소송 사건(賞罰訟獄): 약 10여 조.

이 통계에서 보아, 이러한 점글(筮辭)은 대략 주나라 사람들이 유목 생활에서 농업 생산에 이르는 기록이다. 그들은 한편으로는 외부를 향해 발전하고자 하였으나, 다른 한편으로는 또 길을 떠나는 것에 대해 매우 위험과 두려움을 느끼고 있었다.

주나라 사람들은 서쪽에서 천천히 동쪽을 향해 이주하였다. 그들은 참으로 고통스럽고 어려운 일을 겪었을 것이며, 수많은 전쟁과 험난한 길을 두루 경험했을 것이다. 그리하여 그들은 매일 이 '신령한 물건(神物)'에 의지하여 그날의 길흉을 지시받아 당면한 문제를 해결하였을 것이다. 이 '신령한 물건'은 실제로 그들에게 적지 않은 위안을 주었으니, "서남쪽이 이로우니, 갈 곳이 있다면 일찍 가는 것이 길하다(利西南, 有攸往, 夙吉)"(해괘解卦)라고 말하거나 곧 "서남쪽은 이롭고, 동북쪽은 불리하다(利西南, 不利東北)"(건괘蹇卦), "서남쪽은 벗을 얻고, 동북쪽은 벗을 잃는다(利西南得朋, 東北喪朋)"(곤괘坤卦)라고 말하여, 참으로 용기를 북돋우어준 것이 적지 않았다.

괘효사는 그들의 사회생활의 기록이기 때문에, 곧 민족 발전의 역사적 경험이다. 그래서 점치는 관리들은 곧 이것을 일종의 계통 있는 점책으로 편성하였다. 그들이 사용한 것은 긴 시간 동안 축적된 복잡한 재료이나, 유목 생활의 점글 이외에도 또한 은나라 말 주나라 초기의 고사와 비흥比興식의 시가가 기록되어 있다. 이러한 것들은 모두 『주역』이 책으로 이루어진 연대와 편찬을 경유하여 완성된 흔적을 충분히 증명하고 있다.

### 3. 괘효사 중의 고사

고힐강顧頡剛 선생은 「주역 괘효사 중의 고사周易卦爻辭中的故事)」라는 한 편의 문장을 썼다(『연경학보燕京學報』 제6기에 실려 있다). 그는 괘효사에 기재되어 있는 고사에서 『주역』의 저작 연대를 추정하였다. 이것은 하나의 매우 유력한 실증이므로, 여기에 그의 말을 간추려 나의 논거로 하겠다.

(1) 왕해王亥가 소와 양을 잃어버린 고사.

대장괘大壯卦 다섯째 음효(六五)에 "역나라에서 양을 잃었으나, 뉘우침이 없다(喪羊於易, 无悔)."

여괘旅卦 꼭대기 양효(上九)에 "새가 그 둥지를 불태우고, 나그네가 먼저 웃다가 뒤에 울부짖는다. 역나라에서 소를 잃으니, 흉하다(鳥焚其巢, 旅人先笑後號咷, 喪牛於易, 凶)"라고 하였다. 왕국유王國維는 갑골점글(卜辭)에서 상商나라의 선조에 왕해가 있었다는 것을 연구해내었으며, 또 『초사楚辭』, 『산해경山海經』, 『죽서기년竹書紀年』의 세 권의 책에서 그의 사적을 찾아내었다. 『죽서기년』에 "은나라 왕자인 해가 유역의 손님이 되어 방종하였는데, 유역의 임금인 면신이 그를 죽여버렸다(殷王子亥賓於有易而淫焉, 有易之君緜臣殺而放之)"는 말이 기재되어 있고, 『산해경』 「대황동경大荒東經」에는 "유역에서 왕해를 죽여 소에 수레 멍에를 씌우는 법을 취하였다(有易殺王亥, 取僕牛)"라는 말이 기재되어 있다. 『초사』 「천문편天問篇」에는 의문의 말들을 사용하여 왕해(「천문」에는 '해該'라고 표기하였다)의 사적에 대해 더욱 자세하게 말하고 있는데, 왕해는 유호有扈('유역有易'이 잘못 기재된 것이나)에서 즐거운 날을 보내고 있다가 후에 해를 당하였다. 이런 기재되어 있는 내용들과 『주역』 여괘 꼭대기 양효의 "나그네가 먼저 웃다가 뒤에 울부짖는다. 역나라에서 소를 잃었다"는 말은 서로 같다. 『주역』의 이 두 구절의 효사에서 말한 것은 왕해의 고사임을 알 수 있다. 왕국유는 또 말하기를 "하나라 초에 해중이 수레를 만들었는데, 당시에는 혹 사람이 수레를 끌었을 것이다. 상토가 말안장을 만들고, 왕해가 소의 수레 멍에를 만드니 수레의 사용이 갈수록 넓어졌다. 옛날에 천하를 얻은 사람은 먼저 큰 공덕을 천하에 펼쳤다. ……그런즉 왕해의 제사의 예전禮典이 융성한 것은 그를 소의 수레 멍에를 만든 성인으로 여겨서이지 선조로 여겨서만이 아니었다(蓋夏初奚仲作車, 或尙以人挽之. 至相土作乘馬, 王亥作服牛, 而車之用益廣. 古之有天下者, 其先皆有大功德於天下. ……然則王亥祀典之隆, 亦以其爲制作之聖人, 非徒以其爲先祖)"라고 하였다. 왕해는 소에 수레 멍에를 메는 법을 만든 인물이니 사람들에게 공이 있어 그의 사적은 사람들이 주시하는 것이 되었고, 괘효사를 지은 사람 역시 이것을 점풀이 글로 채택하여 『주역』에 두 번이나 기술하였던 것이다.

(2) 고종高宗이 귀방鬼方을 정벌한 고사.

기제괘旣濟卦 셋째 양효(九三)에 "고종이 귀방을 정벌하는데, 삼 년 만에 이겼다. 소인은 소용이 없다(高宗伐鬼方, 三年克之, 小人勿用)."

미제괘未濟卦 넷째 양효(九四)에 "진이 귀방을 정벌하는 데 삼 년이 걸렸다. 대국으로부터 상을 받는다(震用伐鬼方, 三年有賞於大國)"라고 하였다.

『시경詩經』「상송商頌 · 은무편殷武篇」에 "옛날 탕 임금 때에는 그곳으로부터 저나라 강나라에 이르기까지 모두 조공을 바쳐왔고, 모두 천자로 섬겼다(昔有成湯, 自彼氐羌, 莫敢不來享, 莫敢不來王)"라고 하였으니, 상商의 세력이 벌써부터 멀리 서북 민족을 덮었음을 알 수 있다. 고종 때에 이르러 귀방을 정벌하는 데 3년의 오랜 기간이 걸린 후에 이겼으니 고대의 대규모 전쟁이었다고 말할 수 있을 것이다. 그래서 효사를 지은 사람은 이것을 가지고 성공을 상징하는 것으로 하였다.

(3) 제을帝乙이 딸을 시집보내는 고사.

태괘泰卦 다섯째 음효(六五)에 "제을이 딸을 시집보내는데, 복이 있으니, 크게 길하다(帝乙歸妹, 以祉, 元吉)."

귀매괘歸妹卦 다섯째 음효(六五)에 "제을이 딸을 시집보내는데, 부인의 용모가 그 여동생보다 아름답지 못하다. 보름이 지나 시집으로 가면 길하다(帝乙歸妹, 其君之袂不如其娣之袂良, 月幾望, 吉)"라고 하였다.

『시경』「대명편大明篇」에 "문왕이 아름답게 여긴 큰 나라의 따님이 계셨으니, 하늘의 소녀 같으셨네. 길일을 예로 정하고 위수에서 친히 신부로 맞으셨네(文王嘉止, 大邦有子. 大邦有子, 俔天之妹. 文定厥祥, 親迎於渭)"라고 하였다. 제을과 문왕을 『주역』과 『시경』 두 책에 동시에 기록하고 있는 것을 보아 『주역』에 기록되어 있는 것은 제을이 딸을 문왕에게 시집보내는 고사이다. 제을은 무엇 때문에 딸을 주나라 문왕에게 시집보냈는가? 이것은 곧 당시의 정세를 가지고 추측하여 알 수 있다. 주나라 태왕太王이 "기산 남쪽 기슭에 거하시며, 실은 상나라를 치기 시작하셨네(居岐之陽, 實始翦商)"(「노송魯頌, 비궁閟宮」)라고 한 이래, 상은 주의 위협을 받아 화친 정책으로 그 위협을 완화하는 계책을 세우지 않을 수 없었으니, 한漢이 흉노匈奴에게 한 것과 같은 것이었다. 그래서 왕계王季의 처는 곧 은상殷商에서 시집온 여자였으니, 비록 상의 왕족은 아니나 또한 상의 기내畿內에 살고 있는 제후의 딸이었다. 제을이 시집보낸 딸은 『시경』에서 "하늘의 소녀 같다(俔天之妹)"라고 말한 것처럼 당연히 왕족의 딸이었다. 후에 이어서 아내로 맞이한 신국莘國의 딸은 또한 상나라 기내의 제후국 출신이었다. 주나라는 본래 오로지 강씨姜氏 성과 혼인을 하였으나, 『시경』에서 말한 "상을 친다(翦商)"는 기간에는 도리어 종종 동방 민족의 여자를 아내로 맞이하였다. 이것은 상에게 어쩔 수 없는 친선이었으며, 주에게는 서이西夷로서 제하諸夏와 인척 관계를 맺는 것이니, 바로 그들 민족에게는 득의양양한 일이었던 것이다. 그래서 이 일은 효사에서 두 번이나 보인다.

(4) 기자箕子 명이明夷의 고사.

명이괘明夷卦 다섯째 음효(六五)에 "기자가 우는 꿩을 잡으니, 이롭다는 점이다(箕子之明夷, 利貞)"라고 하였다.

기자는 은나라 말의 유덕한 사람이다. 그는 은이 망해가는 것을 보고 참지 못하여, '노예가 되고(爲奴)'(『논어』) 미친 척하는(佯狂)(『초사』) 고통을 받았다. '명이'는 일종의 관용어이며 그 뜻은 이미 알 수 없다. 「단전彖傳」에는 기자와 문왕을 짝으로 들었으니, 명이괘 다섯째 음효에서 말한 '기자'는 아주 이른 시기의 은의 유덕한 사람인 '기자'로 여기고 말한 것임을 알 수 있다.

(5) 강후康侯가 하사받은 말을 많이 번식시켰다는 고사.

진괘晉卦 괘사에 "강후가 하사받은 말을 하루에 세 번 교접시켜 많이 번식시켰다(康侯用錫馬蕃庶, 晝日三接)"라고 하였다. 강후康侯는 곧 위衛나라 강숙康叔이다. 그가 강康에 봉해졌기 때문에 '강후'라 하였고, 무왕武王의 동생이기 때문에 '강숙'이라 하였다. 강후가 하사받은 말을 많이 번식시킨 고사는 이미 오래 전에 전해지지 않게 되었다. 본문에서 보면, 나라에 봉해질 때 왕이 말을 하사하였는데 강후가 잘 길러 많이 번식시킨 것이라고 생각된다.

이상 고증할 수 있는 몇 가지 고사의 대략 이외에, 아직 문왕의 고사라고 줄곧 간주되어온 몇 조의 효사가 또 있다.

(1) 승괘升卦 넷째 음효(六四): 왕이 기산에 제사를 지내니, 길하여 허물이 없다(王用亨于岐山, 吉, 无咎)
(2) 수괘隨卦 꼭대기 음효(上六): 잡아두었다가 놓아 보내주니, 왕이

서산에 제사를 지낸다(拘係之, 乃從維之, 王用亨于西山)

(3) 기제괘既濟卦 다섯째 양효(九五): 동쪽 이웃에서 소를 잡아 성대하게 제사를 지내는 것이, 서쪽 이웃의 간소한 제사만 못하니, 실제 그 복을 받는다(東鄰殺牛, 不如西鄰之禴祭, 實受其福)

비록 이러한 말들은 반드시 문왕의 고사라고 할 수는 없지만, 어쨌든 어떤 고사가 이 효사 속에 감추어져 있다. 이것 말고도 고사를 말한 것 같이 보이는 효사가 많이 있다. 예를 들겠다.

복병을 풀숲 속에 숨겨두었으나 높은 언덕에 올라갔으니, 삼 년 동안 일어나지 못한다.

伏戎于莽, 升其高陵, 三歲不興. 〔동인괘同人卦 셋째 양효(九三)〕

밧줄로 단단히 묶어 감옥에 놓아두었는데, 삼 년이 되어도 풀려나지 않으니, 흉하다.

係用徽纆, 寘于叢棘, 三歲不得, 凶. 〔감괘坎卦 꼭대기 음효(上六)〕

우는 꿩이 남쪽 사냥에서 다쳤는데, 큰 머리를 얻었다. 질병에 대한 점은 이롭지 않다.

明夷于南狩, 得其大首. 不可疾貞. 〔명이괘明夷卦 셋째 양효(九三)〕

우레가 울려 위태로워, 재화를 잃을 것을 생각하여 높은 언덕에 올랐는데, 찾지 않아도 7일이면 얻는다.

震來厲, 億喪貝, 躋于九陵, 勿逐, 七日得. 〔진괘震卦 둘째 음효(六二)〕

나그네가 홀로 가다가, 돼지를 실어 나르는 것과 한 수레 가득 귀신이 실려 있는 것을 보았는데, 먼저 활을 당겨 쏘려고 하다가 뒤에 활을 내려놓으니, 도적이 아니라 혼인하는 것이다. 가다가 비를 만났으나 길하다.

睽孤, 見豕負塗, 載鬼一車. 先張之弧, 後說之弧, 匪寇婚媾. 往遇雨則吉. 〔규괘睽卦 꼭대기 양효(上九)〕

왕이 허리띠를 내려주었으나, 하루 동안에 세 번 빼앗아간다.

或錫之鞶帶, 終朝三褫之. 〔송괘訟卦 꼭대기 양효(上九)〕

해가 기우는데 적이 침입하니, 부를 치지 않고 소리 지르고, 늙은이는 탄식하니 흉하다.

日昃之離, 不鼓缶而歌, 則大耋之嗟, 凶. 〔리괘離卦 셋째 양효(九三)〕

사냥을 하여 새와 짐승을 잡았다. 왕의 명령을 집행하니 이로워 허물이 없다. 지휘관은 군대를 통솔하고 부관은 수레에 시체를 싣고 돌아오니, 점은 흉하다.

田有禽, 利執焉, 无咎. 長子帥師, 弟子輿尸, 貞凶. 〔사괘師卦 다섯째 음효(六五)〕

짙은 구름이 일어도 비가 오지 않으니, 우리 서쪽들에서부터이다. 공이 주살을 새에게 쏘아 그 새를 굴에서 취한다.

密雲不雨, 自我西郊. 公弋取彼在穴. 〔소과괘小過卦 다섯째 음효(六五)〕

중행이 공公에게 알려 공이 따르니, 은을 도와 천도하는 것이 이롭다.

中行告公從, 利用爲依遷國. 〔익괘益卦 넷째 음효(六四)〕

큰 막을 쳐놓고, 한낮에 북두성을 본다. 항상 기숙했던 주인을 만나니, 길하다.

豐其蔀, 日中見斗. 遇其夷主, 吉. 〔풍괘豐卦 넷째 양효(九四)〕

밝게 보필하니, 왕이 삼면에서 몰아 사냥을 하는데, 앞면으로 짐승을 놓쳐버렸다. 고을 사람들이 놀라지 않으니, 길하다.

顯比, 王用三驅, 失前禽. 邑人不誡, 吉. 〔비괘比卦 다섯째 양효(九五)〕

고힐강 선생은 말하였다. "이러한 구절은 아마 단지 괘와 효의 상에 대하여 점글로 이은 것이거나, 아마 괘와 효의 상과 서로 부합하는 고사를 이용하여 점글로 이은 것이다. 다만 현재 우리가 많이 들어온 고사는 전국戰國, 진秦, 한漢 이래의 전설이고, 서주西周 시대의 전설은 이미 망실되었으므로 판별할 방도가 없다."

또 말하였다. "괘효사를 지을 때 유행했던 몇 가지 큰 고사는 후대에 소실되었다. 『역전』을 지을 때 유행했던 몇 가지 큰 고사는 괘효사를 지을 때 생각하지 못했던 것이다. 이러한 고사가 있고 없는 것에서 괘효사의 저작 시대를 대략 추정할 수 있다. 괘효사 속에서 제기한 고사는 두 가지가 상商나라의 고사이고, 세 가지가 상나라 말 주나라 초기의 고사이니, 그 저작 시대는 당연히 서주 초엽이라고 말할 수 있다. 지은 사람은 고증할 수 없으나 당연히 그 당시 복서卜筮를 관장했던 관리에게서 나왔다. 지은 지점은 당연히 서주의 도읍이며, 첫째로는 점치는 관리가 있었던 곳, 둘째로는 그것이 '기산岐山'을 말하고 '질그릇(缶)'을 말하므로, 이러한 것들은 모두 서쪽의 색채이다."

고힐강 선생이 결론에서 말한 괘효사의 저작 시대, 지은 사람과 지은 지점에 대해 나는 매우 올바르다고 생각하나 여기에 조금 보충할 것이 있다. 괘효사의 재료는 대부분 주 민족이 유목에서 농업 시대로 이르는 때의 기록이며, 서주 초엽의 재료는 비교적 적다. 갑골 점글의 '서년黍年' '유년有年' '기우其雨' 등의 말에서 보면, 은 민족은 이미 농업 시대로 진입하였다. 괘효사에서 말한 농업은 은과 같이 여전히 경영을 개시하는 단계였으니, 취한 재료의 연대는 매우 이르다. 이것은 괘효사의 대부분 재료들의 유래가 서주 이전의 것임을 말하고 있다. 그러나 『주역』이 『주역』으로 완성될 수 있었던 것은 한 차례 편찬을 경과하여 이루어진 것이니(이것에 대해 앞에서 「괘효사의 저작 체제」를 말할 때 이미 말하였고, 아래에서 「주역 중의 비흥 시가」를 말할 때 또 언급할 것이다), 이 편찬 시기는 당연히 서주 초엽이었다.

## 4. 『주역』 중의 비比 흥興 시가

'흥興'은 시가詩歌 중의 일종의 체제이다. "보고 들은 바에 따라 사물에 기탁하여 흥을 일으켜, 사물로써 그 문장의 압운을 잇는(因所見聞, 託物起興, 而以事繼其聲)"(주자, 『시집전詩集傳』) 일종의 서술 방식이다. 예를 들어, 『시경詩經』「진풍秦風 황조편黃鳥篇」에 "꾀꼴꾀꼴 꾀꼬리가 대추나무에 앉았네. 누가 목공을 따라 갔는가? 자거씨의 중행이란 분이지……(交交黃鳥, 止于棘. 誰從穆公? 子車仲行……)"라고 하였는데, 꾀꼬리를 가지고 말하고자 하는 바에 흥을 일으킨 것이다. 꾀꼬리와 시詩 속의 의미는 관계가 없으니, '사물에 기탁하여 흥을 일으킨 것이다(託物興起).' 꾀꼬리와 시의 의미가 연관된 곳은 각운脚韻에 있으니, 이른바 "사물로써 그 문장의 '압운'를 잇는다(以事繼其 '聲')"는 것이다. 이런 종류의 시를 해석하고자 한다면 "사물로써 유추할 수도 없고, 이치로써 따질 수도 없다(不可

以事類推, 不可以理義求).”(정초鄭樵, 『육경오론六經奧論』「권수卷首」)

‘흥’ 말고 ‘비比’라는 것도 있다. 「주남周南 관저편關雎篇」에 “꾸욱꾸욱 물수리는 강가 숲 속에서 울고 있네. 아리따운 아가씨는 군자의 좋은 짝이네(關關雎鳩, 在河之洲. 窈窕淑女, 君子好逑)”라고 하였는데, 물수리의 울음소리를 빌려 짝을 부르는 것으로 해석하여, 군자가 아리따운 아가씨를 구하는 것에 비유할 수 있으니, 이른바 “비이면서 흥인 것이다(比而興也).”

‘비’와 ‘흥’ 이 두 종류의 시의 체제는 『시경』 중에 매우 많아서, 시를 말하는 사람은 자연히 체제에 의거하여 해석할 수 있다. 그러나 『주역』 중에도 이런 종류의 시가가 있으나 의외로 지금까지 아는 사람이 없었고, 더욱이 『시경』을 말하는 방법을 가지고 『역』을 말하는 사람은 없었다. 지금 『주역』 중의 시가를 한번 살펴보면서 이러한 시가로부터 『주역』의 저작 연대를 고증하겠다.

먼저 『주역』 중 두 수의 비흥 시가를 보겠다.

(1) 명이괘明夷卦 처음 양효(初九)

명이가 날아가는데, 날개를 드리우네.
군자가 가는데, 삼 일을 먹지 못하네.
明夷于飛, 垂其翼.
君子于行, 三日不食.

(2) 중부괘中孚卦 둘째 양효(九二)

학이 나무 그늘에서 울고 있으니, 그 짝이 화답하네.
나에게 좋은 술이 있으니, 너와 함께 마시네.
鳴鶴在陰, 其子和之.
我有好爵, 吾與爾靡之.

이 두 수의 시를 한 번 음송吟誦해보면 시처럼 보이는가 보이지 않은가? 음송한 후 이것과 『시경』의 시들과 한번 비교해보면 같은 종류로 보이는가 보이지 않는가?

내가 보기에는 이것은 곧 두 수의 시가이다. 이 두 수는 매우 아름답고 매우 시적 정취가 있는 시가이다. 만약 『주역』을 읽지 않은 사람이 이것을 본다면, 이것이 『주역』의 점글(筮辭)이라고 감히 말하겠는가?

이 시의 운韻을 말하면, '익翼' '식食'은 모두 금운今韻 24직職에 있으며, 고시古詩에는 '익' '식'이 서로 조화하는 것을 자주 볼 수 있다. 예를 들어 「당풍唐風 보우鴇羽」 2장, 「소아小雅 초자楚茨」 1장, 「신남산信南山」 3장의 그 협운叶韻은 굳이 말할 필요가 없다. '화和'와 '작爵'과 '미靡'의 고음古音도 역시 서로 조화하는 것이다. '작'은 왕소王蕭가 "호와 보의 반절이다(呼報反)"라고 읽었고(『석문釋文』에서 인용하였음), '미'는 "망과 지의 반절, 혹은 망과 파의 반절이다(亡池反, 又亡波反)"라고 읽었으며(송宋본 『석문釋文』에 의거하였음), 고염무顧炎武는 "미는 고음이 마摩이다. 『시경』 「서리黍離」를 보라(靡, 古音摩, 見詩黍離)"(『역음易音』 일一)고 말하였다.

이제 다시 그 의미를 말하겠다. 두 번째의 시가 비교적 분명하므로 먼저 이것부터 말하겠다. "학이 나무 그늘에서 울고 있으니, 그 짝이 화답하네(鳴鶴在陰, 其子和之)"에서 '그늘에서(在陰)'는 『시경』 「학명편鶴鳴篇」의 "학이 높은 언덕에서 우니, 소리가 하늘에 퍼지네(鶴鳴於九皐, 聲聞于天)"라는 말과 유사하다. '기자其子'는 반드시 새끼 학이 아니다. 새끼 학은 대개 어떻게 '화답(和)'하는지 모른다. 이것은 틀림없이 암수 한 쌍의 학을 가리킨다. 한 쌍의 학이 그늘에 숨어서 화목하게 서로 호응하는 소리를 들어보라. 이것은 얼마나 재미있는 것인가. 더욱이 연인들의 귀에 들린다면 호기로운 흥이 일어나 "나에게 좋은 술이 있으니, 같이 함께 마시자(我有好爵, 吾與爾靡之)"라고 말할 것이다. 현대어로 번역한다면,

"나에게 매우 좋은 오래된 술이 있으니, 우리 함께 진탕 마시자!(我有很好的陳酒, 咱們共醉一場罷)"가 될 것이다. —— '작爵'은 술잔이며 술을 대신한다. '미靡'는 함께(共)라는 뜻이다(『석문釋文』「한시韓詩」에서 인용하였음). '나와 너(吾與爾)'는 한 쌍의 청춘 남녀로 상상할 수 있다. 이 한 구절의 시를 만약 『시경』 속에 놓아두고 주부자朱夫子가 보았다면 분명히 붓을 놀려 "흥이면서 비인 것이다(興而比也)"라고 썼을 것이다. 그러나 역학가들의 색안경 아래에서 틀림없이 그 안색이 크게 변했을 것이다. 역학 대가인 우번虞翻은 이 구절에 대해 다음과 같이 말하였다.

> 진괘는 울음(鳴)이다. 송괘와 리괘는 학(鶴)이다. 감괘는 어두운 밤(陰夜)이다. 학은 한밤중을 안다. 그러므로 "명학재음鳴鶴在陰"이라 하였다. 중부괘의 둘째 효가 음효로 변하면 곤괘가 되는데, 괘 전체는 익괘가 된다. 다섯째 양효의 간괘는 '아들(子)'이다. 진괘와 손괘의 같은 소리는 서로 응하므로 "기자화지其子和之"라고 한 것이다. 곤은 몸이다. 그러므로 '나(我)'라고 칭하였다. '나'는 다섯째 양효를 말한다. 리괘는 '작爵'이니 '작위'이다. 곤은 나라이다. 다섯째 양효는 간괘에서 천자가 거하는 궁궐의 상이다. 그러므로 "호작好爵"이라고 하였다. 다섯째 양효는 둘째 양효가 음효로 변하여 바로 응한다면 이로우므로 "오여이미지吾與爾靡之"가 되는 것이다.
>
> 震爲鳴. 訟離爲鶴. 坎爲陰夜. 鶴知夜半, 故"鳴鶴在陰". 二動成坤, 體益, 五艮爲'子'. 震巽同聲者相應, 故"其子和之". 坤爲身, 故稱'我'. '吾'謂五也. 離爲'爵', 爵位也. 坤爲邦國. 五在艮, 閽寺庭闕之象, 故稱'好爵'. 五利二變之正應, 以故"吾與爾靡之"矣.(이정조李鼎祚의 『주역집해周易集解』에서 인용하였음)

그는 너무 왜곡하여 말하였다. 둘째 효(九二)는 분명히 양효인데, 무슨 이유로 억지로 음효로 변화시켜 곤괘가 되게 하는가? 또 무슨 이유로 "곤괘는 몸(坤爲身)"이라고 말하는가(「설괘전說卦傳」에는 이런 상이 없다)? 몸은 또 반드시 '나'라고 할 수 없다. 곤괘는 또 언제 '나라'였던가? 리괘는 또 언제 '작위'였던가? 이러한 것들은 「설괘전」에서 보이지 않는 것이며 모두 조작한 것이다. "천자가 거하는 궁궐의 상(閽寺庭闕之象)"은 설령 말한 바와 같다 해도 '호작好爵'의 뜻을 충분히 설명할 수 있는 것인가? 이것은 참으로 황당무계하여 통하지 않는다!

다시 다른 학파의 논법은 또 어떠한가를 한번 보겠다. 왕필王弼은 한말 역학에서 독자적인 한 학파를 형성했던 사람이다. 공영달孔穎達은 그의 『주역주周易注』를 찬양하여 "홀로 고금의 으뜸이다(獨冠古今)"라고 하였다(『주역정의周易正義』 서). 왕필은 이렇게 해석하였다.

> 둘째 효는 아랫괘에 처하여 두 음효 아래에 있고, 가운데 자리를 잃지 않고 차지하고 있으니, 밖에서 좇지 아니하고 그 진실에 임한 것이다. 참됨을 세운 것이 참으로 지극하니, 비록 애매한 위치에 있으나 사물은 또한 응하는 것이다. 그러므로 "명학재음, 기자화지(鳴鶴在陰, 其子和之)"라고 한 것이다. 권리를 사사롭게 하지 않고 오직 덕과 더불어 하니, 참됨이 지극한 것이다. 그러므로 "나에게 권세가 있으니, 만물과 더불어 누린다(我有好爵, 與物散之)"라고 말하였다.
>
> 處內而居重陰之下, 而履不失中, 不徇於外, 任其眞者也. 立誠篤至, 雖在闇昧, 物亦應焉, 故曰"鳴鶴在陰, 其子和之"也. 不私權利, 唯德是與, 誠之至也, 故曰"我有好爵, 與物散之."

이 해석은 사람으로 하여금 놀라움을 금치 못하게 한다. '임진任眞'

'입성立誠'이라는 오묘한 말은 어디에서 연구해낸 것인가? '불사不私' '유덕唯德'이라는 사상은 원래 이 효에 감추어져 있는 것이다! "너와 함께 마신다(吾與爾靡之)"라는 한 구절은 곧 "만물과 더불어 누린다(與物散之)"는 뜻이다. 묘하고 묘하구나! 이것을 일러 "홀로 고금의 으뜸(獨冠古今)"이라고 한다.

본래 매우 알기 쉽고 매우 아름다운 이 한 수의 시가 그들의 이러한 해석을 경과하면서 곧 따분하고 재미없고, 왜 그렇게 되는 것인지 영문을 모르게 되었다.

첫 번째 시는 설명하는 데 더욱 시간이 걸린다. 그 속에 있는 두 글자의 의미가 파묻힌 지 이미 오래되었기 때문이다. 우리는 이것을 끌어내어야 한다. —— 이것은 바로 이 한 수의 시의 머리에 쓰여 있는 '명이明夷'라는 두 글자이다.

이 두 글자에 대해 왕필은 해석하지 않았다. 그는 근본적으로 "우비于飛, 수기익垂其翼"의 두 구절조차도 이해하지 못했으니, 글자만 보고 대강 뜻을 짐작하여 힘써 심오한 것을 구하였다. 그는 말하였다.

> '명이괘'의 우두머리 효는 '꼭대기 음효'이다. '꼭대기 음효'는 지극히 어두운 것이다. '처음 양효'는 괘의 시작에 놓여 있고, 어려움에서 가장 멀다. 어려움에서 지나치게 멀리 떨어져 있으니, '명이'는 멀리 은둔하여 흔적을 끊고 형체를 감추어 세속의 길을 따르지 않는다. 그러므로 "명이우비明夷于飛"라고 말하였다. 두려움을 품고 가니, 가는 것을 감히 드러내지 않는다. 그러므로 "수기익垂其翼"이라고 말하였다.
>
> '明夷'之主, 在於'上六', '上六'爲至闇者也. '初'處卦之始, 最遠於難也. 遠難過甚, '明夷'遠遯, 絶跡匿形, 不由軌路, 故曰"明夷于飛". 懷懼而行, 行不敢顯, 故曰"垂其翼"也.

그의 결점은 한 괘의 우두머리를 구하는 데 있었다. '꼭대기 음효'의 '밝지 않음(不明), 어두움(晦)'을 '처음 효'에 연관시켜 '원난遠難', '원둔遠遯', '절적익형絶跡匿形', '행불감현行不敢顯' 등 일련의 말을 억지로 갖다 붙였다. 실은 '날아가는 것(于飛)'은 반드시 '멀리 은둔하는 것(遠遯)'이 아니며, '날개를 드리우는 것(垂翼)'은 반드시 '형체를 감추는 것(匿形)'이 아니다.

순상荀爽은 조금 의미 있는 말을 하였다.

> 불의 성질은 위로 타오르는 것이며, 리괘는 나는 새이다. 그러므로 "우비于飛"라고 말하였다. 곤괘에 의해 눌림을 받으므로 "수기익垂其翼"이라고 하였다.
>
> 火性炎上, 離爲飛鳥, 故曰 "于飛". 爲坤所抑, 故曰"垂其翼."

그는 물론 '명이'가 도대체 무엇인지 분명히 알지 못했지만, '우비于飛' 두 글자에서 '나는 새(飛鳥)'를 생각해내었다. 그가 '수기익垂其翼'을 해석한 것은 괘 그림에서 탐구하여 '곤에 의해 눌림을 받는 것(爲坤所抑)'으로 여겼으니, 여전히 한유漢儒들의 괘상에 사로잡혀 바른 해석을 얻지 못하였다.

우리가 볼 때, '우비于飛'가 가리키는 것은 새이며, '수기익垂其翼'이 말한 것도 역시 새이다. '비飛'는 새가 나는 것이고, '수익垂翼' 또한 새가 '날개를 드리운 것'이다. 두 구절을 합하여 일종의 새의 동작 과정을 설명하였다. 이 새가 곧 '명이明夷'의 '이夷'이다. 그러나 '이'가 무슨 새인가를 설명하기 전에 먼저 '우비于飛' '수익垂翼'이 새를 가리켜 말한 것임을 증명해야 한다.

우리는 『시경』에서 아래의 몇 종류의 '우비于飛' 두 글자의 시구를 볼 수 있다.

(1) 주남周南 갈담葛覃

누룩제비 떼가 날아와 떨기나무 위에 모여 앉아 짹짹 지저귄다.

黃鳥于飛, 集于灌木, 其鳴喈喈.

(2) 패풍邶風 연연燕燕

제비들이 펄펄 앞서거니 뒤서거니,

누이 시집가는데 멀리 들에서 전송하네……

제비들이 펄펄 올라갔다 내려왔다,

누이 시집가는데 멀리 그를 보내네……

제비들이 펄펄 위아래서 짹짹,

누이 시집가는데 멀리 남쪽으로 보내네……

燕燕于飛, 差池其羽.

之子于歸, 遠送于野……

燕燕于飛, 頡之頏之,

之子于歸, 遠于將之……

燕燕于飛, 下上其音.

之子于歸, 遠送于南……

(3) 패풍邶風 웅치雄雉

수꿩이 날아가며 푸덕푸덕 날개짓하네.

나의 그리움이여, 스스로 마련한 시름인 것을……

수꿩이 날아가며 오르락내리락 소리치네.

진실로 내 님이여, 내 마음을 정말 괴롭히네……

雄雉于飛, 泄泄其羽.

我之懷矣, 自詒伊阻……

雄雉于飛, 下上其音

展矣君子, 實勞我心……

(4) 빈풍豳風 동산東山

꾀꼬리가 푸드득 고운 날개짓을 자랑할 때,

아내는 시집왔는데 누런 말 갈색 말이 수레 끌었었지……

倉庚于飛, 熠燿其羽.

之子于歸, 皇駁其馬……

(5) 소아小雅 홍안鴻雁

기러기가 날아가며 파닥파닥 날개 치네.

우리들은 길 떠나 들판에서 고생했네……

기러기가 날아가다 못 가운데 앉았네.

우리들은 담을 쌓아 수많은 집을 지었네……

기러기가 날아가다 끼룩끼룩 슬피 우네.

이 어진 사람들은 우리에게 고생한다고 하네……

鴻雁于飛, 肅肅其羽.

之子于征, 劬勞于野……

鴻雁于飛, 集于中澤.

之子于垣, 百堵皆作……

鴻雁于飛, 哀鳴嗷嗷.

維此哲人, 謂我劬勞……

(6) 소아小雅 원앙鴛鴦

원앙새가 날고 있는데 새그물 치네……

원앙새가 어살에 있는데 왼편 날개를 거두었네……

鴛鴦于飛, 畢之羅之……

鴛鴦在梁, 戢其左翼……

(7) 대아大雅 권아卷阿

봉황새가 나는데 날개를 펄럭이다 머물 곳을 찾아 내려앉네……

鳳凰于飛, 翽翽其羽, 亦集爰止……

(8) 주송周頌 진로振鷺

백로들이 떼지어 서쪽 옹택으로 날고 있네.

우리 손님 오셨는데 백로 같은 모습이네……

振鷺于飛, 于彼西雝.

我客戾止, 亦有斯容……

위에 열거한 8조의 시에서 보면 몇 가지를 알 수 있다.

(1) '우비于飛' 두 글자 앞에는 모두 새 이름이 있다. 누룩제비(黃鳥), 제비(燕), 꿩(雉), 꾀꼬리(倉庚), 기러기(鴻雁), 원앙새(鴛鴦), 봉황새(鳳凰), 백로(鷺) 등 새가 아닌 것이 없다. '우비于飛' 두 글자는 새를 가리켜 말한 것임은 다시 의심할 여지가 없다는 것을 알 수 있다.

(2) 새가 날아가는 것을 말하면서 종종 그 새의 '깃(羽)'과 '날개(翼)'를 말하였다. '앞서거니 뒤서거니(差池其羽)', '푸덕푸덕 날개짓하

네(泄泄其羽)', '고운 날개짓을 자랑할 때(熠燿其羽)', '파닥파닥 날개 치네(肅肅其羽)', '날개를 펄럭이네(翽翽其羽)'와 '왼편 날개를 거두었네(戢其左翼)' 등 8가지 예 중, 6가지 예에 '날다(飛)'와 '깃(羽)' '날개(翼)'를 서로 이어 썼으니, 이것은 일종의 매우 일반적인 논법임을 알 수 있다. 명이괘의 "명이가 날아가는데 날개를 드리우네(明夷于飛, 垂其翼)"라는 말은 당연히 이런 것들과 동류이다.

(3) 『시경』의 시들과 비교하여 명이괘의 '수기익垂其翼'이 무슨 뜻인지 더욱 명백하게 되었다. 『시경』에서 한편으로는 '날다(飛)'를 말하면서 또 한편으로는 '모이다(集)'와 '머물다(止)'를 말하였다. "누룩제비 떼 날아와 떨기나무 위에 모여 앉네(黃鳥于飛, 集于灌木)", "기러기가 날아가다 못 가운데 앉았네(鴻雁于飛, 集于中澤)", "봉황새가 나는데……머물 곳을 찾아 내려앉네(鳳凰于飛, ……亦集爰止)", "백로들이 떼 지어 서쪽 옹택으로 날고 있네(振鷺于飛, 于彼西雝)", "원앙새가 어살에 있는데 왼편 날개를 거두었네(鴛鴦在梁, 戢其左翼)" 등과 같이 명이괘의 "날개를 드리우네(垂其翼)"의 구와 서로 비슷하다. '날개를 드리우네(垂其翼)'라는 말은 '모이다(集)' '머물다(止)'의 뜻임을 미루어 알 수 있다.

(4) 우리는 이런 시들을 읽어보면, 시가 중의 '기흥起興' 혹은 '비흥比興'의 체제를 더욱 분명히 볼 수 있다. "누룩제비 떼가 날아간다(黃鳥于飛)" 혹은 "꾀꼬리가 날아간다(倉庚于飛)"는 것과 "아내는 시집왔다(之子于歸)"는 것은 무슨 관련이 있는가? "수꿩이 날아간다(雄雉于飛)"와 "나의 그리움이여, 스스로 마련한 시름인 것을(我之懷矣, 自詒伊阻)"이라는 것과 "진실로 내 님이여, 내 마음을 정말 괴롭히네(展矣君子, 實勞我心)"라는 말은 또 어떻게 그 의미를 같이 연관시킬 수 있는가? 그 가운데 『주역』 명이괘 처음 양효(初九)와 가장

비슷한 것은 「소아小雅 홍안편鴻雁篇」의 첫마디 한 절이니, 여기에 그 문장을 기록하여 비교해보겠다. 이것은 명이괘 처음 양효의 효사가 시가임을 충분히 증명할 뿐만 아니라 또 효사의 의미를 분명히 알 수 있다.

| 명이괘 처음 양효 | 홍안편 |
|---|---|
| 명이가 날아가는데<br>날개를 드리우네.<br>군자가 가는데<br>삼 일을 먹지 못하네.<br>明夷于飛,<br>垂其翼.<br>君子于行,<br>三日不食. | 기러기가 날아가며<br>파닥파닥 날개 치네.<br>우리들은 길 떠나<br>들판에서 고생했네.<br>鴻雁于飛,<br>肅肅其羽.<br>之子于征,<br>劬勞于野. |

이상의 여러 가지 비교에서 다음의 결론을 얻을 수 있다.

(1) "명이가 날아가는데, 날개를 드리운다(明夷于飛, 垂其翼)"는 것은 새를 가리켜 말한 것이다.
(2) 명이괘 처음 양효의 효사는 한 수의 흥을 일으키는(起興) 방식의 시가이다.

그렇다면 명이는 도대체 어떤 새인가?

이것을 해석하기 전에 육서六書 중의 가차假借의 예를 말해야 비로소 쉽게 이해할 수 있다. 이해를 돕기 위해, 초순焦循의 한 문장을 인용하여 설명하겠다.

육서六書에 가차假借가 있다. 본래 어떤 글자가 없으면 같은 소리의 글자를 빌려 이 글자에 충당하면, 다시 여기에 해당하는 다른 글자를 만들 필요가 없다. 허신許愼이 제시한 것과 같이, '영令' '장長' 두 글자는, '영令'의 본뜻이 '명령하다(發號)'이고, '장長'의 본뜻은 '멀고 오래다(久遠)'이나, 이것을 빌려서 '관리'라고 칭하였다. 관리라고 칭하는 것은 다만 '영'이고 '장'이지, 따로 본래 글자가 없었다. '이而'자를 미루어 '수염(面毛)'이라 뜻을 새기나, 빌려서 '그리고(而乃)'의 '이而'가 되었다. '위爲'자의 뜻은 '어미 원숭이(母猴)'이나 빌려서 '행위(作爲)'의 '위'가 되었다. 이것은 의심할 바가 없는 것이다. 또 생략한 글자를 가차로 하는 것도 있다. '압狎'을 생략하여 '갑甲'이 되었고, '방旁'을 생략하여 '방方'이 되었고, '두杜'를 생략하여 '토土'가 되었고, '우虞'를 생략하여 '오吳'가 되었다. ……옛날에 이름을 지어 사물을 분별하면서 그 소리에 가까우면 그 뜻도 통하였다. '천天'이 '전顚'이 되었고, '일日'이 '실實'이 되었고(『설문說文』), …… '예禮'가 '체體'가 되었고(「예기禮器」), '부富'가 '복福'이 되었고(「교특생郊特生」), '지주踟躕'가 '지주踟蛛'가 되었고(『소부嘯賦』), '환란汍瀾'이 '환란芄蘭'이 된 것(식부궁息夫躬 『절명사絶命辭』)과 같다. 소리가 통하면 자형字形을 빌려 사용하지 않는 것이 없었다.

六書有假借. 本無此字, 假借同聲之字以充之, 則不復更造此字. 如許氏所擧. '令' '張'二字, '令'之本訓爲 '發號', '長'之本訓爲 '久遠', 借爲 '官吏'之稱. 而官吏之稱, 但爲 '令'爲 '長', 別無本字. 推之 '而'字訓 '面毛', 借爲 '而乃'之 '而'. '爲'字訓 '母猴', 借爲 '作爲'之 '爲', 無可疑者也. 又有從省文爲假借者, 如省 '狎'爲 '甲', 省 '旁'爲 '方', 省 '杜'爲 '土', 省 '虞'爲 '吳'. ……古者命名辨物, 近其聲卽通其義. 如 '天'之爲 '顚', '日'之爲 '實'(說文), …… '禮'之爲

'體'(禮器), '富'之爲 '福'(郊特牲), '踟蹰'之爲 '蜘蛛'(嘯賦), '汍瀾'之爲 '芄蘭'(息夫躬絶命辭). 無不以聲之通而爲字形之借.(『역화하易話下』「주역용가차론周易用假借論」)

옛 글자의 가차는 뜻이 통하였으니 이것은 실제로 일종의 관례였다. 그래서 어느 한 글자를 해석하려면 반드시 가차에서 생각해야 한다. 비록 이 방법이 반드시 믿을 수 있는 것은 아니나 이 방법을 알지 못하면 해석할 방도가 없다. 『주역』에서 말하면, 혁괘革卦 처음 양효(初九)의 "황소의 가죽으로 만든 띠를 사용하여 묶는다(鞏用黃牛之革)"는 문장과 둘째 음효(六二)의 "제사 지내는 날을 바꾼다(巳日乃革之)"는 문장에서 두 개의 '혁'자는 같지 않으니, 하나는 명사이고 다른 하나는 동사이다. 만약 한 가지 뜻에만 매달린다면 뜻이 어찌 통할 수 있겠는가?

'명이' 이 두 글자 역시 가차에서 해석하여야 한다. '명이' 두 글자는 명이괘에서 여섯 차례 보이며, '명'자와 '이'자를 나누어 말한 것도 있다. 그러나 '명이'가 도대체 무슨 뜻인지 처음부터 끝까지 그 해석을 얻기가 어려워 하나의 보편적인 뜻을 찾아낼 수가 없다. 다만 "명이가 날아간다(明夷于飛)"는 이 한 구절의 말은 '우비于飛' '수익垂翼'과 연관되어 있기 때문에, 또한 비교법을 사용하여 그 의미를 추론해낼 수 있다. 명이괘 여섯 효 중 처음 양효 외의 나머지 효에서 말한 '명이'는 감히 한 뜻만을 견지해 판단할 수 없다.

나는 '명이明夷'의 뜻은 곧 '명이鳴鶇' 두 글자의 가차라고 생각한다.

'명明'과 '명鳴'은 소리가 같으며 뜻도 통한다. 『광아廣雅』「석고釋詁 삼」에 "명鳴은 명名이다(鳴, 名也)"라고 하였다. 『춘추번로春秋繁露』「심찰명호편深察名號篇」에 "옛날에 성인이 이름을 지어 그 사물에 명하여 설정한 것을 이름(名)이라고 한다. 이름이 말이 되는 것은 이름과 그 사물에

명한 것 때문이다(古之聖人, 鳴而命施謂之名. 名之爲言, 鳴與命也)"라고 하였다. '명鳴'과 '명名'은 소리도 뜻도 같다. 그리고 '명名'은 또 '명明'과도 통한다. 『석명釋名』「석언어釋言語」에 "명名은 명明이다. 명칭과 실재를 분명히 하는 것이다(名, 明也. 名實使分明也)"〔필원畢沅의 『석명소증주釋名疏證註』에 "장자는 『석문釋文』에서 울다는 '명鳴'이라 인용하였다(莊子, 『釋文』引作 '鳴也')"〕라고 하였다. 『시경』「제풍齊風 기차猗差」에 "아아! 훌륭하다(猗嗟名兮)"라고 한 것을, 정현鄭玄은 『전箋』에서 "명名과 명明은 옛날에 통용되었다(名明古通用). 『단궁檀弓』에서 '자하가 그 아들을 잃고 그 명明을 잃었다(子夏喪其子而喪其明)'라고 했는데, 『기주종사곽군비冀州從事郭君碑』에는 '아들을 잃고 명名을 잃었다(喪子失名)'라고 하였다"라고 기록하였다. 기하 예증법을 사용하면, a=b, b=c, ∴a=c이니, '명名'과 '명明'과 '명鳴' 이 세 글자는 옛날에는 같은 소리에다 뜻도 통하는 것이었다.

'이夷'는 곧 사다새(펠리컨)라는 '이鵜'이다. '이鵜'는 『설문說文』에 의하면, "이호는 오택이다. 조鳥와 이夷의 성음으로 되어 있다(鵜胡, 汚澤也. 從鳥, 夷聲)"라 하고, 또 "제鵜는 이鵜 혹은 제弟로 되어 있다(鵜, 鵜或從弟)"라고 하였다. 그래서 이鵜는 또 제鵜이다. '이夷'와 '제弟'는 모양이 유사하고 소리도 비슷하다. 『주역』 명이괘 둘째 음효(六二)의 "이우좌고夷于左股"의 '이夷'에 대해, 자하子夏는 본다는 뜻의 '제睇'라 하였고, 정현鄭玄과 육적陸績도 이와 같이 말하였다. 경방京房은 '이眱'라고 하였다(『석문釋文』). 이鵜는 곧 제鵜이니, 곧 『시경』「조풍曹風 후인候人」에 "사다새가 어살에서 날개도 적시지 않네(維鵜在梁, 不濡其羽)"의 '제鵜이다. 제鵜라는 새는 『이아爾雅』「석조釋鳥」에 의하면, "제는 오택이다(鵜, 鴮鸅)"라고 하였다. 곽박郭璞은 이에 대해 주를 달아 다음과 같이 말하였다.

지금의 제호(사다새, 펠리컨)이다. 무리지어 날기를 좋아하며 물에 잠기어 고기를 먹으므로 '오택'이라고 이름하였다. 통속적으로 도하(사다새)라고도 부른다.

今之鵜鶘也. 好羣飛, 沈水食魚, 故名'洿澤'. 俗呼之爲淘河.

형병邢昺은 소疏에서 육기陸機의 『시경』「후인候人」에 대한 소疏를 인용하여 다음과 같이 말하였다.

제는 물새이다. 모양은 독수리같이 매우 크고, 부리의 길이는 한 자 남짓 되며 곧고 넓다. 입 속은 진홍색이고, 턱 아래 목 주머니는 커서 수말의 자루와 같다. 작은 연못에 물고기가 있으면 무리들이 함께 물을 빨아올려 목 주머니가 가득 차면 물을 버리고, 이렇게 해서 연못에 물이 다 없어지면 물고기가 땅 위에 있게 되는데, 함께 이것을 먹는다. 그래서 '도하'라고 한다.

鵜, 水鳥. 形如鶚而極大, 喙長尺餘, 直而廣, 口中正赤, 頷下胡大如數斗囊. 若小澤中有魚, 便群共抒水, 滿其胡而棄之, 令水竭盡, 魚在陸地, 乃共食之, 故曰'淘河'.

『장자莊子』「외물편外物篇」에서 이렇게 말하였다.

물고기는 그물을 두려워하지 않으면서 사다새는 두려워한다.

魚不畏網而畏鵜鶘.

사다새라는 물새는 물고기를 즐겨 먹는다. 만약 "원앙새가 어살에 있다(鴛鴦在梁)"는 시에서 새 이름을 바꿔 말한다면 "사다새가 어살에 있는데 왼편 날개를 거두었네(維鵜在梁, 戢其左翼)"가 되는데, 어찌 "명이가 날아가는데, 날개를 드리우네(明夷于飛, 垂其翼)"와 서로 매우 닮지 않겠는가? "우는 사다새가 날아간다(鳴鵜于飛)"는 것이 어찌 "우는 학이 나무 그늘에 있다(鳴鶴在陰)"는 구법과 또한 같은 종류가 아니겠는가? '명이'가 "날개를 드리우는(垂其翼)" 것은 결코 이상한 것이 아니며, 그것은 "머물 곳을 찾아 내려앉는 것(亦集爰止)"이거나, 혹은 원앙이 어살에서 왼편 날개를 거두고 유희를 하는 것이거나, 혹은 '사다새(淘河)'가 먹이를 찾는 것에 불과할 뿐이다. 이 속에는 결코 무슨 의미나 교훈이 숨겨져 있지 않으며, 다만 시가의 일종인 '흥을 일으키는 것(起興)'일 뿐이다. 우리는 힘써 심오한 뜻을 구해 '명이'가 왜 '눌림을 받는가(所抑)'에 대해 설명할 필요가 없으며, 또 그것이 '감히 하지 않는(不敢)' 바가 있는지 본뜻을 확대하고 추단 연역하여 말할 필요가 없다. 그 헤아림을 다하여도 다만 그것은 '비흥比興' 시가라고 말할 수 있고, '명이'가 날개를 드리워 먹이를 찾는다고 말할 수 있을 뿐이다. 군자는 "삼 일을 먹지 못한다(三日不食)"라고 하였으니 '식食'과 '불식不食'은 서로 짝이 된다. 이러한 내용을 넘어서 이 구절을 해석한다면, 나는 감히 그것은 반드시 억지로 갖다 붙인 것이라고 말할 것이다.

이상, "명이가 날아가는데, 날개를 드리우네(明夷于飛, 垂其翼)"라는 구절을 설명하였다. 아래에서 다시 "군자가 가는데, 삼 일을 먹지 못하네(君子于行, 三日不食)"라는 구절에 대해 말하겠다.

이 두 구절은 의미가 매우 분명하다. 곧 외지로 길을 떠나 있는 것은 매우 고생스러운 것이며, 자주 굶주림을 참고 배고픔을 견뎌야 한다는 것이다. '삼일三日'의 '삼三'은 여러 수를 대표하여 말한 것이며, 실제로 꼭 사흘을 가리키는 것은 아니다. 옛사람들은 길을 떠나는 것을 가장 고생스럽고 가장 두려운 일로 여겼으니, 갑골 점글(卜辭) 중에 '나가고 들어오는 것(出入)'에 대해 점친 수가 많은데(라진옥羅振玉의 『은허서계고석殷虛書契考釋』에 의하면 이것은 이미 128조가 있다. 비록 538조나 되는 제사나, 197조나 되는 어렵에 비해 적은 것이기는 하지만 이 수 또한 적지 않은 것이다), 『주역』의 괘효사 중에서 흔히 말한 '가다(往)', '가다(行)', '내를 건너다(涉川)' 등의 구절을 보기만 하면 곧 알 수 있다. 앞에서 이미 『주역』의 이 구절과 『시경』 「홍안편鴻雁篇」의 "우리들은 길 떠나 들판에서 고생했네(之子于征, 劬勞于野)"라는 구절을 비교하였다. 여기에서 다시 두 수의 시를 인용하여 『역』의 문장과 비교해보면 그 뜻은 더욱 명료해진다.

| | | |
|---|---|---|
| 군자가 가는데,<br>삼 일을 먹지<br>못하네. | 우리 님은 사역에<br>가셨네,<br>굶주림과 목마름을<br>안 겪으시기를.<br>(「왕풍王風 군자<br>우역君子于役」) | 아버지 말씀이 생각나네.<br>"아아 내 아들 전장에 나가<br>밤낮으로 쉴 새도 없을 테지……<br>어머니 말씀이 떠오르네.<br>"아아 내 막내둥이 전장에 나가<br>밤낮으로 잠잘 틈도 없을 테지……<br>(「위풍魏風 척호陟岵」) |
| 君子于行,<br>三日不食. | 君子于役,<br>苟飢無渴! | 父曰: "嗟, 予子行役,<br>夙夜無已!……<br>母曰: "嗟, 予季行役,<br>夙夜無寐!…… |

『주역』의 명이괘 처음 양효(初九)의 효사는 곧 이러한 한 수의 행역行役의 고통을 읊은 시가이다. 나는 괘효사의 편자가 민간 사이에 유행하는 이 한 수의 가요를 『역』의 점글(筮辭)로 채택한 것이 아닌가 생각한

다. 그런 후 "갈 곳이 있으니, 주인에게 잘못이 있다(有攸往, 主人有言)"는 말을 덧붙인 것이다. 그렇지 않다면 이 한 수의 시가는 그의 작문일 것이다.

이상 말한 것을 총괄하여 두 가지 주의해야 할 것이 있다.

(1) 괘효사 중에 어떤 것은 가차假借를 사용한 글자이며, 이것을 해석할 때에는 육서六書 가차법을 가지고 해석하여야 한다.
(2) 『주역』 중에는 또한 비흥식의 시가도 있으니, 이것을 해석할 때에는 시가의 안목을 가지고 보아야 한다.

혹 어떤 사람은 나에게 물을 것이다. "『주역』은 결코 『시경』이 아니며, 『시경』으로써 『주역』을 해석하는 것이 반드시 옳다고 할 수는 없다. 게다가 당신이 예로 들은 것은 몇 개 되지 않는 두 구절의 문자에 불과한데, 예를 들어 증명(例證)하기에는 부족하지 않는가"라고.

나는 이렇게 대답할 것이다. "예증이 많고 적음은 결코 중요한 것이 아니며 다만 객관적 태도를 가지고 분석하여 연구하고 분명히 본다면, 비록 예증이 겨우 한두 조가 된다 해도 이 한두 조의 진면목은 이미 얻었으며, 그만하면 벌써 만족스러운 것이다"라고. 나는 『주역』의 괘효사는 점치는 글이기 때문에 사실의 기술을 위주로 하고 문체는 중시하지 않았으며, 그래서 이러한 시가식의 문구는 매우 적으니, 이것은 이상한 것이 못된다고 생각한다. 우리는 이런 종류의 예증이 적기 때문에 그것은 시가가 아니라고 의심하지 않으며, 오히려 질박한 점글 가운데 이러한 종류의 시구가 뒤섞여 있기 때문에 그것의 시대성과 괘효사 편자의 작풍을 알아낼 수가 있는 것이다.

『주역』이 있기 전에 갑골의 점글(卜辭)이 있었다. 이것은 일종의 매우 간단한 산문이다. 점친 일을 매우 성실하게 기록하여 조금도 꾸미지 않았다. 갑골의 점글은 한편으로는 문화가 시작하는 현상이었고, 다른 한편으로는 쓴 글의 내용이 이것을 한정하였다. 그러나 『시경』 시대가 되자 문화는 진보했고 오직 이러한 운문의 예술을 말하여 사람으로 하여금 경탄해 마지않게 하였다. 만약 고대 문화의 시기를 구분하려면 이 두 종류의 저작으로 대신하여 '갑골 점글의 시기(卜辭時期)'와 '『시경』의 시기'로 나눌 수 있다. 그러나 이 두 시기 사이에 뜻밖에 일종의 저작이 완성되었으니, 이것은 곧 『주역』의 괘효사이다. 괘효사의 대부분은 서주西周 이전의 점글(筮辭)이다. 일부분은 은나라와 주나라 사이의 일들을 기록하고 있으니, "제을이 딸을 시집보낸다(帝乙歸妹)", "강후가 하사받은 말을 번식시켰다(康侯用錫馬蕃庶)", "기자의 명이(箕子之明夷)" 등의 고사가 그렇다. 또 일부분은 곧 괘효사의 편찬자의 문장이니, 이것은 혹은 옛 재료를 윤색하여 안배한 것이거나 혹은 다른 새로운 문장을 만들었으니 즉흥으로 지은 것이다. 시초점(蓍草筮)과 거북점(龜甲卜)을 사용하여 얻은 점글은 대략 서로 비슷하다. 이들의 시대 배경과 생활 상황은 서로 같고 점글의 체제 또한 무슨 큰 차별이 없다. 나는 갑골 점글과 『주역』의 괘효사를 비교해보고 이 두 가지의 저작 체제를 알았으니, 같은 점은 점글(筮辭)의 원형이라는 것이고, 다른 점은 곧 편찬한 때의 병합이라는 것이다(앞의 「'서' '점'과 괘효사의 저작 체제」조에서 상세하게 말하였다). 괘효사 중 편찬자가 만든 문장은 앞에서 예로 들은 두 수의 시가 외에 적지 않은 구절을 더 볼 수 있다. 예를 들면 아래와 같다.

> 많은 사람들이 모여 돌며 말을 타고 선회한다.
>
> 屯如邅如, 乘馬班如.〔준괘屯卦 둘째 음효(六二)〕

말을 타고 선회하며, 눈물을 줄줄 흘린다.

乘馬班如, 泣血漣如.〔준괘屯卦 꼭대기 음효(上六)〕

논밭 길에서 돌아오니, 무슨 허물이 있겠는가?

復自道, 何其咎.〔소축괘小畜卦 처음 양효(初九)〕

주나라를 망하게 할 것이라고 말하나, 무성한 뽕나무에 묶어놓은 것과 같이 견고하리라.

其亡其亡, 繫于苞桑.〔비괘否卦 다섯째 양효(九五)〕

화려하게 꾸미고, 날은 덥고, 백마는 나는 듯 달린다.

賁如皤如, 白馬翰如.〔비괘賁卦 넷째 음효(六四)〕

마른 버드나무에 새잎이 나고, 늙은 사내가 젊은 처를 얻었다.

枯楊生稊, 老夫得其女妻.〔대과괘大過卦 둘째 양효(九二)〕

마른 버드나무에 꽃이 피고, 늙은 여자가 젊은 남편을 얻었다.

枯楊生華, 老婦得其士夫.〔대과괘大過卦 다섯째 양효(九五)〕

구덩이에 오니 구덩이가 위험하고 또 깊다. 구덩이 속에 들어가니 또 구덩이가 있다.

來之坎, 坎險且枕, 入于坎窞.〔감괘坎卦 셋째 음효(六三)〕

해가 기우는데 적이 침입하니, 질장구를 치지 않고 소리 지르고, 늙은이는 탄식한다.

日昃之離, 不鼓缶而歌, 則大耋之嗟.〔리괘離卦 셋째 양효(九三)〕

나그네가 홀로 가다가, 돼지를 실어 나르는 것과 한 수레 가득 귀신이 실려 있는 것을 보았는데, 먼저 활을 당겨 쏘려고 하다가 뒤에 활을 내려놓는다.

睽孤, 見豕負塗, 載鬼一車. 先張之弧, 後說之弧.〔규괘睽卦 꼭대기 양효(上九)〕

돌에 묶여 있다가 감옥에 갇혔다. 풀려나 집으로 돌아가니 아내를 보지 못한다.

困于石, 據于蒺藜. 入于其宮, 不見其妻.〔곤괘困卦 셋째 음효(六三)〕

등을 살피다가 그 몸을 보호하지 못하고, 그 뜰을 거닐어도 그 사람을 보지 못한다.

艮其背, 不獲其身. 行其庭, 不見其人.〔간괘艮卦〕

기러기가 물가로 날아간다. 어린아이가 물가로 가면 위험하니, 꾸짖어 가지 못하게 하면 허물이 없다.

鴻漸于干. 小子厲, 有言, 无咎.〔점괘漸卦 처음 음효(初六)〕

기러기가 물가 흙더미로 날아간다. 마시고 먹으며 즐거워한다.

鴻漸于磐. 飮食衎衎.〔점괘漸卦 둘째 음효(六二)〕

기러기가 높은 평지로 날아간다. 남편은 출정하여 돌아오지 않고, 부인은 임신을 하였으나 유산하였다.

鴻漸于陸. 夫征不復, 婦孕不育.〔점괘漸卦 셋째 양효(九三)〕

기러기가 나무로 날아간다. 어떤 사람이 서까래를 얻었다.

鴻漸于木, 或得其桷.〔점괘漸卦 넷째 음효(六四)〕

기러기가 언덕으로 날아간다. 부인이 삼 년 동안 아이를 갖지 못하다가, 마침내 아이를 가졌다.

鴻漸于陵. 婦三歲不孕, 終莫之勝.〔점괘漸卦 다섯째 양효(九五)〕

기러기가 큰 산으로 날아간다. 그 깃털을 춤추는 도구로 삼을 수 있다.

鴻漸于陸, 其羽可用爲儀.〔점괘漸卦 꼭대기 양효(上九)〕

여자가 대바구니를 들었으나 과일이 없고, 남자가 양을 칼로 찔렀으나 피가 나지 않는다.

女承筐无實, 士刲羊无血.〔귀매괘歸妹卦 꼭대기 음효(上六)〕

우리는 이러한 글을 읽으면 마치 『시경』을 읽고 있는 듯하다. 괘효사는 본래 편찬해서 이루어진 것이다. 그러나 이러한 시가식의 구절에는 어떤 작자가 있었음을 말하지 않을 수 없다. 앞사람들은 그것을 두 사람의 성인의 이름에 귀속시켜, 문왕文王이 괘사를 지었고, 주공周公이 효사를 지었다고 말하였다. 우리는 이것이 일종의 우상 숭배에 불과한 것임을, 일종의 흙으로 채워 만든 과녁식(箭垛式)의 농간임을 안다. 그러나 이러한 전설은 도리어 우리에게 하나의 의미를 암시하고 있으니, 곧 괘효사는 한 사람 혹은 한 사람 이상의 작자가 있었다는 것이다. 나는 이 작자가 바로 괘효사를 편찬한 그 사람이라고 생각한다. 이 편찬자는 한

편으로는 이미 있었던 점글을 편집하였고, 다른 한편으로는 고의적으로 글을 지었다. 소축괘小畜卦에서 '하구何咎'(무슨 허물이 있겠는가)를 사용하지 않고〔수괘隨卦 넷째 양효(九四), 규괘睽卦 다섯째 음효(六五) 두 곳에서 사용하였다〕, '하기구何其咎'(무슨 허물이 있겠는가)를 사용하여 '복자도復自道'(논밭길에서 돌아온다)와 더불어 짝이 되는 정연한 구법을 지었고, 대과괘大過卦에서 '고양생제枯楊生稊'(마른 버드나무에 새 잎이 난다)와 '고양생화枯楊生華'(마른 버드나무에 꽃이 핀다)를 서로 대조하였고, 간괘艮卦의 '간기배艮其背, 불획기신不獲其身, 행기정行其庭, 불견기인不見其人'(그 등을 돌아보고 그 몸을 보호하지 못하여, 그 뜰을 거닐어도 그 사람을 보지 못한다)과 귀매괘歸妹卦의 '여승광무실女承筐无實, 사규양무혈士刲羊无血'(여자가 대바구니를 들었으나 과일이 없고, 남자가 양을 칼로 찔렀으나 피가 없다)은 짝이 되는 문장으로 지었고, 점괘漸卦의 모든 효사는 체제를 갖춘 일련의 운문이며, '홍점우鴻漸于'에서 말을 시작한 이런 여러 가지 것들을 보면, 그야말로 『시경』 중의 시가 격식이다. 사실의 기술을 주로 한 점글(筮辭) 가운데에 이런 종류의 시가 구절이 있어, 우리는 괘효사를 편찬한 사람의 저작 흔적과 또한 이것을 편찬할 때의 예술 배경을 볼 수 있는 것이다. 괘효사를 편찬한 사람이 이러한 시가를 쓸 수 있었던 것은 이러한 운문을 운용하는 것을 좋아하였기 때문이지, 반드시 그 개인이 이러한 특별한 창작을 할 수 있었던 것은 아니었다. 『시경』의 '아雅'와 '송頌' 중의 일부는 서주西周 초엽의 작품이다. 이 시기는 시가가 매우 유행했고 매우 발전했던 시대였다. 괘효사의 편찬자는 이러한 시대 조류 속에서 시가의 영향을 받아 『시경』의 시가와 같은 문장을 지었던 것이다.

따라서 우리는 다음의 세 가지 결론을 얻을 수 있다.

(1) 괘효사 중에는 두 종류의 체제가 같지 않은 문장이 있다. —— 산

문체의 점글(筮辭)과 운문의 시가가 곧 그것이다. 이것에서 『주역』은 편찬해서 이루어진 것임을 간파할 수 있다.

(2) 괘효사의 편찬에서 대부분은 이미 있었던 점글을 편집한 것이고, 일부 부분은 편자의 저작이다.

(3) 괘효사의 편찬 연대는 당연히 서주 초엽이다.

## 5. 괘효사 중의 격언

『주역』 중에는 고사가 있고, 시가가 있고, 또 격언이 있다. 내가 말하는 격언이라는 것은 앞사람들이 말한 올바른 이치를 담은 교훈이 아니다. 앞의 유학자들은 『주역』은 성인이 가르침을 베푼 책이며 한 글자 한 획 속에 큰 도리가 담겨져 있으니, 사람에게 덕에 나아가는 것을 가르치지 않으면 잘못을 뉘우치기를 권하든가, 군자가 어찌어찌 하면 좋다는 것을 말한 것이 아니면 소인이 어찌어찌 하면 나쁘다는 것을 말한 것으로 여겼다. 「단전彖傳」과 「상전象傳」의 작자들이 이러한 것을 제창하자 뒤의 유가들은 이를 따랐으니, 이것을 이미 2천 년을 넘게 이야기하고 있었다. 그러나 『주역』은 다만 점글(卜筮之辭)에 불과할 뿐이며, 그 대부분은 주 민족이 아직 노예 시대에 있을 때 약간의 경험과 생활을 기록한 것이다. 편찬자의 목적은 다만 점을 쳐서 사람들에게 길한 것을 좇고 흉을 피하는 것을 알려주는 것뿐이었다. 이것 말고는 별다른 교훈이 없다. 내가 말하는 격언은 그들의 생활 경험 중에서 발생한 관념이며, 이 관념에서 형성된 지극히 올바르고 가치 있는 말을 가리키는 것이다. 이것은 철학 사상이지 윤리 교훈이 아니다.

동물은 여러 차례의 잘못된 시험 속에서 습관과 같은 일종의 개념을 얻을 수 있다. 사람은 사상이 있고 관찰 능력을 가지고 있다. 여러 가지 경험 속에서 일종의 종합적 관념을 얻으니, 이것은 매우 자연스런 것이다. 이런 관념이 언어에 나타나는 것이 곧 격언이다. 이런 종류의 격언은 문자가 있기 전부터 있었으며 줄곧 구전되어 오다가 대나무(竹)와 비단(帛)에 기록하게 되었다. 이런 격언은 옛사람들이 그들의 생활을 지도하는 것으로 할 수 있었으니, 뒤의 유가들이 공자와 맹자의 언행을 모범으로 여긴 것과 똑같다. 이런 격언이 유포되어, 영웅들의 고사와 같이 보편적으로 사람들이 암송하게 되었다. 고서 속의 이른바 "앞사람이 말하였다(先民有言)" 혹은 "사람의 말에 이르기를(人之言曰)"라고 하는 것들은 곧 이러한 구전되어 내려온 격언들이다. 애석하게도 우리 선조들 중에는, 옛날 히브리 사람들이 잠언서箴言書(기독교 구약서 중의 일부)를 가지고 있는 것과 같이, 이런 격언을 수집하여 총집總集으로 만든 사람이 없었다. 만약 이런 책이 있었다면, 이것은 참으로 철학적 원리를 충분히 말한 '경전經典'이 되었을 것이다.

『주역』 중에는 격언이라고 할 수 있는 두 구절이 있다.

(1) 태괘泰卦 셋째 양효(九三)

평평한 것은 기울지 않음이 없고, 간 것은 돌아오지 않음이 없다.

无平不陂, 无往不復.

(2) 손괘損卦 셋째 음효(六三)

세 사람이 가면 한 사람을 잃게 되고, 한 사람이 가면 그 벗을 얻게 된다.

三人行則損一人, 一人行則得其友.

이 두 구절은 다른 괘효사와 같지 않다. 다른 점글은 사건을 서술한 것이며, 시가식의 점글 또한 사건을 서술한 것이다. 그러나 이 두 구절은 오히려 개념을 썼다. 첫째 구절이 말하는 것은 변화 순환하는 철학이고, 둘째 구절이 말하는 것은 여행 중 교분을 맺은 경험이다.

'평평한 것은 기울지 않음이 없다(无平不陂)'는 뜻은 평평한 것은 기울어진 것으로 변하고, 기울어진 것 역시 평평한 것으로 변한다는 것이니, 이른바 '뽕밭이 푸른 바다로 변하고, 푸른 바다가 뽕밭으로 변한다(桑田變滄海, 滄海變桑田)'는 도리이다.

'간 것은 돌아오지 않음이 없다(无往不復)'는 뜻은 가서 또 돌아오고, 돌아와서 또 가니, 가고 오는 것이 선회하고, 순환하는 것이 끊이지 않는다는 만물의 이치다.

이런 변화 순환하는 도리는 대개 자연계의 현상에서 관찰해낸 것이다. 해와 달이 뜨고 지고, 어둠과 밝음이 교대하고, 맑고 비오는 것이 언제나 그렇고, 겨울과 여름이 오고 가는 것과 같이 수많은 자연 사물이 모두 이러한 것이다. 그래서 그들은 이런 변화 순환하는 원리를 체험해낸 것이다. 이 두 마디의 말은 곧 이런 관념을 나타낸 것이다.

'세 사람이 가면 한 사람을 잃게 되고, 한 사람이 가면 그 벗을 얻게 된다(三人行則損一人, 一人行則得其友)'는 이 두 마디 말은 길을 떠난 경험에서 나온 것이다. '삼三'은 홀수이니, 하나의 좋지 않게 나뉜 수이다. 그 내용은 대강 이런 것이다. 두 사람이 친밀하게 평화로운 생활을 보내고 있었는데, 제3자가 침입하여 두 사람의 단결이 깨지게 되었다. 다툼을 일으켜서가 아니라 서로 시기했기 때문이다. 삼각 관계의 생활은 억지스러운 것이어서 한결같을 수가 없다. 그래서 세 사람이 가면 그 한 사람을 잃게 되니, 이 두 사람은 비로소 마음이 편안하게 되었다. 한 사람은 여행길에서 매우 고독하다. 도와줄 사람이 없을 뿐만 아니라 대화를 나눌 사람도 없으니 얼마나 적적하겠는가. 한 사람이 적적하고 지루할 때에는 벗을 찾게 된다. 그래서 "한 사람이 가면 그 벗을 얻게 된다(一人行則得其友)"라고 하였다.

이 두 구절의 말은 두 종류의 개념이지 점글이 아니다. 이것이 『주역』 속에 들어가 있는 것은, 둘째 구절은 '손損'자가 있기 때문에 손괘에 들어간 것이고, 첫째 구절이 말한 것은 불운이 극에 달하면 행운이 온다(否極泰來)는 도리이다.

## 6. 괘명과 괘효사의 편찬

괘명에는 세 종류의 양식이 있다.

(1) 단순어로 독립된 것.

'건乾', '곤坤', '준屯', '몽蒙', '소축小畜', '대유大有' 등의 종류이다.

(2) 다른 글과 이어진 것.

"이호미履虎尾(호랑이 꼬리를 밟는다)."

"비지비인否之匪人(막혀야 할 것은 그 사람이 아니다)."

"동인우야同人于野(많은 사람들을 들에 모은다)."

"간기배艮其背(그 등을 살핀다)" 등이 이렇다.

'관觀'과 '중부中孚'는 이어 쓴 글 가운데에서 독립된 것이다.

(3) 생략하여 칭한 것.

'감坎'은 본래 '습감習坎'인데 생략하여 '감'이다('무망无妄'은 「상전象傳」에서 '물여무망物與无妄'이라고 하였는데 역시 생략하여 칭하였으므로 빠진 글자가 있는 것 같다).

괘명과 괘효사의 관계는 다음과 같다.

(1) 괘명과 괘효사가 의미상 완전히 관계가 있는 것.

① 사괘師卦는 괘명과 괘효사가 완전히 군대의 일을 말한 것이다. 다만 다섯째 음효(六五)의 "사냥을 하여 새와 짐승을 잡았다. 왕의 명령을 집행하니 이롭다(田有禽利執言)"라는 구절은 사냥을 말한 것이나, 옛날에 사냥은 또한 무술을 말하고 군사를 훈련시키는 일이었으므로 괘명과 관계가 있다고 말할 수 있다.

② 이괘履卦에서 말한 것은 행위를 이행하는 일이다. 다만 셋째 음효(六三)에 "무인이 대군이 되었다(武人爲于大君)"는 한 구절이 괘명과 의미가 같지 않은 것 같으나, 그 뜻은 '무인'이 대군이 되는 희망을 실현하는 것으로 여겨진다.

③ 동인괘同人卦가 말한 것은 모두 전쟁이다.

④ 이괘頤卦가 말한 것은 음식에 대한 것이다.

(2) 대부분은 한 가지 일을 말하고, 소부분은 이것과 같지 않으나, 괘명과 또한 의미가 있고 관련이 있는 것.

① 복괘復卦는 모두 가서 돌아올 수 있는 것(復)을 말하였다. 여기에서 가고 돌아오는 것(往復)은 길을 떠나는 것(行旅)을 가리켜 말한 것이다. 그러나 꼭대기 음효(上六)의 끝부분에 한 구절을 덧붙여 '출병(行師)'하여 '크게 패한다(大敗)'라고 말하였는데, 비록 크게 패하나 돌아올 수 있다(復)고 여긴 것이다. 그러나 '길을 떠나는 것'과 '출병하는 것'은 도리어 두 가지 일이다.

② 정괘鼎卦가 말한 것은 모두 음식에 대한 것이다. 그러나 그 가운데에는 또 "첩과 그 자식을 얻는다(得妾以其子)"라고 말하였는데, 이 또한 '정鼎'과 관계가 있기 때문이다.

③ 귀매괘歸妹卦가 말하는 것은 시집가고 장가드는 일에 대한 것이다. 그러나 또 "여자가 대바구니를 들었으나 과일이 없고, 남자가 양을 칼로 찔렀으나 피가 없다(女承筐无實, 士刲羊无血)"라고 말하였는데, 이것은 딸을 시집보내는 것에서부터 그 부부 두 사람의 생활에 이르기까지를 말한 것이다. 효사 중에는 또 '정벌(征)'을 말하고 '갇힌 사람(幽人)'을 말하였는데, 이것 역시 딸을 시집보내는 것에 근거하여 같은 종류를 이어서 말한 것이다.

④ 여괘旅卦가 말한 것은 행상(商旅)에 대한 일이다. 그러나 '활로 꿩을 쏜다(射稚)'는 것을 말하였고 또 '역나라에서 소를 잃은 것(喪牛于易)'을 말하였는데, 이것은 행상에 근거하여 나그네(旅人)를 언급한 고사이다.

(3) 소부분 혹은 절반만이 괘명의 의미 혹은 발음과 관련이 있는 것.

① 수괘隨卦는 다만 둘째 음효(六二), 셋째 음효(六三), 넷째 양효(九四)가 '수隨'와 의미가 관련이 있고, 나머지 효는 관련이 없는 것 같다.

② 서합괘噬嗑卦는 절반은 '씹는 것(噬)'을 말하였고, 절반은 형벌(刑獄)을 말하였다.

③ 무망괘无妄卦는 둘째 음효(六二), 넷째 양효(九四)의 효사에서 '무망无妄'을 말하지 않았으니, '무망'과 관계가 없는 것 같다.

④ 해괘解卦는 넷째 양효(九四), 다섯째 음효(六五)에서만 '해解'를 말하였다.

⑤ 구괘姤卦는 꼭대기 양효(上九) 한 효만 '구姤'를 말하였다. 앞사람들

이 이러한 괘와 효의 해석에 대해 종종 억지로 갖다 붙였으므로 통하지 않는 것이 많다.

(4) 괘명이 여러 가지 뜻을 가지고 있거나, 혹은 같은 글자 혹은 가차를 가지고 한 괘에 모았기 때문에, 괘 중에서 말한 것이 한 가지 일만이 아닌 것.

① 수괘需卦는 머무르다는 뜻의 '수需', 혹은 젖는다는 뜻의 '유濡'의 가차이다. "모래밭에서 젖는다(需于沙)", "진흙밭에서 젖는다(需于泥)", "교외에서 젖는다(需于郊)"가 이것이다. 수需는 또 혹은 적시다(濡染) 빠지다(濡溺)의 가차이다. "술과 음식에 빠지다(需于酒食)"가 그것이다. 또 혹은 아내를 두려워하다(畏嬬)는 뜻도 있으니, 꼭대기 음효(上六)의 "청하지 않은 손님 세 사람이 올 것이니, 이들을 경계하면 마침내 길하다(有不速之客三人來, 敬之, 終吉)"라는 말은 당연히 이 뜻을 가지고 있다.

② '고蠱'는 일(事)이다. '고蠱'와 '일(事)'은 한 괘에 있다.

③ '비賁'의 뜻은 혹은 우거진 풀이라는 뜻의 망莽, 혹은 얼룩이라는 뜻의 반斑, 혹은 거세한 돼지라는 뜻의 분豶이다.

④ 대과괘大過卦 소과괘小過卦의 '과過'는 혹은 지나다(過經) 혹은 경과하다(經過)는 뜻이다.

⑤ '리離'의 뜻은 이별이고 또한 재난을 당하다(罹)는 것이다.

⑥ '장壯'의 뜻은 튼튼하고 강하다(壯强)이고 또한 작은 상처를 입는다(傷創)는 뜻이다.

⑦ '명이明夷'는 많은 뜻을 가지고 있다. 혹은 밝음이 없어지다(明滅), 혹은 우는 사다새(鳴鵜), 혹은 상처를 입다(夷傷), 혹은 지역의 나라 이름이기도 하다.

⑧ '혁革'은 개혁이고 또한 피혁이다.

⑨ '진震'은 우레가 울리다(雷震)이고, 또한 놀라게 하다(震驚)는 뜻이다.

⑩ '간艮'은 반역의 눈매로 보는 것(很視)이고 또한 어렵다(艱難)는 뜻이다.

이런 종류는 매우 많다. 이런 것들은 우리들에게 오로지 한 가지 뜻만을 가지고 괘효사를 해석할 수 없음을 알려주고 있다.

(5) 괘명과 괘효사가 무관한 것.

① 건괘乾卦는 '하늘(天)'을 가리켜 말한 것이라고 한다. 그러나 '건'은 '하늘'로 뜻을 새기지 않았으며, 건괘의 괘효사 역시 '천'을 말하지 않았다.

② 곤坤은 땅(地)이고 유순(順)이나, 곤괘의 괘효사에서 역시 유순을 말하지 않았다.

③ 소축小畜의 여러 효는 축畜을 말하지 않았다.

④ 쾌夬는 다만 '쾌쾌夬夬'를 말하였지 '쾌夬'를 말하지 않았다.

이러한 괘명은 점글(筮辭)과 관련이 없기 때문에, 비록 그 당시에는 의미가 있었을지라도 지금은 편자의 본뜻이 무엇인지 알기가 매우 어렵다

(6) 점괘漸卦는 특별한 것이어서 위의 다섯 가지와 모두 다르다.

'점漸'이 말하는 것은 기러기가 날아간다(鴻之漸)는 것이나, 괘효사에서 말한 것(所言之事)과 관련이 없다. 심지어 전혀 어떤 일(事)을 말하지 않고 기러기(鴻)만을 말하였다. "기러기가 물가로 날아간다(鴻漸于干)", "기러기가 물가 흙더미로 날아간다(鴻漸于磐)", "기러기가 높은 평지로

날아간다(鴻漸于陸)" 등은 흥을 일으키는 시가식의 말에 불과하며, 이것들과 효사에서 이어 말한 "어린아이가 물가로 가면 위험하니, 꾸짖는다(小子厲有言)", "마시고 먹으며 즐거워한다(飮食衎衎)"와 "남편은 출정하여 돌아오지 않고, 부인이 임신하였으나 유산하였다(夫征不復, 婦孕不育)" 등의 구절과는 아무런 상관이 없다. "기러기가 큰 산으로 날아간다. 그 깃털을 춤추는 도구로 할 수 있다(鴻漸于陸, 其羽可用爲儀)"라고 말한 것은 곧 기러기에서 그 날개를 생각해낸 것이다. 이 문장 끝에 한 개의 '길吉' 자를 이어 쓴 것은, 항괘恒卦 둘째 양효(九二)에서 "뉘우침이 없어진다(悔亡)"만을 말한 것, 대장괘大壯卦 둘째 양효(九二)에서 "점은 길하다(貞吉)"만을 말한 것, 해괘解卦 처음 양효(初九)에서 "허물이 없다(无咎)"만을 말한 것, 췌괘萃卦 넷째 양효(九四)에서 "크게 길하니 허물이 없다(大吉无咎)"만을 말한 것과 같은 종류이다. 혹은 건괘乾卦 처음 양효(初九)에 "잠겨 있는 용이니, 움직이지 말라(潛龍, 勿用)", 넷째 양효(九四)에 "용이 혹 못에서 뛰어오르고 있으니, 허물이 없다(或躍在淵, 无咎)", 꼭대기 양효(上九)에 "끝까지 올라간 용이니, 뉘우침이 있다(亢龍, 有悔)"와 비괘賁卦 꼭대기 양효(上九)에 "아름답게 꾸미니, 허물이 없다(白賁, 无咎)", 리괘離卦 둘째 음효(六二)에 "꾀꼬리로 점을 치니, 크게 길하다(黃離, 元吉)" 등과 서로 비슷할 뿐이다. '점漸'과 점괘의 괘효사는, 비록 한 개의 '점' 자를 사용하여 각 조의 괘효사에 이어놓았을지라도, 이것은 서로 관련이 없는 것이다.

이상 여섯 가지 방식은 괘명과 괘효사의 관계이다. 이외에 아직 마땅히 언급해야 할 세 가지가 또 있다.

(1) 한 괘 중 고의적으로 배열된 문구가 있는데, 표로 열거하면 아래

와 같다.

| | |
|---|---|
| ䷞<br>咸 | ䷳<br>艮其背, 不獲其身……<br>등을 살피다가 그 몸을 보호하지 못한다. |
| 初六: 咸其拇.<br>엄지발가락을 애무한다. | 初六: 艮其趾, 无咎.<br>발을 살피니 허물이 없다. |
| 六二: 咸其腓, 凶.<br>장딴지를 애무하니 흉하다. | 六二: 艮其腓, 不拯其隨, 其心不快.<br>장딴지를 살피니, 살이 더 찌지 않아 마음이 불쾌하다. |
| 九三: 咸其股, 執其隨.<br>다리를 애무하며 그 살을 잡는다. | 九三: 艮其限, 列其夤, 厲薰心.<br>허리를 살피니, 옆구리 살이 말라, 위태롭고 혼란한 마음이다. |
| 九四: 貞吉, 悔亡.<br>점은 길하고 뉘우침이 없어진다. | 六四: 艮其身, 无咎.<br>가슴과 배를 살피니, 허물이 없다. |
| 九五: 咸其脢, 无悔.<br>등살을 애무하니, 뉘우침이 없다. | 六五: 艮其輔, 言有序, 悔亡.<br>얼굴을 살피니, 말에 조리가 있어 뉘우침이 없어진다. |
| 上六: 咸其輔頰舌.<br>뺨과 혀를 애무한다. | 上六: 敦艮, 吉.<br>머리를 살피니, 길하다. |
| ䷾<br>旣濟 | ䷿<br>未濟, 亨. 小狐汔濟, 濡其尾.<br>미제는 형통하다. 작은 여우가 물을 거의 건너다가 꼬리를 적신다. |
| 初九: 曳其輪, 濡其尾, 无咎.<br>수레바퀴를 끌며, 그 뒤를 적시나, 허물이 없다. | 初六: 濡其尾, 吝.<br>뒤를 적시니, 어렵다. |

| | |
|---|---|
| | 九二:曳其輪, 貞吉.<br>수레바퀴를 끌며 물을 건너니,<br>점은 길하다. |
| 上六: 濡其首, 厲.<br>머리를 적시니, 위태롭다. | 上九:有孚于飮食, 无咎. 濡其首, 有孚失是.<br>포로를 잡아 술을 마시니, 허물이 없다. 그 머리를 적시니, 포로를 잡았지만 바름을 잃었다. |

이러한 말들에 있어, 매우 분명한 것은 『주역』을 편집한 사람이 고의적으로 그렇게 지었다는 것이다. 그는 괘를 가지고 사람 혹은 동물에 비유하여, 아래는 발(趾)이고 꼬리(尾)이고 발(足)이며, 위는 머리(首)고 정수리(頂)이고 뿔(角)이라고 하였다. 위에 열거한 네 가지 괘 외에, 둔괘遯卦 처음 음효(初六)에 "꽁무니를 빼고 도망을 간다(遯尾)", 대장괘大壯卦 처음 양효(初九)에 "발을 다쳤다(壯于趾)", 쾌괘夬卦 처음 양효(初九)에 "발가락을 다쳤다(壯于前趾)", 진괘晉卦 꼭대기 양효(上九)에 "예리한 군대를 앞세운다(晉其角)"라는 등의 것들도 역시 고의적으로 안배한 것이다. 이러한 말들이 있었기 때문에 후세의 역학가들은 효위爻位의 관계와 팔괘의 취상取象을 탐구하는 것에 착안하게 된 것이다. 실은 이러한 문장의 안배는 일정하지 않으니, 해괘解卦 넷째 양효(九四)에 "여우를 잡은 망을 끌어 벗긴다(解而拇)", 서합괘噬嗑卦 처음 양효(初九)에 "족쇄를 끌며 발이 잘려나간다(屨校滅趾)", 둘째 음효(六二)에 "고기를 먹다가 코가 잘려나간다(噬膚滅鼻)", 꼭대기 양효(上九)에 "형틀을 지고 귀가 잘려나간다(何校滅耳)", 비괘賁卦 처음 양효(初九)에 "그 발을 꾸민다(賁其趾)", 둘째 음효(六二)에 "그 수염을 꾸민다(賁其須)", 쾌괘夬卦 처음 양효(初九)에 "발가락을 다쳤다(壯于前趾)", 셋째 양효(九三)에 "광대뼈를 다

쳤다(壯于頄)", 정괘鼎卦 처음 음효(初六)에 "솥의 발을 뒤집는다(鼎顚趾)", 셋째 양효(九三)에 "솥의 귀가 떨어져나갔다(鼎耳革)", 넷째 양효(九四)에 "솥의 다리가 부러졌다(鼎折足)", 다섯째 음효(六五)에 "솥에 황색 귀를 걸었다(鼎黃耳)"라고 말한 것들은 모두 일정하지 않은 것이다. 그러니 억지로 갖다 붙이는 것 또한 얼마든지 가능한 것이었으니, 한유漢儒들은 팔괘를 가지고 우주 만상을 망라했는데 억지로 갖다 붙이는 것이 어찌 불가했겠는가.

(2) 두 괘에 서로 같은 문장이 있는데, 이러한 문장 또한 어떤 것은 편집한 사람이 고의적으로 안배한 것이다.

① 짙은 구름이 일어도 비가 오지 않으니, 우리 서쪽들에서부터이다.

密雲不雨, 自我西郊. 〔소축괘小畜卦, 소과괘小過卦 다섯째 음효(六五)〕

② 띠 뿌리와 그 동류의 것을 뽑는다.

拔茅茹, 以其彙. 〔태괘泰卦 처음 음효(初六), 비괘否卦 처음 음효(初六)〕

③ 어떤 사람이 십 붕朋의 값이 있는 거북을 더해주니, 어길 수 없다.

或益之, 十朋之龜, 弗克違. 〔손괘損卦 다섯째 음효(六五), 익괘益卦 둘째 음효(六二)〕

④ 엉덩이에 살이 없어 걷기가 어렵다.

臀无膚, 其行次且. 〔쾌괘夬卦 넷째 양효(九四), 구괘姤卦 셋째 양효(九三)〕

⑤ 왕이 종묘에 온다.

王假有廟. 〔췌괘萃卦, 환괘渙卦〕

⑥ 믿음으로 검소한 제사를 지내면 이롭다.

孚乃利用禴. 〔췌괘萃卦 둘째 음효(六二), 승괘升卦 둘째 양효(九二)〕

⑦ 눈먼 사람이 볼 수 있고, 절름발이가 걸을 수 있다.

眇能視, 跛能履. 〔이괘履卦 셋째 음효(六三), 귀매괘歸妹卦 처음 양효(初

九), 둘째 양효(九二)〕

⑧ 큰 막을 쳐놓고, 한낮에 북두성을 본다.

豐其蔀, 日中見斗. 〔풍괘豐卦 둘째 음효(六二), 넷째 양효(九四)〕

⑨ 포로를 사로잡아 단단히 묶는다.

有孚攣如. 〔소축괘小畜卦 다섯째 양효(九五), 중부괘中孚卦 다섯째 양효(九五)〕

⑩ 수레바퀴를 끌며, 그 뒤를 적신다.

曳其輪, 濡其尾. 〔기제괘旣濟卦 처음 양효(初九), 미제괘未濟卦 둘째 양효(九二), 처음 양효(初九)〕

⑪ 머리를 적신다.

濡其首. 〔기제괘旣濟卦 꼭대기 음효(上六), 미제괘未濟卦 꼭대기 양효(上九)〕

(3) 구법이 같은 종류의 문장.

① 잠겨 있는 용이니, 움직이지 말라.

潛龍勿用. 〔건괘乾卦 처음 양효(初九)〕

끝까지 올라간 용이니, 뉘우침이 있다.

亢龍有悔. 〔꼭대기 양효(上九)〕

명성이 있으나 겸허하니, 점은 길하다.

鳴謙貞吉. 〔겸괘謙卦 둘째 음효(六二)〕

한낮에 즐기니, 흉하다.

鳴豫凶. 〔예괘豫卦 처음 음효(初六)〕

아름답게 꾸미니, 허물이 없다.

白賁无咎. 〔비괘賁卦 꼭대기 양효(上九)〕

꾀꼬리로 점을 치니, 크게 길하다.

黃離元吉. 〔리괘離卦 둘째 음효(六二)〕

새가 화살에 맞은 채로 날아가니, 흉하다.

飛鳥以凶. 〔소과괘小過卦 처음 음효(初六)〕

② 주머니를 묶으니, 허물도 명예도 없다.

括囊, 无咎无譽. 〔곤괘坤卦 넷째 음효(六四)〕

황색 치마를 입었으니, 크게 길하다.

黃裳, 元吉. 〔다섯째 음효(六五)〕

몽매한 사람을 포용하고 있으니, 길하다.

包蒙, 吉. 〔몽괘蒙卦 둘째 양효(九二)〕

몽매한 사람이 곤경에 처해 있으니, 어렵다.

困蒙, 吝. 〔몽괘蒙卦 넷째 음효(六四)〕

유쾌하게 행하나, 점은 위태롭다.

夬履, 貞厲. 〔이괘履卦 다섯째 양효(九五)〕

③ 어리고 몽매한 사람은 길하다.

童蒙, 吉. 〔몽괘蒙卦 다섯째 음효(六五)〕

대들보가 굽었으니, 흉하다.

棟橈, 凶. 〔대과괘大過卦 셋째 양효(九三)〕

대들보가 높이 솟아올랐으니, 길하다.

棟隆, 吉. 〔넷째 양효(九四)〕

우물의 벽을 쌓으니, 허물이 없다.

井甃, 无咎. 〔정괘井卦 넷째 음효(六四)〕

솥에 황색 귀와 구리 고리를 걸었으니, 이롭다는 점이다.

鼎黃耳金鉉, 利貞. 〔정괘鼎卦 다섯째 음효(六五)〕

솥에 옥고리를 걸었으니, 크게 길하여 이롭지 않음이 없다.

鼎玉鉉, 大吉, 无不利. 〔꼭대기 양효(上九)〕

④ 용이 혹 못에서 뛰어오르고 있으니, 허물이 없다.

或躍在淵, 无咎. 〔건괘乾卦 넷째 양효(九四)〕

용이 들에서 싸우니, 그 피가 줄줄 흘러내린다.

龍戰于野, 其血玄黃. 〔곤괘坤卦 꼭대기 음효(上六)〕

띠 뿌리와 그 동류의 것을 뽑으니, 점은 길하고 형통하다.

拔茅茹, 以其彙, 貞吉亨. 〔비괘否卦 처음 음효(初六)〕

송아지의 뿔에 나무를 대어놓으니, 크게 길하다.

童牛之牿, 元吉. 〔대축괘大畜卦 넷째 음효(六四)〕

거세한 돼지를 우리에 가두니, 길하다.

豶豕之牙, 吉. 〔다섯째 음효(六五)〕

호랑이가 노려보며 잡아채려고 하나, 허물이 없다.

虎視耽耽, 其欲逐逐, 无咎. 〔이괘頤卦 넷째 음효(六四)〕

해가 지고 어둡다. 처음에는 하늘로 올라갔다가, 뒤에 땅으로 들어갔다.

不明, 晦, 初登于天, 後入于地. 〔명이괘明夷卦 꼭대기 음효(上六)〕

기러기가 큰 산으로 날아간다. 그 깃털을 춤추는 도구로 할 수 있으니, 길하다.

鴻漸于陸, 其羽可用爲儀, 吉. 〔점괘漸卦 꼭대기 음효(上六)〕

닭이 하늘로 올라가니, 점은 흉하다.

翰音登于天, 貞凶. 〔중부괘中孚卦 꼭대기 양효(上九)〕

작은 여우가 물을 거의 건너다가 꼬리를 적시니, 이로울 것 없다.

小狐汔濟, 濡其尾, 无攸利. 〔미제괘未濟卦〕

⑤ 나타난 용이 밭에 있으니, 대인을 만나보는 것이 이롭다.

見龍在田, 利見大人. 〔건괘乾卦 둘째 양효(九二)〕

나는 용이 하늘에 있으니, 대인을 만나보는 것이 이롭다.

飛龍在天, 利見大人. 〔다섯째 양효(九五)〕

띠 뿌리와 그 동류의 것을 뽑으니, 정벌하면 길하다.

拔茅茹, 以其彙, 征吉. 〔태괘泰卦 처음 양효(初九)〕

명성이 있으나 겸허하니, 군사를 일으켜 읍국을 정벌하면 이롭다.

鳴謙, 利用行師征邑國. 〔겸괘謙卦 꼭대기 음효(上六)〕

활을 쏘아 물고기를 맞춰, 궁인의 총애를 받으니, 이롭지 않음이 없다.

貫魚, 以宮入寵, 无不利. 〔박괘剝卦 다섯째 음효(六五)〕

마른 버드나무에 새 잎이 나고, 늙은 사내가 젊은 처를 얻었으니, 이롭지 않음이 없다.

枯楊生稊, 老夫得其女妻, 无不利. 〔대과괘大過卦 둘째 양효(九二)〕

마른 버드나무에 꽃이 피고, 늙은 여자가 젊은 남편을 얻었으니, 허물도 명예도 없다.

枯楊生華, 老夫得其士夫, 无咎无譽. 〔다섯째 양효(九五)〕

기러기가 물가로 날아간다. 어린아이가 물가로 가면 위험하니, 꾸짖어 가지 못하게 하면 허물이 없다.

鴻漸于干, 小子厲, 有言, 无咎. 〔점괘漸卦 처음 음효(初六)〕

기러기가 물가 흙더미로 날아간다. 마시고 먹으며 즐거워하니, 길하다.

鴻漸于磐, 飮食衎衎, 吉. 〔둘째 음효(六二)〕

기러기가 높은 평지로 날아간다. 남편이 출정하여 돌아오지 않고, 부인이 임신하였으나 유산하였으니, 흉하다.

鴻漸于陸, 夫征不復, 婦孕不育, 凶. 〔셋째 양효(九三)〕

기러기가 나무로 날아간다. 어떤 사람이 서까래를 얻었으니, 허물이 없다.

鴻漸于木, 或得其桷, 无咎. 〔넷째 음효(六四)〕

기러기가 산릉으로 날아간다. 부인이 삼 년 동안 아이를 갖지 못하다가, 마침내 아이를 가졌으니, 길하다.

鴻漸于陵, 婦三歲不孕, 終莫之勝, 吉. 〔다섯째 양효(九五)〕

새가 그 둥지를 불태우고, 나그네가 먼저 웃다가 뒤에 울부짖는다. 역나라에서 소를 잃으니, 흉하다.

鳥焚其巢, 旅人先笑後號咷, 喪牛于易, 凶. 〔여괘旅卦 꼭대기 양효(上九)〕

저지하지 않아 그릇되게 하여, 날아가는 새를 그물로 잡으니, 흉하다. 이것을 재앙이라고 한다.

弗遇, 過之, 飛鳥離之, 凶, 是謂災眚. 〔소과괘小過卦 꼭대기 음효(上六)〕

이상 구법이 같은 종류인 것을 가지고 일종의 이른바 '상象'의 문장을 열거하였다. 이러한 말은 이전의 역학가들이 특별히 문제로 삼은 것이다. 그들은 이러한 말에서 허다한 '상象'과 '위位'의 의론議論을 말하였는데, 참으로 넓고도 정밀하였으며 흠잡을 데 없이 완전무결하였다. 그러나 나는 도리어 그것을 주나라 초기 사람의 사상으로는 감히 믿지 않는다. 그 당시 주나라 사람들은 다만 64괘라는 하나의 도안만을 가지고 있었다. '상象'과 '위位'는 한유漢儒들에 이르러 비로소 문제로 삼게 된 것이니, 바로 도서圖書가 송유宋儒들에 이르러 비로소 있게 된 것과 같다. 이러한 말의 근원은 비흥比興 시가이다. 우리는 시가의 비흥에 대해 무슨 큰 도리를 규명할 필요가 없다. 기껏해야 비比를 말한 것은 비유한 것뿐이며, 흥興은 더욱 '상'과 '위'에 관여할 필요가 없다.

## 7. '문왕이 역을 발전시켰다'는 전설의 시대와 지리적 배경

"복희가 팔괘를 만들었고, 문왕이 이를 겹쳐 64괘로 하였다(伏羲作八卦, 文王重爲六十四卦)"는 이 전설은 대개 진한秦漢 사이에 발생하였다. 「계사전」은 다음과 같이 말하고 있다.

> 옛날에 포희씨가 천하를 다스릴 때, 우러러 하늘의 상을 살피고, 굽어서 땅의 법칙을 살피며, 새와 짐승의 무늬와 초목의 알맞음을 살피고, 가까이는 몸에서 취하고 멀리는 사물에서 취하여, 비로소 팔괘를 만들어, 이것으로 (주역점의) 신묘하고 밝은 덕에 통하고, 이것으로 만물의 정황을 분류하였다.
>
> 古者包犧氏之王天下也, 仰則觀象於天, 俯則觀法於地, 觀鳥獸之文與地之宜, 近取諸身, 遠取諸物, 於是始作八卦, 以通神明之德, 以類萬物之情.

이 문장은 「계사전」을 지은 사람이 팔괘가 처음 그려질 때 어떠한 상황이었는가를 추론한 것이니, 곧 '팔괘의 기원은 무엇인가'라는 문제에 대한 답안이다. 대개 그 당시 사람들은 이 답안을 매우 만족스럽게 여기었으므로 다른 의론이 없었다. 『사기史記』 「태사공자서太史公自序」에 말하기를 "나는 선친에게서 '복희는 지극히 순수하고 온후해서 『역』의 팔괘를 만들었다'는 말을 들었다(余聞之先人曰:伏羲至純厚, 作易八卦)"라고 하였다. 사마천은 「계사전」의 말을 승인하였으니, 뒷사람들 또한 다른 주장이 없었다. 현재의 입장에서 보면, ① 복희는 전설적 인물이다. ② 팔괘를 만드는 데 그렇게 큰 힘을 허비했을 리가 없었고, 또 그렇게 큰 논리적 두뇌도 없었으면서 천지 만물과 사람의 몸을 팔괘에 융합하였다.

③ 팔괘의 효용은 처음에는 당연히 '신묘하고 밝은 덕에 통하는(通神明之德)' 그러한 신묘함이 없었다. '만물의 정황을 분류하였다(類萬物之情)'는 것은 좀 의미가 있는 것 같으나, 기껏해야 자주 보는 8종의 사물, 이른바 건乾은 하늘, 곤坤은 땅, 진震은 우레, 손巽은 바람, 감坎은 물, 리離는 불, 간艮은 산, 태兌는 못이라는 것을 표시했을 뿐이다. 이것은 아마 상고 시대의 사람들이 만물을 구성하는 8종의 요소를 상상해낸 것이라고 생각한다. 그러나 팔괘를 처음 만들 때는 당연히 '신묘하고 밝은 덕에 통하여(通神明之德)' 만들 수 있었던 것이 아니라, 점칠 때 사용하는 도구로 만들었던 것이었다.

복희가 팔괘를 만들었다는 「계사전」의 이 문장은 대략 발생한 연대가 비교적 이르다. 팔괘를 발전시켜 64괘의 겹친 괘(重卦)를 만든 것은, 전한前漢 시대에 이미 서로 다른 두 가지의 설이 있었다. 하나는 괘를 겹친 사람은 팔괘를 만든 복희라는 주장이다. 「계사전」에 한 구절의 말이 있다.

> 포희씨가 죽자 신농씨가 뒤를 이어, 나무를 깎아 보습을 만들고 나무를 휘어 쟁기를 만들어, 쟁기와 보습의 이로움을 천하 사람들에게 가르쳤으니, 대개 익괘益卦에서 취한 것이다.
>
> 包羲氏沒, 神農氏作, 斲木爲耜, 揉木爲耒, 耒耨之利以敎天下, 蓋取諸益.

이 문장은 아주 분명하지 않다. 도대체 신농이 괘를 겹쳐 익괘에 근거하여 쟁기와 보습을 만들었는가 아니면 복희가 이미 팔괘를 겹쳐 64괘를 만들었고, 신농이 익괘의 상을 보았기 때문에 쟁기와 보습을 처음 만들었는가? 「계사전」의 '상을 보고 도구를 만들었다(觀象制器)'는 문장을 보면, '어떤 사람이 무엇을 만든 것은 어느 괘에서 취한 것이다'라고 하여 마치 복희가 괘를 겹치고 신농 이후에 비로소 복희가 만든 괘상에 의거하여 한 가지 한 가지씩 기물을 만들어내었다라고 말하고 있는 것 같다. 『회남자淮南子』에는 괘를 겹친 인물을 복희의 이름에 귀속시켜 다음과 같이 말하였다.

> 팔괘는 길흉을 말하고 화복을 알 수 있는 것이다. 그러나 복희가 이것을 64괘로 변화시켰다.
>
> 八卦可以議吉凶知禍福矣, 然而伏羲爲之六十四變.(「요략훈要略訓」)

뒷사람 중에는 신농이 괘를 겹쳤다고 여긴 사람도 있었다. 『위지魏志』에 "역박사 순우준이 말하기를 '포희는 수황의 그림에 의거하여 팔괘를 만들었고, 신농은 이것을 발전시켜 64괘를 만들었다'(易博士淳于俊曰: 包犧因燧皇之圖而制八卦, 神農演之爲六十四卦)"라고 하였고, 공영달孔穎達은 『주역정의周易正義』서序에서 "정현의 문도들은 신농이 괘를 겹쳤다고 여겼다. ……사마천 등은 문왕이 괘를 겹쳤다고 여겼다(鄭玄之徒以爲神農, ……史遷等以爲文王)"라고 말하였다. 이런 말들은 아마 「계사전」의 문장을 잘못 읽었기 때문에 이렇게 주장하게 된 것이다.

또 하나는 사마천 등이 문왕文王이 겹친 괘를 만들었다고 주장한 것이다. 「태사공자서」에 "옛날 서백이 유리에 갇혀 있을 때 『주역』을 발전시켰다(昔西伯拘羑里, 演『周易』)"라고 말하였다. 그의 이 말은 사실은 전해오는 말을 들은 것이며, 그 자신도 이 말을 완전히 믿지 않았다. 그가 이렇게 말한 것은 「자서」 중에서 행문의 편의를 꾀하기 위해 한 말에 불과한 것이어서, 「주본기周本紀」에서 의심을 가지고 말하기를 "서백이 어쩌면 재위 50년에 유리에 갇혀 있었는데, 이때 아마 역의 팔괘를 보태어 64괘로 하였을 것이다(西伯蓋卽位五十年, 其囚羑里, 蓋益易之八卦爲六十四卦)"라고 하였다. 그는 이 문장에서 두 개의 '개蓋'자를 사용하였는데, "'개'자라는 것은 곧 의심을 나타내는 글이다(蓋字, 乃疑辭也)"(『사기』「정의正義」의 말이다). 이것이 곧 그가 주장한 문왕이 팔괘를 발전시켜 64괘로 하였다는 설이니, 문왕이 즉위한 해 수와 마찬가지로 믿을 수 없는 것이다.

팔괘는 도대체 누가 만들었는가? 64괘는 도대체 누가 겹쳐 만들었는가? 이러한 문제에 대해 우리는 이미 고증할 방법이 없다. 위에서 말한 전설은 진실성이 매우 희박하며, 우리는 이 전설을 차라리 의심할지언정 감히 맹신해서는 안 된다. 복희라는 사람의 역사 근거는 영零과 같은데, 하물며 이 터무니없이 조작된 팔괘 창작의 설은 더 말한 것도 없다. 문왕은 비록 실존 인물이었으나, 괘를 겹친 설이 처음 선전될 때 사마천은 이미 의심을 가지고 있었으니 그가 믿기 어려워했음을 알 수 있다. 하물며 괘를 겹친 사람에 대해 뒷날 다른 설이 있었는 것은 더 말할 나위 없이 믿기가 어렵다〔『주역정의』 서序에는 "정현의 문도는 신농이 겹친 괘를 만들었다고 여겼고, 손성은 하나라의 우 임금이 만들었다고 여겼다(『易正義』序: 鄭玄之徒以爲神農, 孫盛以爲夏禹)"라고 하였다〕.

그러나 하나의 전설이 발생하는 데에는 다소 그 발생의 이유와 배경을 예외 없이 가지고 있다. 전설의 내용은 비록 믿을 수 없지만 전설의 배경은 예외 없이 근원을 가지고 있다. 예를 들어, 복희가 팔괘를 만들었다는 전설에서, 복희는 믿을 수 없지만 이 전설은 '팔괘를 만든 사람'과 '괘를 겹친 사람'의 문제를 해결하기 위해 제기된 것이다. 이것이 복희의 이름으로 귀속된 이유는, 하나는 그들의 머릿속에 복희가 가장 오래된 천자여서 가장 신묘한 팔괘를 가장 오래된 천자에게 귀속시키는 것이 합리적이기 때문이었고, 또 하나는 그들에게 '도구를 만든 사람은 괘효의 상을 본다(以制器者觀其象)'는 관념이 있어서, 괘를 가장 오래된 때에 만들었다고 하지 않을 수 없었으니, 그래서 팔괘를 만든 사람이 또 괘를 겹친 사람으로 변하게 된 것이다. 이것은 복희와 『주역』의 관계에 대한 전설이 변화 발전된 것이다. 처음에는 그가 팔괘를 만들었다는 것만을 말하였다가 뒷날에는 다시 그가 괘를 겹쳤다고 말하였다. 이런 종류의 전설이 발생한 데는 각각 그 원인과 배경이 있음을 볼 수 있고, 또한 「계사전」을 지은 사람이 한 사람이 아님을 알 수 있는 것이다〔고힐강 선생의 「주역 괘효사 중의 고사(周易卦爻辭中之故事)」와 내가 쓴 「역전탐원(易傳探源)」 두 편의 문장을 참고해보라〕.

우리는 위에서 말한 이러한 전설 속에서 몇 가지 사정을 볼 수 있다.

첫째, 팔괘를 만든 것과 64괘로 발전되어 이루어진 것은 두 단계를 경과하였다. 괘를 겹친 사람이 복희이건 문왕이건 어쨌든 먼저 팔괘가 있었고 뒤에 64괘가 있었음을 승인하게 된다. 이 두 가지는 하나의 단순하고 짧은 시간 안에 완성할 수 있었던 것이 아니다. 이것은 사물이 자연적으로 진화하는 법칙에 매우 들어맞는 것이다. 팔괘에서 64괘로 겹친 것은 비록 매우 쉬운 것 같으나 문화가 유치했던 고대에는 쉬운 것이 아니었다. 그렇다면 우리는 팔괘를 만든 사람은 한 사람이고, 겹친 사람 또한 한 사람이라고 말할 수 있다. 비록 우리는 이 두 사람이 누구인지 알지 못할지라도. ── 여기의 이른바 '사람(人)'이라는 것은 위에서 이른바 복희라는 사람이니, 마땅히 어느 한 시대라고 말해야 하며, 그 유래는 매우 오래되었다는 것을 가리킨다.

둘째, "서백이 유리에 갇혀 있을 때 『수역』을 발전시켰다(西伯拘羑里, 演『周易』)"라는 전설은 64괘가 완성된 시간과 지점, 그리고 이것을 지은 사람의 환경에 대한 소식을 시사하고 있다. 이것은 곧 문왕이 비록 괘를 겹친 사람이 아니지만, 이 전설이 발생한 배경과 문왕이 조금은 관계가 있다는 것을 말해준다. 『주역』의 괘효사를 읽거나 『주역』이라고 명명한 것을 보면 『주역』은 주 민족의 점글(筮辭)임을 알 수 있다. 〔정강성鄭康成

은 『역찬易贊』 『역론易論』에서 "『주역』이란 역도가 보편적으로 널리 퍼져 있어 모든 것을 다 갖추고 있음을 말한다(『周易』者, 言易道周普, 無所不備也)"라고 하였다. 그러나 이것은 '귀장歸藏'과 '연산連山'에 의해 그 뜻을 억지로 끌어다 붙인 것이고, 실은 '주周'는 민족의 이름이고 시대의 명칭이다]. 주 민족을 대표하는 인물에는 문왕보다 더 '성덕聖德'을 갖춘 사람이 다시없었다. 문왕 이전의 공류公劉나 고공古公 같은 사람은 연대가 멀어 사람들이 그다지 잘 알고 있지 않았으며, 문왕 이후의 무왕武王이나 주공周公 같은 사람은 또 나라 일이 번잡하여 문왕에 이를 틈이 없었다. 게다가 64괘로 발전시킨 일을 또 매우 늦게 하였다고 말할 수도 없었다. 그래서 괘를 겹친 사람에 대해 당시의 정세에 의거하여 말하면, 문왕이라는 이름 아래에 놓아두는 것이 가장 적합한 것이었다. 한 걸음 더 나아가, 팔괘를 겹쳐 64괘를 만든 것은 쉬운 것 같으나 실제로는 어려운 발명이었으니, 발명자는 분명히 수차례 고심을 하고 긴 시간 동안 괘의 안배를 경과한 후에야 비로소 이러한 하나의 정교한 '도안圖案'을 완성할 수 있었던 것이다. 그가 이 '도안'을 발명한 이후 1, 2천 년을 경과하면서, 비록 한조漢朝의 유생들이 그렇게 『주역』을 우러러 받들고 또 그렇게 괘의 조직을 말하기를 좋아하여, 천지만상을 '오행五行'과 '팔괘八卦' 속으로 들여 넣었으나, 그들이 『주역』의 팔괘가 64괘로 변하는 도안에 대해 배워도 자신들이 발명한 것은 별로 없었다. 당송唐宋 사이에 이르러 진단陳摶이 나타나 이 방면에 대해 비로소 일종의 새로운 연구가 있게 되었다. 그리하여 그 학설은 한 시대를 유행하여 유목劉牧 소옹邵雍의 무리들이 이것으로써 명망이 높았으니, 이른바 '도서圖書'파라는 것이다. 팔괘라는 도안의 창작은 물론 쉬운 것이 아니었다. 팔괘에서 64괘로 겹친 것 또한 일종의 정교한 발명이었다. 이 발명가는 당연히 하나의 특별한 환경 속에서 비로소 생각해낼 수 있었다. 우리는 문왕이 유리에 갇혀 만든 것이라고 반드시 믿을 필요는 없으나, 유리라는 그렇게 한가하고 적막한 환경에 갇혀 이런 종류의 정교한 도안을 발명할 가능성은 매우 높은 것이다. 이것은 바로 이러한 도안의 방식에 대한 새로운 연구가 유한有閒 계급의 도사 진단의 손에서 나온 것과 같다. 우리는 문왕의 이름을 제거하거나 그의 저작권을 뒤집을 수 있다. 그러나 64괘의 발명자는 당연히 주 민족의 무명작가이거나 혹은 한 사람의 점치는 관리일 것이다. 그는 어떤 한가한 시기 중에 이러한 하나의 놀이를 발명해낸 것이다.——이것이 나의 '문왕이 괘를 겹쳤다(文王重卦)'는 전설에 대한 해석이다.

여기에 아직 해결하기 어려운 문제가 하나 남아 있으니, 곧 '괘卦'와 '시蓍'의 관계와 그 발생 선후의 문제이다.

이 문제에 대하여 공영달은 다음과 같은 의견을 제시하였다.

> 앞의 유학자들은 모두 「계사전」에서 시초를 사용하는 법을 말한 "네 번 경영하여 역을 이루고, 18번 변하여 괘를 이룬다"는 말을 가지고, 시초를 사용하여 세 번 손가락 사이에 끼워서 한 효를 배치하니. 18번 변하여 6효가 된다고 말하였다. 그런즉 시초를 사용하여 점을 치는 것은 64괘 중 한 괘를 얻은 이후이지, 팔괘 중 한 괘를 얻었을 때가 아니다. 복희 당시에는 우러러보고 굽어 살펴 음양 두 효를 사용하여 팔괘를 그리고, 뒤에 이에 따라 겹쳐 64괘가 되었으니, 그런 후에 천지의 변화, 인간사의 길흉이 효와 괘 속에 두루 갖추지 않음이 없게 되었다. ……시초는 수이다. 「전」에 말하기를 "만물이 생한 후에 상이 있고, 상이 있은 후에 많아지며, 많아진 후에 수가 있다"고 하였다. 그런 즉 수는 상에서 생하므로 수를 사용하여 상을 구할 수 있다.
>
> 先儒皆以繫辭論用蓍之法云"四營而成易, 十有八變而成卦"者, 謂用蓍三扐而布一爻, 則十有八變爲六爻也. 然則用蓍在六爻之後, 非三畫之時. 蓋

伏羲之初, 直仰觀俯察, 用陰陽兩爻而畵八卦, 後因而重之爲六十四卦, 然後天地變化, 人事吉凶莫不周備縕在爻卦之中矣. ……蓍是數也. 傳稱"物生而後有象, 象而後有滋, 滋而後有數". 然則數從象生, 故可用數求象.(『역전설괘정의易傳說卦正義』)

그는 먼저 괘가 있었고 뒤에 시초를 사용하였다고 주장하고 있는 것이다. 그러나 『역전』에는 결코 이러한 뜻이 없었다. 「설괘전說卦傳」에 다음과 같이 말하였다.

옛날에 성인이 역을 지을 때, 은밀히 신명의 도움을 받아 시초를 만들었고, 하늘의 수를 3으로 하고, 땅의 수를 2로 하여 수를 세우고, 음양이 변화하는 것을 보고 괘를 세우고, 강유 두 획을 발휘하여 효를 만들었다.

昔者聖人之作易也, 幽贊於神明而生蓍, 參天兩地而倚數, 觀變於陰陽而立卦, 發揮於剛柔而生爻.

구양수歐陽修는 이 문장을 인용한 뒤에 말하기를 "괘는 또 시초에서 나왔다(則卦又出於蓍矣)"라고 하였다(『역동자문易童子問』 권3). 괘가 시초에서 나왔는지 어떤지는 먼저 놔두고, 「설괘전」에서 "은밀히 신명의 도움을 받아 시초를 만들었다(幽贊於神明而生蓍)"라고 한 말을 보면, 이 말은 시초에 대해 매우 존중함을 표시한 것이다. 「계사전」에는 시초에 대해 더욱 추앙하고 지극히 찬탄한 것이 끝이 없는 말이 있다.

사물의 심오한 도리를 찾고 은밀함을 구하며, 심오함을 취하고 원대함에 이르러, 천하의 길흉을 결정하고, 천하의 미묘함을 이루는 것은 시초와 거북보다 더 큰 것이 없다.

探賾索隱, 鉤深致遠, 以定天下之吉凶, 成天下之亹亹者, 莫大乎蓍龜.

또 말하였다.

그러므로 군자가 장차 어떤 일을 하고, 행하고자 할 때, 시초에게 점치는 일을 알려 묻는다. 시초가 명을 받아 길흉을 알려주는 것이 마치 메아리 소리가 응하는 것과 같으니, 먼 것이나 가까운 것, 그윽한 것이나 심원한 것을 가리지 아니하고 마침내 미래의 일을 알려준다. 천하의 지극히 정밀한 것이 아니면, 그 누가 이것과 더불어 할 수 있겠는가!

是以君子將有爲也, 將有行也, 問焉而以言, 其受命也如嚮. 无有遠近幽深, 遂知來物. 非天下之至精, 其孰能與於此!

이 문장은 비록 『역』의 효용을 말한 것이나, 실제로는 시초에 명하여 말하는 것(命蓍而言)을 포괄한 것이다. 그러므로 『정의正義』 소疏에서 "말로써 시초에 명하는 것이다(以言命蓍也)"라고 하였다. 또 「계사전」에는 '시'와 '괘'의 덕을 비교하여 다음과 같이 말하였다.

그러므로 시초의 덕은 둥글고 신묘하며, 괘의 덕은 반듯하고 지혜롭다.

是故蓍之德圓而神, 卦之德方以知.

공영달은 다음과 같이 해석하였다.

신묘하여 미래를 아니 미래는 일정한 방향(定方)이 없다. 지혜로워 지나간 일을 감추니 지나간 것은 항상 그러하다. 사물이 항상 그러한 것은 반듯함이 멈춤이 있는 것과 같다. 수에 영원한 모양이 없는 것은 둥근 것이 다하지 않는 것과 같다. 그러므로 시초의 변통은 다함이 없으니 신묘한 상이다. 괘를 열거하고 효를 나눔에 일정한 모양(定體)이 있으니 지혜로운 상이다. 지혜는 알기 전에 갔던 일을 말할 수 있고, 신묘함은 미래의 일을 거슬러 알 수 있는 것이다.

神以知來, 是來无方也. 知以藏往, 是往有常也. 物旣有常, 猶方之有止. 數无恒體, 猶圓之不窮. 故蓍之變通則无窮, 神之象也. 卦列爻分有定體, 知之象也. 知可以識前言往行, 神可以逆知將來之事.

하나는 둥글고 하나는 반듯하며, 하나는 신묘하고 하나는 지혜롭다고 하니, 마치 이 문장 속에 '시'와 '괘'의 위아래가 있는 듯하다. 이상하게도 『주역』을 칭송하고 팔괘를 추앙했던 한유들의 입에서 이런 종류의 말이 나왔으니, 시초가 '신묘한 물건(神物)'으로 여겨져 '괘'보다 더 중요하게 여겨졌음을 알 수 있다. 『시경詩經』, 『상서尙書』, 『좌전左傳』, 『국어國語』 등 여러 책에서 보면, 거북점(卜)과 시초점(筮)을 짝으로 들어 시초와 거북은 다 같이 영험하고 신묘하였으나 '괘'가 어떻게 중요한가에 대해 말한 사람은 없었다. 내가 생각하기에, 괘와 효는 일종의 부호에 불과한 것이며 그것이 있고 없고는 원시적 시초점에서는 중요하지 않은 것이었다. 점글(筮辭)은 본래 지금의 모양과 같이 한 구절 한 구절, 각 괘 각 효의 아래에 이어져 있었는지 아닌지는 매우 의심스럽다. 내가 미루어 생각해보면 그것은 반드시 이렇게 정연한 것이 아니었다. 점글의 유래는 당연히 시초점을 사용한 결과이다. 주 민족이 시초를 사용한 것은 바로 은 민족이 거북을 사용하고, 초楚 민족이 경모瓊茅와 정전筳篿을 사용한 것과 같다〔「이소離騷」에 "경모를 찾고 가느다란 대나무를 가지고, 영분에게 명하여 나를 위해 점을 치게 하네(索藑茅以筳篿兮, 命靈氛爲予占之)"라고 하였는데, 왕일王逸은 주에서 "경모藑茅는 영험한 풀이다. 정筳은 가느다란 대나무이다. 초나라 사람은 풀을 엮고 대나무를 꺾어 점을 쳤는데 이름을 전篿이라고 하였다(藑茅, 靈草也. 筳, 小折竹也. 楚人名結草折竹以卜曰篿)"라고 하였다. 나는 전篿이라는 글자도 역시 대나무(竹)로 되어 있으니, 전篿과 정筳은 다 같이 점치는 도구가 아닌가 생각한다]. 점칠 때 사용한 도구는 비록 같지 않았으나 이 점치는 도구를 신성하게 여긴 것은 마찬가지였다. 『주역』의 시초점은, 처음에는 거북점과 정전점과 마찬가지로 이것을 돕게 하는 다른 신령한 물건이 없었다. 바꿔 말하면, 시초만 사용하면 충분했으며 괘 그림은 아마 아직 발명되지 않았을 것이다. 시초를 이용하여 점을 친 결과를 기록해 놓았으니 그 글(辭) 또한 갑골의 점글(卜辭)처럼 산만하였다. 그 당시에는 아직 계통 있고 조직적이고 정연한 64괘 384효가 괘별로 조를 나누어 배열되어 있지 않았다. 시초의 점글(筮辭)로 말미암아 64괘 384효 아래에 분배되어 괘사와 효사가 이루어지게 되었으니, 이것은 『주역』의 제1차 변천이다. 괘와 효가 부호로 사용되고 점글(筮辭)을 편찬하여 괘효사가 이루어진 이후부터 한유에 이르러 괘효를 중시하게 되어, 천天 · 지地 · 인人 세 요소와 음양陰陽 · 강유剛柔 · 인의仁義의 큰 도리를 가지고 괘효를 말하였으니, 이것이 『주역』의 제2차 변천이다. 괘효가 받들여 존중받게 되자 시초의 효용은 점점 하락하게 되었다. 시초의 사용은 복잡하고 어려우며 또 쉽게 얻을 수 있는 것이 아니어서 시초 대신 금전金錢으로 점을 치는 것이 흔하게 되었으니, 이것이 『주역』의 제3차 변천이다.

괘의 형성에 대해 한유들은 매우 큰 도리가 그 속에 포함되어 있는 것으로 여겨 우주 만상을 그 속에 집어넣으려고 하였다. 근대 사람은 또 남녀 생식기의 부호로 여겼다(전현동錢玄同, 이석잠李石岑, 곽말약郭沫若 세 사람 모두 같은 논법을 가지고 있다). 그러나 나는 시초를 사용하여 점을 칠 때 우연히 발명된 것이라고 여긴다. 한 가지(一根)의 시초를 두 마디(兩段)로 자르거나 혹은 여러 가지(數根)를 합하여 하나의 방식을 구성하는 것은 매우 자연스런 일이다. 세 가지(三根)의 긴 풀에서 ☰을 구성하고, 여섯 마디(六段)의 짧은 풀에서 ☷을 구성하였고, 세 명의 남자 세 개의 양을 합하여 ☰을 이루는 데 비유하고, 세 명의 여자 세 개의 음을 ☷으로 하였으니, 그 원리는 비교적 간단하고 자연스런 것이었다. 이러한 도식의 구성은 처음에는 의미가 없는 것이었으므로 『주역』 중에도 무슨 의미가 있었다고는 생각되지 않는다. 괘는 일종의 부호에 지나지 않으며 이것과 괘효사의 내용은 관계가 없는 것이다. 64괘는 결코 명칭이 없었다. 만약 명칭이 있었다면 마땅히 '건乾'은 한 글자 이름, '소축小畜'은 두 글자로 해서는 안 되며, 또 '습감習坎'은 첫 글자를 없앴고, '이호미履虎尾'는 또 꼬리를 질질 끌고 있어서는 안 된다. 각 괘의 이름을 명한 것(命名)에서 보면 편하게 하기 위하여 그렇게 한 것임을 알 수 있으니, 곧 생략하고 칭하여 한 글자 두 글자의 명칭으로 된 것이다. 이러한 명칭은 부호를 만들어 사용한 괘 그림과 전혀 관련이 없는 것이다. 괘 그림에 의미를 가지고 말한 것은 당연히 뒷사람들이 억지로 끌어다 붙인 것이다.

괘 그림이 이미 괘효사와 관련이 없다면, 왜 괘효사는 한 곳에 연결되어 있는가? 이것은 산만한 점글을 체제를 갖춘 『주역』으로 편찬한 사람이 사용했던 하나의 방법이었다. 편찬자는 대략 '과거를 바탕으로 미래를 아는(因往知來)' 사상을 가지게 되었다. 그래서 이전의 모든 점글을 한 곳에 모으려고 하였다. 한 곳에 모았지만 하나의 계통이 없어 아직 완성되지는 않았다. 그래서 그는 이 일련의 괘의 도안을 사용하여 분배를 하였는데, 마치 후인이 자전字典에 자축인묘子丑寅卯 등 간지干支의 자모를 사용하여 편찬한 것과 같은 식으로 그렇게 하였다. 『역』의 시초점은 후세의 제비뽑기와 같고, 괘효사는 첨시籤詩(제비뽑기에서 길흉을 적은 글)와 같다. 첨시는 숫자로 배열하였고 숫자와 첨시는 필연적인 순서가 없으며 의미가 연결되어 있는 것도 없다. 『태현太玄』은 『역』을 모방하여 괘의 수를 증가하였다. 그래서 또 방식을 바꾸었으니, 양웅揚雄 역시 괘를 신성한 물건으로 여기고 있지 않았음을 알 수 있다.

그러나 여기에 또 하나의 문제가 있다. 곧 건乾의 '용구用九', 곤坤의 '용육用六'이다. 이 '구九'와 '육六'은 분명히 양효와 음효를 가리켜 말한 것이므로, 양효 음효는 본래 의미가 있었고 단지 일종의 부호가 아니었음을 알 수 있다. 이 말은 보기에는 매우 합당한 이유가 있는 것 같으나, 실은 '용구'와 '용육'은 대대로 『역』을 해석하는 사람에게 하나의 문제점이었다. 나는 여기에서 이 문제점을 제거하려고 한다. 나는 나의 대담한 가설을 제시하고자 하니 명철한 독자들의 가르침을 바란다.

앞의 유학자들의 '용구用九'와 '용육用六'에 대한 해설은 대략 두 가지가 있다. 하나는 효사를 중시하여 해석한 것이다. 왕필王弼은 다음과 같이 주를 달았다.

> 구는 하늘의 덕이다. 하늘의 덕을 사용할 수 있으므로 곧 나타난 여러 용들이라는 뜻이다. 강건한 것으로 사람의 머리에 두니 사물이 함께 하지 않는다는 것이다. 유순한 것으로 바르지 않음을 행하니 간사하고 사악한 도이다. 그러므로 건은 '머리가 없는 것'에서 길하고, 곤은 영원히 바른 것에서 '이롭다.'
>
> 九, 天之德也. 能用天德, 乃見羣龍之義焉. 夫以剛健而居人之首, 則物之所不與也. 以柔順而爲不正, 則佞邪之道也. 故乾吉在'无首', 坤'利'在永貞矣.

이 뜻은 건괘乾卦 '용구'의 효사 "나타난 여러 용들의 머리가 없으니, 길하다(見羣龍无首吉)"라는 것을 꼭대기 양효(上九)의 효사로 여긴 것이다. 왕안석王安石과 도결都潔 등과 같은 후세의 유학자들도 '용구'와 '꼭대기 양효(上九)'를 합하여 한 구절로 하였으니, 곧 이 설을 주장한 것이다. 항안세項安世는 "'항용亢龍'의 문장(上九)과 이어서 읽으면 뜻이 분명해진다(連 '亢龍' 章讀之, 則義明矣)"(『주역완사周易玩辭』 권1)라고 말하였고, 모기령毛奇齡은 "이것 역시 꼭대기 양효의 효사이다(此亦上九爻辭)"(『중씨역仲氏易』 권1)라고 말하였다.

또 하나는 '용구' '용육'을 중시하여 역점의 체제로 추론한 것이다. 구양수歐陽修는 말하였다.

> 건의 용구, 곤의 용육은 무엇을 말한 것인가? 이것은 7, 8을 사용하지 않는 이유를 해석한 것이다. 양효는 7, 9이면 변하고, 음효는 8, 6이면 변한다. 역은 변하는 것을 가지고 점을 친다. 그러므로 이것을 가지고 그 효를 이름한 것이다. 양은 그 끝을 지나면 재앙이고, 수는 9에 이르면 반드시 변한다. 그러므로 "나타난 여러 용들의 머리가 없으니, 길하다"라고 하였다. ……음유가 움직여 사악함으로 들어가니, 성인이 그 변화에 따라 훈계하였다. 그러므로 "영원히 바르게 하면 이롭다"라고 한 것이다.
>
> 乾曰用九, 坤曰用六, 何謂也? 曰, 釋所以不用七八也. 陽爻七九則變, 陰爻八六則變. 易用變爲占, 故以名其爻也. 陽過乎亢則災, 數至九而必變, 故曰"見羣龍无首吉". ……陰柔之動, 多入于邪, 聖人因其變以戒之, 故曰"利永貞".(『역동자문易童子問』 권1)

이것은 괘효 '용구' '용육'을 변하는 점(變占)으로 말한 것이며, 주자도 이 설을 따랐다.

그러나 나는 '구' '육' 등의 글자에 대해 매우 의심을 갖고 있다. 『좌전』과 『국어』 속에 보이는 점법은 다만 어느 괘가 어느 괘로 '변하였다'

(某卦 '之' 某卦)는 말만 볼 수 있다. 즉 "진의 제후가 점치는 관리에게 점을 치게 하여 관괘觀卦가 비괘否卦로 변하는 것을 얻었다. 점치는 관리가 말하기를 이것은 '나라의 찬란함을 살피고, 왕의 빈객이 되니 이롭다(觀國之光, 利用賓于王)는 말입니다'라고 하였다"(장공莊公 22년 전)라는 것과, "필만이 진나라에 벼슬하는 것에 대해 점을 치니 준괘屯卦가 비괘比卦로 변하는 것을 얻었다"(민공閔公 원년)라는 것과, "나는 진나라가 점을 쳐, 건괘乾卦가 비괘否卦로 변하는 것을 얻었다고 들었다"(「주어周語」 하)라고 한 것들이 그 예이다. 『좌전』과 『국어』에 기재되어 있는 점글(筮辭)을 종합하여 보면, '구' '육'이라는 말을 전혀 사용하지 않았다. 말하지 않은 것은 결코 알면서 사용하지 않은 것이 아니라 실제로 그 당시에는 이러한 명사가 없었기 때문이다. 만약 있었다면 무엇 때문에 점을 친 곳이 20조 가까이 되는데 한 곳도 이러한 말을 응용한 곳이 없는가? 예를 들어 말하면, "관괘의 넷째 음효가 변하였다(觀之六四)", "준괘의 처음 양효가 변하였다(屯之初九)"라고 말하는 것이 어찌 "관괘가 비괘로 변하였다(觀之否)", "준괘가 비괘로 변하였다(屯之比)"라고 말하는 것보다 더 명백한 것이 아니겠는가? 이 말은 변하는 점의 예를 말한 것인데, 이 말의 일부분은 맞다. 『좌전』에서 다음과 같이 말했기 때문이다.

> 채묵이……대답하였다. "……『주역』에서 용을 말했겠습니까? 건괘가 구괘로 변함에, 괘사에 '숨어 있는 용이니, 움직이지 말라'라고 하였고, ……쾌괘로 변함에 '끝까지 올라간 용이니, 뉘우침이 있다'라 하였고, 곤괘로 변함에 '나타난 여러 용들의 머리가 없으니, 길하다'라고 하였습니다."
>
> 蔡墨……對曰:"……『周易』有之, 在乾䷀之姤䷫曰:'潛龍, 勿龍.' ……其夬䷪曰:'亢龍, 有悔.' 其坤䷁曰:'見羣龍, 无首, 吉.'"〔소공昭公 29년〕

이것은 점을 쳐 완전히 상반된 괘를 얻은 일종의 변하는 점의 예임을 알 수 있다. 그러나 이 문장에서는 결코 '용구'를 말하지 않았다. 더군다나 '용구'의 '구'는 '처음 양효(初九)', '둘째 양효(九二)' 등의 '구'자의 쓰임이 양효를 가리킨 의미와 같지 않다. '건지곤乾之坤'은 건괘가 변하여 곤괘가 되었다는 것인데, "점을 쳐 양효를 얻으면 모두 9를 사용하지 7을 사용하지 않는 것은, 모든 괘 192양효의 통례이다(凡筮得陽爻者皆用九而不用七, 蓋諸卦百九十二陽爻之通例)"(주자 『주역본의周易本義』)라는 주자의 말과 또한 같지 않다. 그래서 나는 '구' '육' 두 글자는 원시적 『주역』에는 없는 것이고, 이것이 삽입된 것은 당연히 전국 말에서 진한秦漢 사이이며, 응용의 편리를 위해 사용한 것이라고 생각한다. 이것을 만든 인물은 당연히 『주역』의 「상전象傳」, 「문언전文言傳」 등을 지은 유생이다. 오인걸吳仁傑은 "고역古易과 비직역에는 '용구'라는 글자가 없었고 다만 겹친 괘 그림만 열거하였다. 정현이 이것을 없애버리고 '용구'로 대신하였다(古易及費直無'用九'字, 止列覆卦之畫䷀(乾上乾下). 康成去之, 代以'用九')"(『역도설易圖說』 권1)라고 말하였다. 이 말은 비록 억지로 끌어다 붙인 것에 속하나(『주역』은 유가들이 장악한 것이어서 일찍 「상전象傳」 시대에 바뀌게 되었다), "'용구'라는 글자가 없었다"는 한 마디 말은 매우 이치에 가까우니, 『좌전』 『국어』가 곧 증거이다. 아마 『좌전』과 『국어』에 의거하여 추론한다면, 『주역』의 괘효의 배열은 아래와 같은 하나의 격식이었을지도 모른다.

䷀ 元亨利貞

䷫ 潛龍勿用

䷌ 見龍在田利見大人

䷉ 君子終日乾乾夕惕若厲无咎

䷈ 或躍在淵无咎

䷍ 飛龍在天利見大人

䷪ 亢龍有悔

䷁ 見羣龍无首吉

그러나 이러한 것이 맞는 것인지 어떤지는 이미 고찰할 방법이 없다. 우리가 알고 있는 것은 다만 처음에는 '구', '육'이라는 명칭이 없었다는 것뿐이다. —— 이것은 『주역』이 제2차로 변천한 것 중 전기의 현상이다. 후기에 이르러 이 방면의 연구는 발달하기 시작하였다. 그래서 '변괘變卦'(이 괘에서 저 괘로 변하는 것)의 설이 진보하여 '괘변卦變'(본 괘 중에서 두 효를 바꾸어 한 괘를 얻는 것), '효진爻辰', '직일直日' 등의 여러 설이 되었다. 이것은 한 괘로부터 여러 효에 편중하는 경향 때문에 일어난 결과였다. 이것은 시초를 사용한 점법이 점차 쇠퇴하여 없어지고 괘의 탐구가 점차 발달하는 현상이었다.

시초가 쇠한 것, 괘가 성한 것, 그리고 금전괘가 대신 흥한 것은 모두 복잡하고 어려운 것에서 간단하고 편한 것으로 돌아가려는 자연적 추세였다. 그림을 사용하여 나타내면 다음과 같다.

표 2

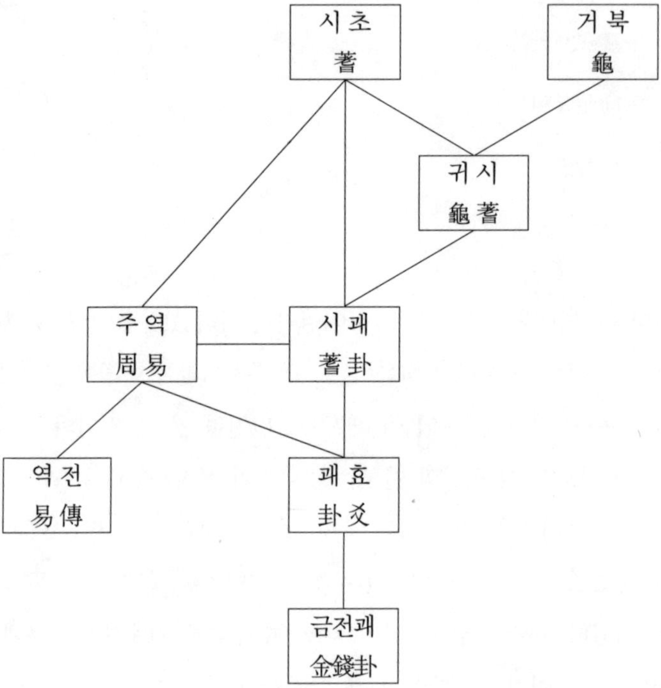


## 8. 괘효사에서 빠진 글과 뒤바뀐 순서

『한서漢書』「예문지藝文志」에서 말하였다.

진나라가 모든 서적을 불태웠으나, 『주역』은 점치는 것이어서 전해오는 것이 끊이지 않았다.

秦燔書, 而『易』爲筮卜之事, 傳者不絕.

이 말은 맞는 것 같다. 다른 전적들은 진의 분서焚書를 당하여 모두 "책이 파손되고 죽간이 빠져나갔다(書缺簡脫)"(역시 「예문지」의 말이다). 그러나 오직 『주역』만은 점으로 전해져 훼손되지 않았다. 사실 이 말 또한 다른 전적과 일종의 비교한 말에 불과하며, 궁극적으로 말해서 『역』은 진의 분서 이전에는 유실된 것이 없다고 장담하기 어렵고, 한漢이 흥한 이후에도 혹 조금은 누락된 것이 있었을 것이다. 크게 비교해서 『역』은 다른 서적에 비해 제대로 갖추어져 있었다는 것뿐이다.

『좌전』에 기재되어 있는 점글(筮辭)을 읽어보면 세 가지 사정을 알게 된다.

첫째, 『좌전』에 기재되어 있는 점글(筮辭)에 지금의 『주역』과 약간 같지 않은 것이 들어있다. 예를 들어, 귀매괘歸妹卦가 규괘睽卦로 변한 것에 "점치는 관리인 소蘇가 점을 치고 말하기를 '불길합니다. 점풀이글에 남자가 양을 칼로 찔러도 피가 나지 않고, 여자가 대바구니를 손에 들어도 얻을 것이 없다(士刲羊亦無衁也, 女承筐亦無貺也)고 하였습니다'라고 하였다"(희공僖公 15년). 지금 『주역』 귀매괘 꼭대기 음효(上六)의 효사에는 "여자가 대바구니를 들었으나 과일이 없고, 남자가 양을 칼로 찔렀으나 피가 없다(女承筐无實, 士刲羊无血)"라고 하였다. 비록 차이는 매우 작지만 같지 않은 곳이 있다는 것을 알 수 있다.

둘째, 『좌전』에 기재되어 있는 점풀이글에는 지금 『주역』과는 완전히 다른 것이 있다. 예를 들어, "진秦나라 제후가 진晉을 치려고 하였다. 복도보卜徒父가 시초점(筮)을 쳤다. ……점괘는 고괘蠱卦인데 점풀이글에 '전차 천 대를 가진 나라가 세 번 싸워 퇴각하고 세 번 퇴각한 뒤에는 그 숫여우를 잡게 된다(千乘三去, 三去之餘, 獲其雄狐)'고 하였다."(희공 15년) 지금 『주역』의 고괘 괘사에는 "크게 형통하다. 큰 내를 건너면 이로우니, 갑일의 삼 일 전과 갑일의 삼 일 후에 건너야 한다(元亨. 利涉大川, 先甲三

日, 後甲三日)"라고 하였다. 또 "진晉의 제후가 정鄭을 치려고 하였다. ……시초점을 치게 하니 점치는 관리가 말하기를 '길합니다. 복괘復卦를 얻었습니다. 점풀이글에 남쪽 나라가 쭈그러지고, 활을 그 나라 왕에게 쏘아 그 눈을 맞힌다(南國蹙, 射其元王中厥目)'라고 하였습니다"(성공成公 16년). 지금 『주역』 복괘 괘사에는 "형통하다. 출정하고 돌아옴에 거리낌이 없다. 원병이 오니 허물이 없다. 그 길을 되돌아오는데 칠 일이면 돌아온다. 갈 곳이 있으면 이롭다(復, 亨. 出入无疾. 朋來无咎. 反復其道, 七日來復. 利有攸往)"라고 하였다. 『좌전』에 기재되어 있는 것을 보면, 그것도 일종의 점풀이글임을 인정하지 않을 수 없다. 그러나 그것과 지금 『주역』의 내용은 완전히 다르다. 앞사람은 이 문제에 대해 해답할 도리가 없어 모호한 말만 하였으니, 즉 "점책은 잡된 글이다(卜筮書雜辭)"(두예杜預 주), "잡된 점의 글이다(雜占之辭)"(희공 15년 『정의正義』에서 유현劉炫의 말을 인용한 것)라고만 하였다. 만약 "현존하는 『주역』이 완전무결한 것"이라는 관념과 선입관을 없애버린다면, 이러한 점풀이글은 곧 『주역』 속의 괘사의 한 부분임을 승인할 수 있게 된다. 고서古書는 결여된 곳이 있어 원래 진기하게 여길 바가 못 된다. 우리는 구태여 『주역』을 깊이 사랑하여 이에 대해 완전무결한 영예를 가질 필요는 없다. 『주역』은 편찬해서 이루어진 것이어서 그 괘효사 또한 매우 복잡하다. 현존하는 양식은 제2차적 편찬을 경과한 것이 아니라고 장담하기 어렵다. 『좌전』과 『국어』의 점글에는 '구'와 '육'이라는 명칭이 없으나 지금의 『주역』에는 있다. 이것은 『주역』이 제2차적 편찬을 경과하였다는 것이 매우 그럴 법한 일임을 말하고 있다. 그렇지 않다고 하더라도 여기에 누락된 것이 없다고 장담하기는 어렵다.

셋째, 『좌전』에 기재되어 있는 것에는 또 점치는 관리가 점을 칠 때 임시로 지은 글이 있다. 예를 들면, "성계成季가 태어나려고 할 때, 그 아버지 환공桓公이 점치는 관리인 초구楚丘의 아버지에게 거북점(卜)을 치게 하고, 다시 시초점(筮)을 쳐서 대유괘大有卦가 건괘乾卦로 변하는 것을 얻었다. 점을 친 사람이 말하기를 '전과 같이 아버지에게 돌아가는 괘입니다. 군의 자리로 가서 존경을 받을 것입니다(同復于父, 敬如君所)'라고 하였다."(민공閔公 2년) 또 "목자穆子가 출생함에 부친인 장숙莊叔이 『주역』으로 시초점을 쳐서 명이괘明夷卦가 겸괘謙卦로 변하는 것을 얻었다. 점치는 관리인 초구楚丘에게 보이니 말하기를 '이 사람은 장차 나라를 떠났다가 돌아와 제사 지내는 일을 계승할 것입니다. 참언讒言을 하는 사람을 데리고 들어올 것이니 그 사람의 이름은 우牛이고 결국 굶주려 죽을 것입니다(是將行而歸爲子祀, 以讒人入. 其名曰牛. 卒以餒死)'라고 하였다"(소공昭公 5년). 이러한 말들은 괘효사와 매우 비슷한 점이 있다. 실은 괘효사도 최초에는 점치는 관리가 지은 이런 것과 같은 종류의 문장에 지나지 않았다. 우리는 비록 『주역』의 괘효사에 뒷시대에 보태어진 재료가 있었다는 것을 감히 말할 수는 없다 해도, 어쨌든 그 속에 함부로 끼워 넣은 문장이 있을 가능성은 있다. 다만 우리가 괘효사를 연구하는데 아직 아주 오랜 옛날의 색채를 보존하고 있으니, 끼워 넣은 문장이 있을 것이라는 의심을 가질 필요는 없다.

이상 괘효사가 진秦의 분서焚書 이전에 유실된 것이 있음을 설명하였다. 아래에서 괘효사에는 한나라가 홍한 이후에도 누락한 것이 있음을 말하겠다.

『한서』「예문지」에 말하였다.

> 한이 홍하자 전하田何가 『주역』을 전하였다. 선제宣帝 원제元帝에 이르러 시수施讎, 맹희孟喜, 양구하梁丘賀, 경방京房이 학관에 배열되었다. 그러나 민간에는 비직費直, 고상高相 두 사람의 설이 있었다. 유향劉向은 중고

문 역경을 가지고 시수, 맹희, 양구하의 경을 교정하여 혹은 '무구无咎' '회망悔亡'을 빼버렸다. 오직 비직의 경이 고문과 같았다.

漢興, 田何傳之. 訖于宣元, 有施, 孟, 梁丘, 京氏列於學官. 而民間有費高二家之說. 劉向以中古文易經校施, 孟, 梁丘經, 或脫去 '无咎' '悔亡'. 唯費氏經與古文同.

『유림전儒林傳』에 의하면, 비직의 학문은 스승으로부터 이어받은 계통이 없었고 또 학관에 세워지지도 않았다. 전한 시대의 역학가 중에서 가장 유명한 것은 이른바 "시수, 맹희, 양구하의 학문이다." 세 사람은 왕손王孫에게 전수받았다. 왕손은 정관丁寬에게서 전수받았고, 정관은 또 전하田何에게서 전수받았다. 전하 또한 그 학문의 연원이 있었으나, "역을 말하고자 하는 사람은 전하에 바탕을 두었다(要言易者本之田何)"(『유림전』의 말이다). 이 일맥 상전의 역학의 큰 스승들과, 학관에 세워진 세 사람의 학문이 존경과 신망받은 정도를 알 수 있다. 그러나 그들이 전수한 경에 도리어 "'무구' '회망'을 빼버렸다(脫去 '无咎' '悔亡')"고 하였으니, 『역』에 빠진 글이 있었음을 또 알 수 있다. 이것에서 유추하면 『역』은 진의 분서 이후에도 빠진 글이 있었음을 또한 알 수 있는 것이다.

또 박괘剝卦 셋째 음효(六三)에 "박지무구剝之无咎(수레의 몸체를 만드니, 허물이 없다)"라고 하였는데, 한의 석경石經에는 '박무구剝无咎'라고 하였다. 비록 주된 취지와는 관계가 없으나 『주역』의 문장에 증감이 있었다는 것을 또한 알 수 있다. 애석하게도 한나라 석경石經이 훼손되어 『주역』과 비교 대조할 방도가 없으니, 한나라 이전의 진면목은 더욱 말하기 어렵게 되었다〔『주역』은 다른 글(異文)이 매우 많으니 『석문釋文』을 참고하라〕.

귀매괘歸妹卦 처음 양효(初九)에 '귀매이제歸妹以娣(여자가 시집을 가면서 여동생과 함께 간다)'는 '파능이跛能履(절름발이가 걸을 수 있다)'의 구절과 이어지지 않는 것 같다. 만약 이괘履卦 셋째 음효(六三)의 '묘능시眇能視, 파능이跛能履(눈먼 사람이 볼 수 있고, 절름발이가 걸을 수 있다)'의 문장에서 보면 '파능이'는 귀매괘 둘째 양효(九二)의 '묘능시眇能視(눈먼 사람이 볼 수 있다)' 구절의 아래에 있어야 할 것이 순서가 뒤바뀐 것이 아닌가 의심이 간다(유월兪樾 『고서의의거례古書疑義擧例』).

이것 말고도 곤괘困卦 꼭대기 음효(上六)에 "곤우갈류困于葛藟, 우얼올于臲卼(칡덩굴과 나무말뚝이 둘러싸고 있는 감옥에 갇혔다)"이라고 하였는데, '얼올臲卼'은 형용사이며, '갈류葛藟'와 같은 부류가 아니다. 한의 석경에는 '얼회劓劊'라고 하였는데, 다섯째 양효(九五)의 "회월劊刖, 곤우적불困于赤紱(코가 잘리고 발이 잘리니, 대부에게 시달리고 있다)"과 경방京房의 '의회劓劊'(『석문釋文』)와 같은 부류이다. 이 가운데에는 뒤바뀐 순서와 빠진 글이 있는지 없는지 또한 매우 의심스럽다.

무망괘无妄卦의 「상전象傳」에 "천하뢰행天下雷行, 물여무망物與无妄"이라고 하였는데, 만약 「상전」의 괘를 해석한 예를 따르면 먼저 괘상을 서술하고 곧 괘명이 나오니 '물여무망物與无妄' 네 글자는 당연히 괘명이 된다. 뒷사람이 편의를 꾀하기 위해 '습감習坎'을 간단히 '감坎'으로 칭한 것과 같이, '물여物與' 두 글자를 없애버렸는지 알 수가 없다.

요컨대, 『주역』의 전수는 거의 구전에 의거하였다. 비록 진의 분서를 당하지 않았다고 말하나 그중에는 빠진 글과 뒤바뀐 순서가 있다는 것은 피할 수 없다. 앞사람들은 『주역』을 매우 숭상하여 억지로 끌어다 붙이기는 했으나 감히 의심하지 않았다. 이것이 '역학易學'이 눈부시게 발전하지 못한 원인이다.

## 결론

위에서 논한 것을 몇 가지로 귀결하면 다음과 같다.

1. 괘효사 중의 '서筮'와 '점占' '점에 묻는다(貞問)' 등의 글자에서, 『역』은 점치는 책임을 증명할 수 있다. 점에 의해 이루어졌고, 점을 치기 위해 만들어졌다.

2. 괘효사의 저작 체제와 그 중의 격언과 시가 식의 문장에서, 『주역』은 편찬해서 이루어진 것임을 알 수 있다.

3. 『주역』의 괘효사 중 표현되어 있는 시대와 지리적 성격, 및 '문왕이 역을 발전시켰다(文王演易)'는 전설의 시대와 지리적 배경에서, 『주역』은 주 민족의 점책임을 알 수 있다.

4. 『주역』의 괘효사 중 표현되어 있는 시대성과 서술되어 있는 역사 고사에서, 『주역』의 편찬 연대는 대략 서주 초엽임을 알 수 있다.

5. 괘의 발명과 괘와 시초의 관계에서, 시초가 괘보다 앞섰고 괘는 시초에 의해 만들어졌다고 가정한다.

6. 괘와 점글의 관계에 대해, 나는 처음에는 관계가 없었고, 뒷사람들이 비로소 이 방면에서 탐구하였다고 가정한다.

7. 효가 '구' '육'으로 칭해지는 데 대해, 나는 뒤에 지어진 명칭이라고 여긴다.

8. 현존하는 괘효사에는 빠진 글과 뒤바뀐 순서가 있어 결코 완전하지 않다고 생각한다.

**표 3** 『주역』 변천표

| 제1차 변천 | | 제2차 변천 | | 제3차 변천 | |
|---|---|---|---|---|---|
| 전기<br>(서주이전) | 후기<br>(서주에서 춘추까지) | 전기<br>(전국, 진, 한) | 후기<br>(한) | 전기<br>(진, 당) | 후기<br>(당송이후) |
| 점에 시초를 이용 | 시초와 괘 | 시초가 쇠퇴하고 괘가 흥함 | 괘효 또 음양재이 등으로 뒤섞임 | 괘와 금전 | 금전괘 |
| 점글<br>(筮辭) | 괘효사 | 괘효사에 빠진 것이 있음 | 무구无咎 회망悔亡이 빠졌음 | | |
| 점글 | 괘효사 | 단彖 상象 등 역전 | 설괘說卦 서괘序卦 등의 전傳 | 왕필 주 공영달 소 | 도서圖書 의 학 |
| 괘가 없었음 | 괘가 서로 변함 | 효를 9, 6으로 칭함 | 괘효가 스스로 변함 | | 하도河圖 낙서洛書 |
| 길흉을 점침 | 길흉을 점침 점차 의리로 해석하기에 이름 | 의리로 해석함 | 음양오행 재이의 설로 뒤섞임 | 상수파 象數派와 현리파 玄理派 등 | 도서파 圖書派와 윤리파 倫理派 등 |

# 점복의 원류

占卜的源流

용조조容肇祖

1. 은허 갑골에서 고대 점복의 실제 상황을 고증함
2. 주대의 점복 —— 거북점, 시초점, 정전점筳篿占과 별점(星占) 등
3. 진 · 한 사이에서 전한 말기에 이르기까지의 점술과 그 철학화
4. 후한 시대의 점술
5. 위진 남북조에서 당에 이르기까지의 점술
6. 송명 이래 『주역』의 변화와 점술의 발전
7. 서적에 기재되어 있는 대수롭지 않은 잡복술들

* 본 논문 중 소제목은 옮긴이가 독자들의 이해를 돕기 위하여 임의로 붙인 것이다.

중국에서 점복을 치기 시작한 것은 그 기원이 매우 이르다. 진한秦漢 이래의 전설은 항상 『역』의 괘 그림을 복희伏羲에게 귀속시켰다. 또 이후의 전설은 『연산連山』과 『귀장歸藏』을 결국 복희와 황제黃帝에게 기탁하여 이들에게서 비롯되었다고 말하였으니, 여기에 비교적 명백한 것은 이들을 각각 하夏나라와 은殷나라의 『역』으로 여겼다는 것이다. 전설은 증거가 없으니 당연히 믿고 따를 수가 없다. 근 20년 동안 은허殷墟 갑골甲骨이 발견되면서, 그 이후로 점복을 말하는 것은 곧 실물의 증거를 얻게 되었다. 갑골의 문자에 의거하여 고대 역사를 증명하고 또 은대의 역사적 사실은 확실한 기록을 얻게 되었다. 점복의 기원에 대해서는 비록 그 근원을 시원스레 밝혀내지는 못했지만 은대의 점복의 상황은 이미 확실하고 명백해졌다. 여태까지 가장 논란이 심했고 가장 해결하기 쉽지 않았던 『주역』이라는 하나의 문제는 여기에 이르러 당연히 순리적으로 해결할 수 있게 되었다. 대개 점술의 『주역』은 이미 옛날 제왕의 신비롭고 기이한 것이 아니었으며, 또한 철학화된 『주역』은 가지가 많이 생겨나 일어난 지엽적인 일에 불과한 것이었다. 옛날 점복의 연구에서 그 기원을 명백히 살피고 또 근래와 지금의 점복의 변화에서 그 갈래를 찾아보

**표 4** 점복원류표

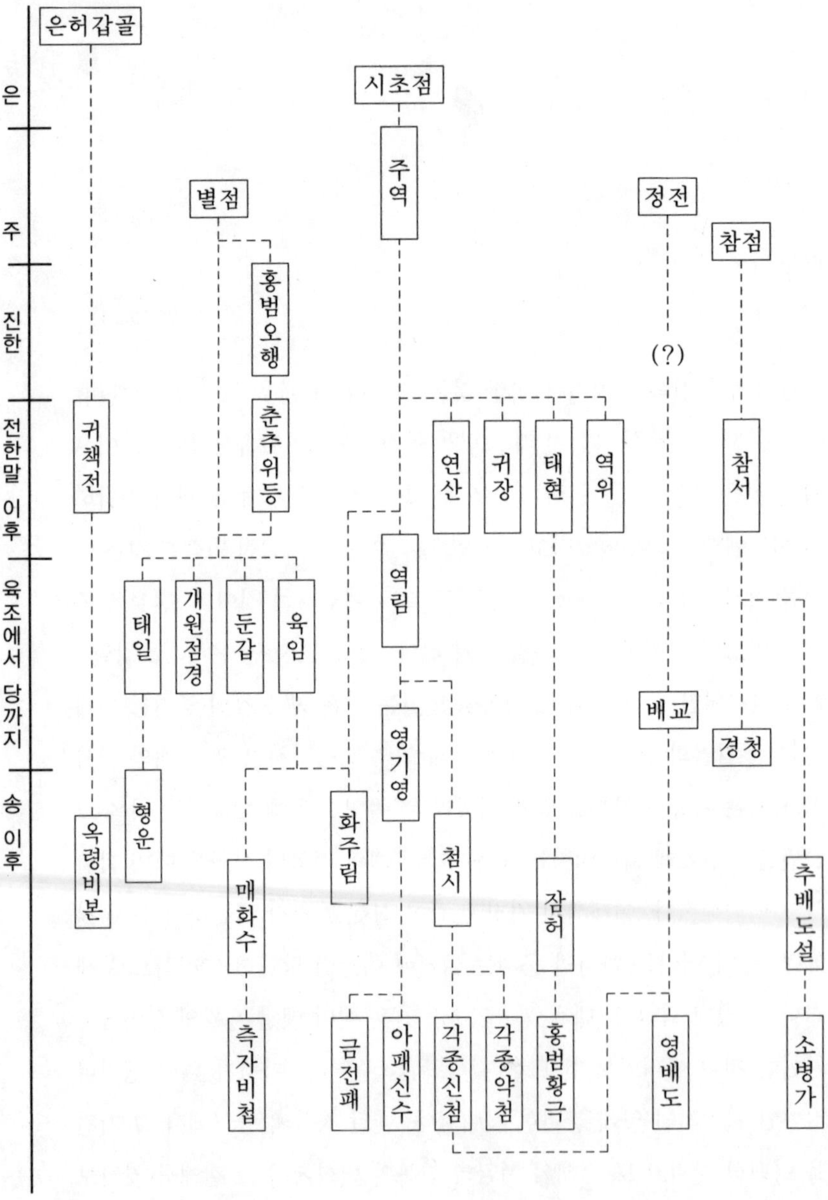

은
주
진한
전한말 이후
육조에서 당까지
송 이후
은허갑골
귀책전
옥령비본
별점
홍범오행
춘추위등
태일
개원점경
둔갑
육임
형운
매화수
측자비첩
시초점
주역
연산
귀장
태현
역위
역림
영기영
화주림
첨시
잠허
금전패
아패신수
각종신첨
각종약첨
홍범황극
정전
(?)
배교
영배도
참점
참서
경청
추배도설
소병가

**표 5** 점복원류표

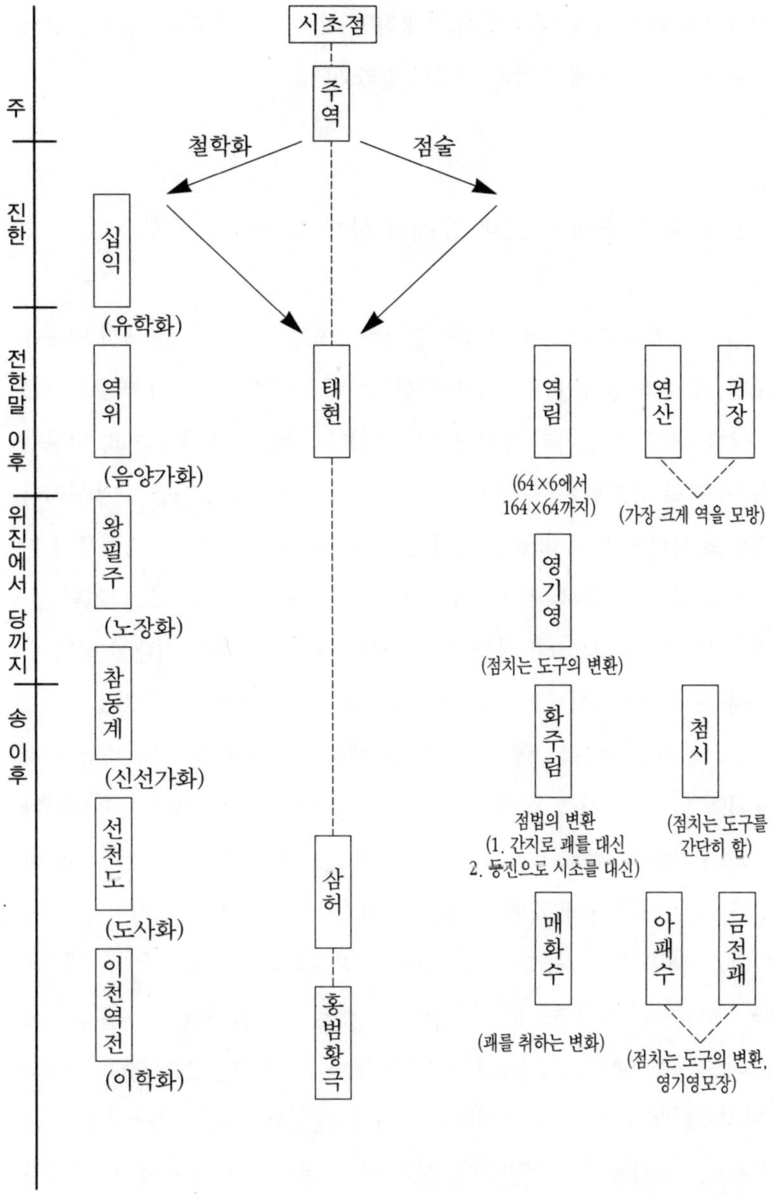
주
진한
전한말 이후
위진에서 당까지
송 이후
시초점
주역
철학화
점술
십익
(유학화)
역위
(음양가화)
왕필주
(노장화)
참동계
(신선가화)
선천도
(도사화)
이천역전
(이학화)
태현
삼허
홍범황극
역림
(64×6에서
164×64까지)
연산
귀장
(가장 크게 역을 모방)
영기영
(점치는 도구의 변환)
화주림
점법의 변환
(1. 간지로 괘를 대신
2. 동진으로 시소를 대신)
첨시
(점치는 도구를
간단히 함)
매화수
(괘를 취하는 변화)
아패수
금전괘
(점치는 도구의 변환,
영기영모장)

면, 곧 『주역』이라는 책은 다만 옛날 성인의 이름으로 포장된 것이며, 다른 점복의 책과 같은 부류에 속하는 것에 지나지 않음을 알게 될 것이다. 지금 점복의 원류를 좀 간단히 설명하면 대략 아래의 표와 같다. 논증에 대한 해설은 아래에서 더욱 상세히 말하겠다.

## 1. 은허 갑골에서 고대 점복의 실제 상황을 고증함

점복의 기원이나 혹은 점복이 발생한 시대는 갑골의 효능에서 연구해 보면, 갑골의 점복이 은나라에서 성행하였으나 은나라에서 비롯되었는가 하는 것은 확실하지 않음을 알 수 있다. 갑골에 새긴 글자의 아름다움, 문자의 정교함은 혹 이보다 먼저 일종의 조잡한 문자를 사용했거나 혹은 문자의 기록이 없었던 시기가 있었음을 증거할 수 있다. 점복의 연대는 도대체 언제부터 비롯되었는가 하는 것은 실로 고증할 수 없다. 우리는 부득이 은허殷墟의 실물에 한정하여 갑골의 점복의 시대를 말할 수 밖에 없다. 『은허서계고석殷墟書契考釋』에서는 "『사기』「은본기殷本紀」에 성탕成湯 이후 제신帝辛에 이르기까지 세상에 전해온 30명의 제왕이 기재되어 있는데, 지금 갑골 점글(卜辭)에 보이는 것은 23명의 제왕이다(『史記』「殷本紀」載成湯以來至於帝辛傳世三十, 今見於卜辭者二十有三)"라고 하였다. 갑골점글 중에 보이는 제왕은 '대을大乙'(즉 천을天乙이며 곧 탕湯이다), '대정大丁', '복병卜丙'(당연히 외병外丙이다), '대갑大甲', '태강太康', '소갑小甲', '대무大戊', '중정中丁', '복임卜壬'(즉 외임外壬이다), '조을祖乙', '조신祖辛', '조정祖丁', '남강南康', '양갑羊甲'(즉 양갑陽甲이다), '반경般庚'(반般은 옛 盤자이다), '소신小辛', '소을小乙', '무정武丁', '조경祖庚', '조갑祖甲', '강정康丁'(『사기』에는 경정庚丁이라고 잘못 기록하였다), '무을武乙', '문무정文武丁'(『죽서竹書』에는 문정文丁이라 하고, 『사기』에는 대정大丁이라 하였다)이 있다.

문정文丁 이후 제을帝乙, 제신帝辛의 이름은 점글 가운데 보이지 않는다. 갑골은 반경盤庚이 호毫로 천도한 후 무을武乙에 이르러 하북河北으로 옮기기 전에 쓰인 것임을 증명할 수 있으니, 현재 귀갑龜甲이 출토된 곳은 곧 반경이 천도한 곳이기 때문이다. 반경은 정확하게 기원전 어느 시기에 살았는지 고증하기가 매우 어렵다. 사마천은 주나라 선왕宣王 이전을 기록하면서 다만 상하 왕위의 계승만을 기록(紀世代)하였을 뿐, 정위 연대의 기록(紀年)은 덧붙이지 않았기 때문인데, 대략 기원전 천 수백 년 정도에 해당될 것이다.

**점복의 방법**

그 당시의 점복의 방법은 도대체 어떠한 것인지, 『은허서계고석』은 실물에서 관찰하여 증명하였으니 그 내용은 아래와 같다.

> 점은 거북(龜) 또는 짐승 뼈(獸骨)로 하였다. 거북은 배 껍질(腹甲)를 사용하고 등껍질(背甲)은 버렸다(등껍질은 두꺼워 불에 태울 때 갈라지기가 쉽지 않았고, 또 껍질의 면이 평평하지 않았으므로 배의 껍질을 사용하였다). 짐승 뼈는 어깨(肩胛) 혹은 정강이 뼈(脛骨)를 사용하였다(정강이뼈는 모두 절개하여 사용하였다). 제사를 점칠 때는 거북을 사용하였고, 다른 일을 점칠 때는 모두 짐승 뼈를 사용하였다. 사냥에는 정강이뼈를 사용하였고, 어깨뼈는 국토 경계를 다스리고 정벌하는 일을 점칠 때 많이 사용하였다. 그러므로 은허에서 출토된 것은 짐승 뼈가 10분의 9이고, 거북 껍질은 10분의 1 정도일 뿐이다. 점치는 법은 갑골을 깎아서 매우 평평하고 매끈하게 만들어, 여기에 혹 파거나(鑿) 혹 뚫거나(鑽), 혹 먼저 뚫었다면

이어서 파거나 하였다. 거북은 모두 팠고, 뼈는 뚫은 것이 10분의 1, 2이고, 판 것은 10분의 8, 9가 되며, 뚫고 또 판 것은 20분의 1 정도일 뿐이다. 이것이 곧 『시경』과 『예기』에서 말하는 '계契'라는 것이다〔판 흔적은 모두 ◎와 같이 타원橢圓이고, 뚫은 것은 ○와 같이 둥근 원(正圓)이다. 먼저 뚫고 이어서 판 것은 ◎와 같이 밖은 둥글고 안은 타원이다. 대저 갑골이 얇은 것은 혹 파거나 혹 뚫었고, 뚫고 다시 판 것은 모두 두꺼운 뼈여서 불에 태워 갈라지기가 쉽지 않은 것들이다〕. 이미 파거나 뚫었다면 곧 그 곳을 불에 태워 갈라지게(坼) 하였다. 안을 태우면 갈라진 것이 표면에 나타나는데, 먼저 곧게 갈라지고(直坼) 뒤에 다르게 갈라지는(歧坼) 것이 나타난다. 이것이 이른바 '징조(兆)'라는 것이다.

卜以龜, 亦以獸骨. 龜用腹甲而棄其背甲(背甲厚, 不易作兆, 且甲面不平, 故用腹甲). 獸骨用肩胛及脛骨(脛骨皆剖而用之). 凡卜祀者用龜, 卜它事皆以骨. 田獵則用脛骨其用胛骨者, 則疆理征伐之事爲多. 故殷墟所出, 獸骨什九, 龜甲什一而已. 其卜法, 則削治甲骨甚平滑, 於此或鑿焉, 或鑽焉, 或旣鑽更鑿焉. 龜皆鑿, 骨則鑽者什一二, 鑿者什八九, 旣鑽而又鑿者二十之一耳. 此卽詩與禮所謂契也(鑿跡皆橢圓, 如◎. 鑽則正圓, 如○. 旣鑽更鑿者, 則外圓而內橢, 如◎. 大抵甲骨薄者或鑿或鑽. 其鑽而復鑿者, 皆厚骨不易致坼者也). 旣契, 乃灼於契處以致坼. 灼於裡則坼見於表, 先爲直坼而後出歧坼, 此卽所謂兆矣.(『은허서계고석』, 107~108쪽)

위의 글에서 은대의 거북점법(卜法)은 혹은 파거나 혹은 뚫거나 하여, 이렇게 한 다음(契後) 다시 불에 태워 징조를 구한 것(求兆)임을 알 수 있다. 『은허서계고석』에서 또 말하였다.

파거나 뚫지 않고 불에 태우면 갈라지는 것을 얻을 수 없다. 이미 파거나 뚫었다면 뼈와 거북 껍질은 얇아져, 그곳에 칼날이 비스듬히 들어가 밖은 넓고 안은 좁으니 모양은 타원이 되며, 더욱 얇은 곳은 장형長形이 된다. 그 위를 불에 태우면 곧 장형을 따라 곧게 갈라지고, 곧게 갈라진 것에서 다르게 갈라지는 징조(歧兆)가 나타난다. 그래서 길흉을 보고 징조가 나타난 측면에 글을 새겨 점친 일(卜事)을 기록하였다.

不契而灼則不能得坼. 旣契則骨與甲薄矣, 其契處刀斜入, 外博而內狹, 形爲橢圓, 則尤薄處爲長形. 灼於其上, 斯沿長形而爲直坼, 由直坼而出歧兆矣. 於以觀吉凶, 並刻辭於兆側, 以記卜事焉. (위와 같음).

이것은 매우 효과적인 설명이다. 이 책에서는 또 눈에 보이는 징조의 모양(兆形)을 들었으니, 대략 다음과 같다.

이러한 징조의 모양은 『주례周禮』 태복太卜이 관장했던 "3가지 징조의 법칙은, 첫째는 옥이 깨어져 갈라진 징조이고, 둘째는 돌이 깨어져 갈라진 징조이며, 셋째는 흙이 깨어져 갈라진 징조이다(三兆之法: 一曰玉兆, 二曰瓦兆, 三曰原兆)"라고 한 것과 또 복사卜師가 관장했던 "거북에게 나타난 4가지 징조는, 첫째는 방조이고, 둘째는 공조이며, 셋째는 의조이고, 넷째는 궁조이다(開龜之四兆: 一曰方兆, 二曰功兆, 三曰義兆, 四曰弓兆)"라고 한 것과 부합하는지 어떤지는 알 수 없다. 그러나 징조를 보고 길흉을 정하는 것은 자연히 태복太卜 혹은 복사卜師의 신통한 이해력을 필요로 하였을 것이다.

**갑골점글**

은허 갑골에 기록되어 있는 점글(卜辭)은 매우 간단하니, 점을 치고자 하는 일과 점친 결과의 길흉을 기록하는 데 그쳤을 뿐이다. 『은허서계고석』의 기록에 의하면, 문자가 끊어지고 빠져서 읽을 수 없는 것을 제외하고, 제사를 점친 것(卜祭)이 306조, 알림을 점친 것(卜告)이 15조, 공물을 바친 것을 점친 것(卜享)이 4조, 나가고 들어감을 점친 것(卜出入)이 128조, 사냥과 고기잡이를 점친 것(卜田獵漁魚)이 130조, 정벌을 점친 것(卜征伐)이 35조, 한 해의 작황을 점친 것(卜年)이 22조, 풍우를 점친 것(卜風雨)이 77조가 된다. 이 여덟 가지 점친 범주 외에 아직 기타의 점친 일들이 더 기록되어 있다. 우리는 당시 점친 일에서 제사를 가장 중요시 하였음을 알 수 있다. 귀신에게 제사를 지내는 것은 고대에 가장 엄숙한 한 가지의 일이었기 때문이다. 그 다음이 사냥(田獵)이었고, 그 다음이 나가고 들어감(出入)이었으니, 이러한 것들은 모두 귀신의 의향을 듣고 따르고자 하려는 것이었다. 그 다음이 한 해의 작황(年)과 풍우風雨였으니, 이러한 것들은 모두 세시歲時 중의 희망이었다. 정벌 역시 중요한 일이었으나 이것은 항상 있었던 것은 아니었다. 반경般庚에서 대정大丁에 이르기까지, 『은허서계고석』에 기록되어 있는 것에만 이미 35차의 정벌이 있었으므로 또한 적다고 할 수 없으며 정벌 또한 귀신의 의향을 기다려 감행하였음을 알 수 있다.

은허 갑골의 점글은 길한지 흉한지(吉凶)와 사실인지 아닌지(允否)의 의미를 나타내었다. 예를 들면 다음과 같다.

제사를 점친 것(卜祭)

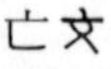

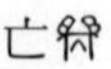

受彐(나진옥羅振玉은 彐를 해석하여 '우又'라 하였으니, 즉 '복우福祐'이며, 이 것은 매우 정확하다)

允[illegible]日

亡囚

其牢玆用

其牢䍩玆用

犬百牛百用

其五牢

其三牢

十羊廿牛

一月酒

二月俎

三羊三豖三犬 등

알림을 점친 것(卜告)

今月告于南室

允之告麥

亡其告麥 등.

공물을 바친 것을 점친 것(卜享)

于戊申享

弗享見

其大享耑 등.

나가고 들어감을 점친 것(卜出入)

其大出五月

不允出

我不吉出

方不大出

乙巳王入于商

王步亡𡿧

步于𣪊亡𡿧

往來亡𡿧

往來亡𡿧在九月

亡𠧞

王步歸

母歸

先歸九月

人歸

人不歸 등.

사냥과 고기잡이를 점친 것(卜田獵)

王狩于㐅

王步狩

往于田亡𡿧

王田往來亡𡿧

衣逐亡𡿧

王𡆥曰吉

王𡆥曰在三月

今月獲

王其往逐鹿

王不其獲鹿

允獲鹿五

羊不其得

御子漁 등.

정벌을 점친 것(卜征伐)

隹其不克.

往征.

其伐乂利.

不利.

伐𢀛,

帝不我其受又.

乙登人三千乎,

𢀛方弗受之又.

今月師亡𨸏寧.

師往衛亡𡆥.

登人三千乎戰. 등.

한 해의 작황을 점친 것(卜年)

受黍年

我不其受年

弗受之年

我受黍年三月 등.

풍우를 점친 것(卜風雨)

其遘大風

不遘風

大風不隹田

其雨

今月其雨

雨一月

今三月帝命多雨

允雨

其雨之月允不雨

其雨在五月

其延雨

不多雨

其遘大雨

不一冓雨

其雨在圃漁 등.

이러한 점글을 보면, 모두가 간단하게 일에 대해 길흉 가부를 표시하였으며 여기에는 정해진 글(定辭)이 없었다.

## 2. 주대의 점복
## —— 거북점, 시초점, 정전점筳篿占과 별점(星占) 등

주나라는 은나라의 뒤를 이었으므로 거북을 사용한 점복이 여전히 통행하였다. 『춘추春秋』 성공成公 20년에 "여름 4월에 교외에서 제사(郊祭)를 지낼 날을 다섯 번 거북점을 쳤으나, 모두 불길하여 교외에서 제사를 지내지 않았다(夏四月, 五卜郊, 不從, 乃不郊)"라고 한 기록을 보면 거북점을 친 것은 명백한 사실이었다. 당시에는 또 시초蓍草를 사용한 일종의 점법이 있었는데, 이것은 거북점과 서로 부합하였다. 시초점은 은나라에도 있었는지 고증할 수 없다. 이것은 처음에 오랑캐들의 점복(戎狄的占卜)이었는데 주나라가 은나라를 이겼을 때 드디어 주의 것으로 변하여 흥성하게 된 것이 아닌가 생각한다. 『역易』은 시대가 교체되었다는 의미가 있다. 『역』「계사전」에 "『주역』이 흥한 것은 중고中古 때인가(易之興也, 其於中古乎)"라 하였고, 또 "『주역』이 흥한 것은 은나라의 말기, 주나라의 덕이 성할 때였는가? 주나라의 문왕과 은나라의 주왕 때의 일에 해당하는가?(易之興也, 其當殷之末世, 周之盛德耶? 當文王與紂之事耶)"라고 하였다. 『주역』은 어쩌면 이 시기에 일어난 것인가? 은을 이어 일어났으므로 또 『주역』이라 칭한 것인가? 나중의 초나라에도 일종의 점술이 있었으니, 이것은 정전筳篿을 사용한 것이었다. 굴원屈原의 「이소離騷」에 "경모를 찾고 가느다란 대나무를 가지고, 영분에게 명하여 나를 위해 점을 치게 하네(索藑茅以筳篿兮, 命靈氛爲予占之)"라고 하였는데, 왕일王逸은 주에서 "경모藑茅는 영험한 풀이다. 정筳은 가느다란 대나무이다. 초나라 사람은 풀을 엮고 대나무를 꺾어 점을 쳤는데 이름을 전篿이라 하였다(藑茅, 靈草也. 筳, 小折竹也. 楚人名結草折竹以卜曰篿)"라고 말하였다. 『후한서後漢

書』「방술전方術傳」 이현李賢의 주에 『초사楚辭』의 주를 인용하여 "정은 여덟 마디의 대나무이다(筵, 八段竹也)"라고 하였다. 이러한 복술卜術은 거북이나 시초 외의 일종의 점술이었으나 지금은 자세하지 않다. 아마 근대의 배교杯珓(조개껍질, 대나무 조각, 나무 조각 등으로 만든 점칠 때 사용하는 도구—옮긴이)가 여기에서 나온 것이 아닌가 생각한다.

**거북점과 시초점의 병용**

주나라는 거북점과 시초점을 병용하였는데 이는 증명할 수 있는 일이다. 예를 들어 『시경』「맹氓」에 "그대는 거북점 시초점을 쳤는데, 점괘에 나쁘다는 말이 없었네(爾卜爾筮, 體無咎言)"라 하였고, 또 『국어』「진어晉語」에 "의심하기를 좋아하여 거북점과 시초점으로 결정한다(愛疑, 決之以卜筮)"라고 하였다. 그러나 시초점은 시초를 사용하였으므로 거북껍질을 파거나 뚫어 불에 태우는 거북점보다 비교적 간편하였다. 그러므로 거북점을 시초점보다 더 중시하게 되었다. 『좌전』 희공僖公 4년 전傳에 이렇게 말하였다.

> 처음에, 진晉나라 헌공獻公이 여희驪姬를 부인으로 삼으려 하였을 때, 거북점은 불길하였고 시초점은 길하였다. "헌공이 시초점을 따르겠다(從筮)"라고 말하자, 점을 친 사람이 "시초점은 잘 안 맞고 거북점은 잘 맞으니, 잘 맞는 것을 따르는 것이 좋습니다"라고 말하였다.
>
> 初, 晉獻公欲以驪姬爲夫人, 卜之不吉, 筮之吉, 公從筮. 卜人曰: 筮短龜長, 不如從長.

또 『서경』「홍범洪範」에 말하였다.

이 사람들을 세워 거북점과 시초점을 쳐 ……거북점과 시초점에 물어 본다…… 당신이 따르고 거북이 따르되 시초가 거스르고 귀족과 관리들이 거스르며 백성들이 거스른다면, 안에서 하는 일은 길하고 밖에서 하는 일은 흉할 것이다.

立時人作卜筮. ……謀及卜筮…… 汝則從, 龜從, 筮逆, 卿士逆, 庶民逆, 作內吉, 作外凶.

두 가지는 따르고 세 가지는 거스르니, 안에서 하는 일은 길하다고 말하였다. 이것은 매우 특별한 것이니, 옛사람들이 거북점과 시초점을 병용할 때 시초점을 버릴지언정 거북점을 따른다는 견해를 갖고 있었음을 증명할 수 있는 것이다. 『예기禮記』「곡례曲禮」와 「표기表記」에 함께 말하기를 "거북점과 시초점을 서로 중복하여 사용하지 않는다(卜筮不相襲)"라고 하였다. 정현鄭玄은 「곡례」에 주를 달아 "거북점이 불길하면 또 시초점을 쳐보고, 시초점이 불길하면 또 거북점을 쳐보는 것은 거북과 시초를 모욕하는 것이다. 진나라 헌공이 여희를 취함에 거북점을 쳐 불길하다고 하자 공이 '시초점을 쳐보라'라고 말한 것이 이것이다(卜不吉則又筮, 筮不吉則又卜, 是瀆龜策也. 晉獻公卜取驪姬不吉, 公曰'筮之', 是也)"라고 하였다. 그는 또 「표기」에 주를 달아 말하기를 "습은 답습한다는 것이다. 큰일이면 거북점을 치고, 작은 일이면 시초점을 친다(襲, 因也, 大事則卜, 小事則筮)"라고 하였다. 그러나 「홍범」이 말한 바에 따르면 모두 그런 것이 아니지 않는가? 호후胡煦가 말하기를 "'거북점과 시초점을 서로 중복하여 사용하지 않는다'는 것은 거북점을 치는 사람과 시초점을 치는 사람이 각각 전적으로 그것을 담당하였다는 것이다. 그러므로 오직 거북점과 거북점은 중복하고 시초점과 시초점은 중복하나, 거북점은 시초점을 답습하고 시초점은 거북점을 답습한다면 그 법은 서로 통하지 않게 된다. 만약 거북점과 시초점을 서로 같이 점을 친다면, 이것은 곧 『예기』에 있는 거북점을 따르고 시초점을 따른다는 설이다(卜筮不相襲者, 蓋以卜人筮人各有專職, 故惟卜與卜襲, 筮與筮襲, 而以卜襲筮, 以筮襲卜, 則其法不相通焉. 若卜筮互爲占, 此則禮之所有, 則龜從筮從之說也)"(『복법상고卜法詳考』 권2)라고 하였다. 이것은 비교적 통할 수 있는 말이다.

### 주나라의 거북점

주대에 거북점을 사용한 일은 그 점법을 증명할 수 있는 재료가 있다. 『시경』「대아大雅」에 "거북으로 점을 쳐본다(爰契我龜)"라 하였고, 『순자』「왕제편王制篇」에 "거북점을 치고 시초점을 쳐 상서롭지 못한 것을 없애고 길한 것을 선택하며, 다섯 가지 거북점(五卜)을 맡아 길흉요상을 미리 아는 것이 곱사등이 무당과 절름발이 박수무당의 일이었다(鑽龜陳卦, 主攘擇五卜, 知其吉凶妖祥, 傴巫跛擊之事也)"(격擊은 격覡으로 읽어야 한다)라 하였으며, 『한비자』「식사편飾邪篇」에 "거북점을 치고 시초점을 쳐 징조가 크게 길하다 하여 연나라를 공격한 것은 조나라였다(鑿龜數筴, 兆曰大吉, 而以攻燕者趙也)"라 하였고, 『장자』「외물편外物篇」에 "거북점을 쳐보게 하니, '그 거북을 죽여 점을 치면 길합니다'라고 하였다. 그래서 그 거북을 잡아 72회나 점을 쳤는데 그 길흉이 꼭꼭 맞았다(卜之, 曰殺龜以卜吉. 乃刳龜, 七十二鑽而無遺筴)"라고 하였다. 이것은 매우 분명하게 전국戰國 이전의 거북점의 방법이 여전히 은나라의 파거나 뚫은 일과 같았다는 것을 증명하고 있다. 『주례周禮』에서 "아주 뜨거운 불로 거북 껍질을 태워 갈라진 금이 드러나게 한다(揚火以作龜, 致其墨)", "화씨는 불을 태울 때 사용하는 횃불(焌)과 거북 껍질을 불을 태울 때 사용하는 나무(契)를 공급하는 일을 관장하였다. 점을 치는 일이 있으면 불을 붙여 횃불을 태우고 나무를 그 횃불 위에 받쳐 입으로 바람을 불어 타게 하여 복사卜師에게 준다. 그런 후에 옆에서 복사의 지시를 기다려 일을 돕는다(菙氏掌共燋契以待卜事, 凡卜以明火爇燋, 遂歙其焌契以授卜師, 遂役之)"라고 한 기록은 당연히 주대의 거북점을 치는 방법에 대해 남긴 말이며, 은허 갑골의 유물과 서로 증명할 수 있는 것이다.

#### 주나라의 거북점글

주나라의 거북점의 점글에 대해서는 『시경』「정지방중定之方中」에 "거북점을 치니 길하다(卜云其吉)"라고 하였는데, '길하다(其吉)'는 것은 당연히 거북점글(卜辭)이다. 『한비자』에서 말한 "징조가 크게 길하다(兆曰大吉)"의 '크게 길하다(大吉)' 역시 거북점글이다. 이것은 거북점글 중 가장 간단한 것이다. 『좌전左傳』 장공莊公 22년에 "앞서 진나라의 의씨가 경중에게 딸을 시집보내려고 거북점을 쳤다. 그 아내가 점을 쳤는데, 점친 사람이 말하기를 '길합니다. 봉황새가 날고, 서로 쟁쟁하게 울어 그 소리가 잘 조화를 이룹니다. 규성의 후손이 강성의 나라에서 길러질 것입니다. 5세에 이르러 번창하여 정경의 자리를 나란히 하고, 8세에 이르러서는 그와 어깨를 나란히 할 사람이 없을 것입니다'라고 하였다(初, 懿氏卜妻敬仲, 其妻占之, 曰: '吉是謂鳳凰于飛, 和鳴鏘鏘. 有嬀之後, 將育于姜. 五世其昌, 並于正卿. 八世之後, 莫之與京')"라는 기록이 있고, 또 민공閔公 2년에 "성계가 출생하려 할 때 그 아버지 환공이 점치는 관리인 초구의 아버지에게 거북점을 치게 하였다. 초구의 아버지가 말하기를 '남자이며, 그 이름은 우입니다. 그분은 군주의 오른편에 자리 잡고 집정관서에 있어 군주의 집안을 도울 것입니다. 그리고 그분의 계씨 가문이 망하게 되는 날에는 노나라가 번영하지 못하게 될 것입니다'라고 하였다(成季之將生也, 使卜楚丘之父卜之, 曰: '男也, 其名曰友, 在公之右, 間于兩社, 爲公室輔. 季氏亡則魯不昌')"라는 기록이 있으며, 『국어』에 "진晉의 제후가 여융을 정벌하고자 거북점을 쳤다. 점치는 관리인 소蘇가 점을 쳐 말하기를 '이길 수 있으나 불길합니다'라고 말하였다. 진의 제후가 '왜 그런가?'하고 묻자 대답하기를 '뼈를 물고 치아와 같이 어지럽게 뒤얽혀 오랑캐(戎)와 중화의 여러 나라가 서로 저촉하는 징조를 얻었습니다. 서로 저촉한다는 것은 서로 싸움하여 이기려고 하는 것입니다. 그래서 신은 그렇게 말하였습니다. 또 헛소문이 돌고 민심이 이반되어 나라의 주인이 바뀔까 두려워하는 것입니다'라고 하였다(晉公卜伐驪戎, 史蘇占之曰: '勝而不吉.' 公曰: '何謂也?' 對曰: '遇兆以銜骨, 齒牙爲猾, 戎夏交捽. 交捽, 是交勝也, 臣故云. 且懼有口, 懏民, 國移心焉')"라는 기록이 있고, 『좌전』 희공僖公 4년에 "진나라 헌공이 여희를 부인으로 삼으려 하여, 거북점을 치니 길하지 못하였다. …… 그 풀이글에 이르기를 '어느 한 사람을 오로지 사랑해주면 난 체하여 마음이 변하고, 또 군주가 기르는 수컷 양을 도둑질한다'고 하였다(晉獻公欲以驪姬爲夫人, 卜之不吉, ……其繇曰: '專之渝, 攘公之羭')"라는 기록이 있다. 이러한 거북점글은 비록 전국 시대의 전설이나, 주대의 거북점글이 이미 간단한 것에서 복잡한 것으로 변하였음을 증명하고 있다. 그러나 점글(卜辭)은 여전히 정해진 것이 없었다.

### 시초점

시초점을 치는 것(占筮)은 주나라 때의 특별히 두드러진 일이었다. 그 방법은 시초蓍草를 사용하는 것이다. 『주역』 「계사전」에 "사물의 심오한 도리를 찾고 은밀함을 구하며, 심오함을 취하고 원대함에 이르러, 천하의 길흉을 결정하고, 천하의 미묘함을 이루는 것에는 시초와 거북보다 더 큰 것이 없다(探賾索隱, 鉤深致遠, 以定天下之吉凶, 成天下之亹亹者, 莫大乎蓍龜)"라 하였고, 「설괘전」에 "은밀히 신명의 도움을 받아 시초를 만들었다(幽贊於神明而生蓍)"라고 하였다. 정현은 『주례』 주에서 "역이란 시초를 셈하여 변하는 수로 점을 치는 것이다(易者, 揲蓍變易之數可占者也)"라 하였고, 또 『의례儀禮』「사관례士冠禮」의 주에 "시초점(筮)은 길흉을 묻는 것이니 시초를 말한 것이다. 괘라는 것은 괘를 그리고 효를 기록하는 것이다. 『역』에 말하기를 '여섯 효를 그려 괘를 이룬다'라고 하였다(筮所以問吉凶, 謂蓍也. 所卦者, 所以畵卦記爻. 『易』曰: '六畵而成卦')"라고 말하였다. 가공언賈公彦은 『소疏』에서 다음과 같이 말하였다.

역의 시초점을 치는 방법은 49개의 시초를 사용한다. 이것을 둘로 나누어 양의를 상징하고, 하나를 걸어서 삼재를 상징하고, 네 개씩 셈하여 사시를 상징하고, 남은 수를 하나로 합하여 손가락에 끼워서 윤달을 상징하니, 열여덟 번 변하여 괘를 이루는 것이다. 괘라는 것은 땅에 그려 효를 기록한 것이다. 점치는 법은 7, 8, 9, 6의 효에 의거하여 기록한다. 옛날에는 나무를 사용하여 땅에 그렸으나 지금은 금전을 사용한다. 세 개의 동전으로 점을 치는데, 세 개 모두 적은 면(少面)을 얻으면 '중전重錢'이고, 중전이면 9(노양)이다. 세 개 모두 많은 면(多面)을 얻으면 '교전交錢'이고, 교전이면 6(노음)이다. 두 개가 많은 면이고 하나가 적은 면이면 '단전單錢'이고, 단전이면 7(소양)이다. 두 개가 적은 면이고 하나가 많은 면이면 '절전折錢'이고, 절전이면 8(소음)이다.

易筮法用四十九蓍, 分之爲二以象兩, 掛一以象三, 揲之以四以象四時, 歸奇於扐以象閏, 十有八變而成卦是也. 云所卦者, 所以畵地記爻者. 筮法, 依七八九六之爻而記之. 但古用木畵地, 今則用錢. 以三少爲重錢, 重錢則九也. 三多爲交錢, 交錢則六也. 兩多一少爲單錢, 單錢則七也. 兩少一多爲折錢, 折錢則八也.

우리는 이것을 통해서 주나라의 시초점을 치는 법을 알 수 있다.

### 『좌전』과 『국어』의 점친 사례 중 『주역』과 부합하는 글

주나라의 점글(筮辭)은 『좌전』과 『국어』에 기록되어 있는 것을 보면, 『주역』과 서로 부합하는 것도 있고 또 서로 부합하지 않는 것도 있다. 『주역』은 고대의 점책인 것은 확실하여 의심할 수가 없다. 『한서』「예문지」에 말하기를 "진나라가 모든 서적을 불태웠으나, 『주역』은 점치는 것이어서 전해오는 것이 끊이지 않았다(秦燔書, 而『易』爲筮卜之事, 傳者不絶)"라고 하였는데, 진나라 이전의 사람들은 모두가 『주역』을 점책으로 여겼음을 증명할 수 있는 것이다. 지금 『좌전』과 『국어』에 기록되어 있는 점을 친 사례들과 『주역』이 서로 부합하는 글을 모아서 아래에 기록하겠다.

주나라의 점치는 관리가 『주역』으로 점을 쳐주겠다고 진나라 제후를 만났다. 진의 제후가 그에게 점을 치게 하니 관괘觀卦가 비괘否卦로 변하는 것을 얻었다. 그가 말하기를 "이것은 '나라의 찬란함을 살피고, 왕의 빈객이 되니 이롭다(觀國之光, 利用賓于王)'는 말입니다"라고 하였다[『좌전』 장공莊公 22년. 이것은 『주역』의 관괘觀卦 넷째 음효(六四)의 효사와 부합한다].

관괘

비괘

진秦의 제후가 황하의 위로 군사를 이끌고 가서 천자를 서울로 들여보내려고 하였다. 호언狐偃이 진晉의 제후에게 말하였다. "제후들이 따르기를 바라는 것에는 천자를 위하는 일보다 더 좋은 일이 없습니다." 진의 제후가 점치는 관리인 언偃에게 거북점을 치게 하니, 그가 말하기를 "길합니다"라고 하였다. 시초점을 치니 대유괘大有卦가 규괘睽卦로 변하는 것을 얻었다. 점치는 관리가 말하기를 "길합니다. '제후가 천자에게 향연을 받을 수 있는(公用享于天子)' 점괘를 얻었습니다"라고 하였다〔『좌전』 희공僖公 25년. 이것은 대유괘大有卦 셋째 양효(九三)의 효사를 인용한 것이다〕.

대유괘

규괘

목강穆姜이 동궁東宮에서 훙거薨去했다. 목강이 처음 동궁으로 자리를 옮겨 시초점을 쳐, 간괘艮卦 둘째 음효(六二)의 영수가 변하지 않는 8을 얻었다. 점을 친 관리가 말하기를 "이것은 간괘가 수괘隨卦로 변한 것입니다. 수는 밖으로 나간다(出)는 뜻이므로 빨리 동궁을 빠져 나가십시오"라고 하였다. 목강이 말하기를 "그럴 수 없다. 수괘는 『주역』에서 '수는 원형이정이니 허물이 없다(隨, 元亨利貞, 无咎)'라고 하였다"〔『좌전』 양공襄公 9년. 이것은 수괘隨卦 괘사를 인용한 것이다〕.

간괘

수괘

제나라 당棠 지역의 관인의 아내는 동곽언東郭偃의 누님이었다. 당의 관인이 죽자 동곽언은 최무자가 탄 수레를 끌고가 조문을 했다. 최무자가 죽은 자의 아내 강씨姜氏를 보고 아름답다고 여겨 동곽언을 통하여 아내로 맞이하려고 하였다. 최무자가 시초점을 쳐보니 곤괘困卦가 대과괘大過卦

로 변하는 것을 얻었다. 진문자陳文子에게 보여주니 말하기를 "남편은 바람(風)을 따르고 바람은 아내를 떨어뜨리는 괘이니 아내로 맞이할 수 없습니다. 또 점풀이글에 '돌에 묶여 있다가 감옥에 갇혔다. 풀려나 집으로 돌아가니 아내를 볼 수 없어, 흉하다(困于石, 據于蒺蔾, 入于其宮, 不見其妻, 凶)'라고 하였습니다"〔『좌전』 양공襄公 25년. 이것은 곤괘困卦 셋째 음효(六三)의 효사이다〕.

곤괘

대과괘

애초에 목자穆子가 출생함에 부친인 장숙莊叔이 『주역』으로 시초점을 쳐서 명이괘明夷卦가 겸괘謙卦로 변하는 것을 얻었다. 점치는 관리인 초구楚丘에게 보이니 이렇게 말하였다. "이 사람은 장차 나라를 떠났다가 돌아와 제사 지내는 일을 계승할 것입니다. 참언讒言을 하는 사람을 데리고 들어올 것이니 그 사람의 이름은 우牛이고 결국 굶주려 죽을 것입니다. …… 겸괘로 변한다는 것은 새(鳥)에 해당하므로 '우는 꿩이 날아간다(明夷于飛)'라고 하였습니다. 날의 밝음이 완전치 않아서 '그 날개를 드리운다(垂其翼)'라고 하였습니다. 해가 움직이는 것을 현상하였으므로 '군자가 간다(君子于行)'고 하였습니다. 셋째의 위치인 날이 새는 시각의 운이므로 '3일 동안 먹지 못한다(三日不食)'라고 하였습니다. 리(☲)는 불입니다. 간(☶)은 산입니다. 리가 불이 되어 불이 산을 태우면 산은 황폐(敗)해집니다(離火也, 艮山也, 離爲火, 火焚山, 山敗). 사람에 있어서 말이 되며, 패언敗言은 참언이 되므로(于人爲言, 敗言爲讒) '갈 곳이 있으나, 주인에게 잘못이 있다(有攸往, 主人有言)'라고 한 것입니다"〔『좌전』 소공昭公 5년. 이것은 명이괘明夷卦 처음 양효(初九)의 효사를 인용한 것이다].

명이괘

겸괘

위衛나라 양공襄公의 부인 강씨姜氏는 아들이 없고 첩인 주압婤姶이 아들 맹집孟縶을 낳았다. 공성자孔成子의 꿈에 위나라 제후의 선조인 강숙康叔이 나타나 말하기를 "너는 원元을 제후로 세워라"라고 하였다. 점치는 관리인 조朝 또한 꿈에 강숙이 나타나 똑같은 말을 하여 두 사람의 꿈이 일치하였다. 양공의 애첩 주압이 또 아들을 낳으니 이름을 원元이라고 하였다. 큰아들인 맹집은 다리가 불구여서 제대로 걷지 못하였다. 공성자가 『주역』으로 점을 치면서 "원이 부디 이 위나라를 차지하여 사직을 주관하게 해주옵소서"라고 말하며 준괘屯卦를 얻었다. 그는 다시 "저는 맹집을 제후로 세우기를 원하니 좋은 운을 주옵소서"라고 말하며, 준괘가 비괘比卦로 변하는 것을 얻었다. 점치는 관리인 조에게 보이자 그는 "원元은 형통(亨)하는 것인데, 또 무슨 의심이 있겠습니까? ……또 점풀이글에 '제후를 세우면 이롭다(利建侯)'라고 하였습니다"라고 말하였다[『좌전』 소공昭公 7년. '원형元亨'은 준괘屯卦의 괘사이고, '이건후利建侯'는 준괘 괘사와 처음 효의 효사인데, 모두 같다].

준괘

비괘

남괴南蒯가 반란을 일으키려고 남몰래 시초점을 치니, 곤괘坤卦가 비괘比卦로 변하는 것을 얻었다. 점풀이글에 "황색 치마를 입었으니, 크게 길하다(黃裳, 元吉)"라고 하였다〔『좌전』 소공昭公 12년. '황상원길黃裳元吉'은 곤괘坤卦 다섯째 음효(六五)의 효사이다〕.

곤괘

비괘

송나라의 황원皇瑗이 정나라의 군대를 포위하였다. 진晉의 조앙趙鞅이 정나라를 구하기 위해 거북점(卜)을 치니 불길하였다. 양호陽虎가 『주역』으로 시초점(筮)을 치니 태괘泰卦가 수괘需卦로 변하는 것을 얻었다. 그는 말하기를 "송나라는 바야흐로 길하니 더불어 싸워서는 안 됩니다. 송의 조상인 미자계微子啓는 은殷의 왕 제을帝乙의 큰아들이니 송과 정은 인척입니다. 태괘에서 지祉는 곧 복(祿)입니다. 만약 제을의 큰아들이 누이동생을 정나라로 시집보내어 송나라가 길한 복이 있다면, 우리가 송나라를 친다고 하여 무슨 길한 운을 얻겠습니까"라고 하였다〔『좌전』 애공哀公 9년. 태괘泰卦 다섯째 음효(六五)의 효사에 '제을이 딸을 시집보내는데, 복이 있으니, 크게 길하다(帝乙歸妹, 以祉, 元吉)'는 말과 『좌전』에서 말한 것은 부합한다〕.

태괘

수괘

채묵蔡墨이 말하였다. "『주역』에서 용을 말했겠습니까? 건괘乾卦가 구괘姤卦로 변하는 것의 효사에 '숨어 있는 용이니, 움직이지 말라(潛龍勿用)'고 하였고, 동인괘同人卦로 변하는 것의 효사에 '나타난 용이 밭에 있다(見龍在田)'라 하였으며, 대유괘大有卦로 변하는 것의 효사에 '나는 용이 하늘에 있다(飛龍在天)'라 하였고, 쾌괘夬卦로 변하는 것의 효사에 '끝까지 올라간 용이니, 뉘우침이 있다(亢龍有悔)'라 하였고, 곤괘坤卦로 변하는 것의 효사에 '나타난 여러 용들의 머리가 없으니, 길하다(見羣龍无首, 吉)'라고 하였으며, 곤괘가 박괘剝卦로 변하는 것의 효사에 '용이 들에서 싸운다(龍戰于野)'라고 하였습니다"〔『좌전』 소공昭公 29년. 이것과 『주역』의 건괘 곤괘의 효사는 같다〕.

공자(重耳)가 친히 점을 쳐 말하기를 "진晉나라를 장악할 수 있다"고 하였다. 본괘(貞)인 준괘屯卦와 지괘(悔)인 예괘豫卦를 얻었는데, 모두 꼭대기 음효(上六)의 영수가 변하지 않는 8이다. 점치는 관리가 점을 쳐보고 모두 말하기를 "불길합니다. 막혀서 통하지 않으니 효는 하는 것이 없습니다"라고 하였다. 사공계자司公季子가 말하기를 "길합니다. 이것은 『주역』에서 모두 '제후를 세우면 이롭다(利建侯)'는 것입니다. 만약 진나라가 없다면, 주의 왕실을 보좌하는 데 어찌 제후를 세울 수 있겠습니까? ……그러므로 '준괘屯卦'라 하고, 그 풀이글에 말하기를 '크게 형통하다. 이롭다는 점이다. 갈 곳이 있어도 가지 말라. 제후를 세우면 이롭다(元亨. 利貞, 勿用有攸往, 利建侯)'라고 하였습니다. ……그러므로 '예괘豫卦'라 하고, 그 풀이글에 말하기를 '제후를 세우고 군사를 일으킴이 이롭다(利建侯行師)'라 하였습니다. ……이 두 괘는 나라를 얻을 수 있다는 괘입니다"〔『국어』「진어晉語」. 여기의 두 점풀이글과 『주역』 준괘와 예괘의 괘사는 동일하다〕.

준괘

예괘

이상 10가지 예에서 춘추시대의 시초점은 이미 『주역』의 점글을 사용하였음을 증명할 수 있다.

**『좌전』과 『국어』의 점친 사례 중 『주역』과 부합하지 않는 글**

그러나 어떤 것은 『주역』의 점글을 사용하지 않고 마음대로 풀이글을 갖다 붙인 것도 있다. 지금 『좌전』과 『국어』에 기재되어 있는 것을 기록하면 아래와 같다.

성계成季가 태어나려고 할 때, 그 아버지 환공桓公이 점치는 관리인 초구楚丘의 아버지에게 거북점(卜)을 치게 하고, 다시 시초점(筮)을 쳐서 대유괘大有卦가 건괘乾卦로 변하는 것을 얻었다. 점을 친 사람이 말하기를 "전과 같이 아버지에게 돌아가는 괘입니다. 군의 자리로 가서 존경을 받을 것입니다(同復于父, 敬如君所)"라고 하였다〔『좌전』 민공閔公 2년. 『주역』 대유괘大有卦의 다섯째 음효(六五)의 효사는 "포로를 단단히 묶었는데 기세가 등등하나, 길하다(厥孚交如威如, 吉)"라는 것이다〕.

대유괘

건괘

진秦나라 제후가 진晉을 치려고 하였다. 복도보卜徒父가 시초점(筮)을 쳐보고는 "길합니다. 황하를 건너면 제후의 수레는 부서집니다"라고 말하였다. 진秦의 제후는 그게 무슨 말이냐고 힐문하자 대답하기를 "이것이야말로 대길大吉입니다. 적은 세 번 패하고 우리는 반드시 진晉의 제후를 생포할 것입니다. 점괘는 고괘蠱卦인데 점풀이글에 '전차 천 대를 가진 나라가 세 번 싸워 퇴각하고 세 번 퇴각한 뒤에는 그 숫여우를 잡게 된다(千乘三去, 三去之餘, 獲其雄狐)'라고 하였습니다"〔『좌전』 희공僖公 15년. 이것과 『주역』 고괘의 효사와는 전혀 관련이 없다〕.

고괘

전에 진晉의 헌공獻公이 딸 백희伯姬를 진秦나라에 시집보내면서 점을 쳐보니, 귀매괘歸妹卦가 규괘睽卦로 변하는 것을 얻었다. 점치는 관리인 소蘇가 점을 치고 말하기를 "불길합니다. 점풀이글에 '남자가 양을 칼로 찔러도 피가 나지 않고, 여자가 대바구니를 손에 들어도 얻을 것이 없다(士刲羊亦無衁也, 女承筐亦無貺也)'라고 하였습니다. 서쪽의 이웃나라(秦)가 책망을 하여도 대꾸할 수 없습니다. 귀매괘가 규괘로 변한다는 것은 도와줄 사람이 없다는 것과 같습니다. 진괘震卦가 리괘離卦로 변하는 것은 또한 리괘가 진괘로 변하는 것과 마찬가지로, 우레(雷)가 되고 불(火)이 되어 영씨嬴氏(진秦의 국성國姓)가 희씨姬氏(진晉의 국성國姓)를 쳐부수게 됩니다. 수레에 바퀴가 빠져나가고 불이 군기를 태우며 군사들을 이끌고 나아감에 불리하니 종구宗丘에서 패하게 됩니다. 규에 '나그네가 홀로 가다가, 도적에게 활을 당겨 쏜다(睽孤, 寇張之弧)'라 하였는데, 조카가 고모에 의지하고 6년 후에 피하여 자기의 나라로 도망쳐 돌아가 그의 집을 버리고 이듬해에 고량高梁의 언덕에서 죽을 것입니다"라고 하였다."〔『좌전』 희공僖公 15년. 『주역』 귀매괘의 꼭대기 음효(上六) 효사에 '여자가 대바구니를 들었으나 과일이 없고, 남자가 양을 칼로 찔렀으나 피가 없으니, 이로울 것 없다(女承筐无實, 士刲羊无血)'라고 하였다. 이것과 『좌전』의 문장은 부합하지 않는다〕.

귀매괘

규괘

진晉나라 제후가 정鄭나라를 정벌하려고 하니, 초楚나라의 제후가 정나라를 구하고자 하였다. 진나라의 제후가 시초점을 치게 하였다. 점치는 관리가 말하기를 "길합니다. 복괘復卦를 얻었습니다. 점풀이글에 '남쪽 나라가 쭈그러지고, 활을 그 나라 왕에게 쏘아 그 눈을 맞힌다(南國蹙, 射其元王, 中厥目)'라고 하였습니다"〔『좌전』 성공成公 16년. 『주역』 복괘 꼭대기 음효(上六)의 효사는 "'길을 잃고 돌아오니 흉하며 재앙이 있다. 출병하였으나 마침내 크게 패하여 임금에게도 영향을 미쳐 흉하다. 십 년이 되어도 정벌하지 못한다(迷復凶, 有災眚, 用行師, 終有大敗, 以其國君凶, 至于十年不克征)"라고 하였다〕.

복괘

성공成公이 진晉나라로 돌아갔을 때, 나는 진나라가 점을 쳐 건괘乾卦가 비괘否卦로 변한 것을 얻었다고 들었다. 점을 친 사람이 말하기를 "하늘과 짝을 이루나 끝을 보지 못하니, 세 번 나라 밖으로 나갈 것입니다(配而不終, 君三出焉)"라고 하였다〔『국어』「주어周語」〕.

건괘

비괘

위에 열거한 다섯 가지 예에서, 가운데의 한 예는 풀이글이 『주역』과 조금 다르나 뜻은 같으니, 춘추시대 이후의 시초점은 대다수가 『주역』의 이루어진 문장(成文)을 그대로 본뜬 것임을 증명할 수 있다. 예 가운데 마음대로 끌어 붙인 풀이글이 있는데 『주역』의 문장을 따르지 않은 것이다. 그 가운데 또 풀이글은 『주역』과 다르나 뜻은 서로 부합하는 것이 있다. 또 『주역』의 점글과 같은 열 가지 예와 같지 않은 다섯 가지 예에서 보면, '관괘가 비괘로 변하였다(觀之否)'라고 말한 것과 같이 효가 변하는 것을 가리켜 말한 것은 모두 열한 가지이고, 단순히 괘명을 가리킨 것이 다섯 가지가 있는데, 모두 처음(初), 둘째(二), 셋째(三), 넷째(四), 다섯째(五), 꼭대기(上)라는 명칭을 사용하지 않았다. '간괘가 수괘로 변하였다(艮之隨)'를 '간지팔艮之八'이라고 칭한 것 또한 한 번 보인다. 시초점을 치는 사람(筮師)들에게 점법이 전해져 내려오면서 춘추시대에 이르러 이미 조금 변하여 여섯 효의 명칭을 계속 사용하지 않았을 것이라고 생각한다. 그 가운데에는 거북점을 치는 사람(卜師)이 『주역』의 이루어진 문장(成文)에 의거하지 않은 것도 있는데, 그 풀이글의 기원도 반드시 받은 바가 있었을 것이라고 생각한다. 이렇게 보면, 『주역』은 다만 점서가占筮家의 참고서이며 옛날 점글을 모아서 이루어진 것이다. 그러나 춘추시대의 점서가들은 대부분 『주역』에 바탕을 두었으니, 『주역』의 편집은 당연히 춘추시대 이전에 이루어진 것임을 알 수 있다.

**『주역』 괘효사 중의 인명과 고사**

지금 『주역』의 괘효사에 나타나 있는 인명과 그들의 고사를 모아서 아래에 기술하겠다.

(1) 은의 선왕先王 왕해王亥에 대한 고사

역나라에서 양을 잃었으나, 뉘우침은 없다(喪羊於易, 无悔)〔대장괘大壯卦 다섯째 음효(六五)〕.

역나라에서 소를 잃으니, 흉하다(喪牛於易, 凶)〔여괘旅卦 꼭대기 양효(上九)〕.

이 두 구절의 효사와 같이, 왕헤가 은殷으로 옮기면서 상구商邱에서 대하大河를 넘어 북쪽으로 갔으므로 유역有易이라는 고상高爽한 땅에서 유목을 한 일이 있었다. 소와 말을 부려 백성들을 위하여 사용하였으니, 즉 유역에서 소와 말을 부리는 법을 발견한 것이다. 유역의 사람이 왕해를 죽이고 그 소와 양을 취하였다. 「천문편天問篇」의 이른바 "왕해는 아버지 왕계의 덕을 지니고 있어 그 아버지가 크게 기뻐하였는데, 어찌하여 끝내 유호에서 고생하며 소와 양을 기르게 되었는가?(該秉季德, 厥父是臧, 胡終弊於有扈, 牧夫牛羊)"라는 말에서 '호扈'는 곧 '역易'자가 잘못 쓰인 것이다. 왕국유王國維의 「은의 점글 가운데 보이는 선공 선왕에 대한 고찰(殷卜辭中所見先公先王考)」을 보라.

(2) 은의 고종高宗에 대한 고사

고종이 귀방을 정벌하는데, 3년 만에 이겼다. 소인은 소용이 없다(高宗伐鬼方, 三年克之, 小人勿用)〔기제괘旣濟卦 셋째 양효(九三)〕.

진이 귀방을 정벌하는 데 3년이 걸렸다. 대국으로부터 상을 받는다(震用伐鬼方, 三年有賞於大國)〔미제괘未濟卦 넷째 양효(九四)〕.

(3) 제을帝乙에 대한 고사

제을이 딸을 시집을 보내는데, 복이 있으니, 크게 길하다(帝乙歸妹, 以祉, 元吉)〔태괘泰卦 다섯째 음효(六五)〕.

제을이 딸을 시집보내는데, 부인의 용모가 그 여동생보다 아름답지 못하다. 보름이 지나 시집으로 가면 길하다(帝乙歸妹, 其君之袂不如其娣之袂良, 月幾望, 吉)〔귀매괘歸妹卦 다섯째 음효(六五)〕.

(4) 기자箕子에 대한 고사

기자가 우는 꿩을 잡으니, 이롭다는 점이다(箕子之明夷, 利貞)〔명이괘明夷卦 다섯째 음효(六五)〕.

(5) 기산岐山과 서산西山에 제사를 올리는 고사

왕이 기산에 제사를 지내니, 길하여 허물이 없다(王用亨於岐山, 吉, 无咎)〔승괘升卦 넷째 음효(六四). 기산은 주나라의 발상지이다〕.

(6) 강후康侯에 대한 고사

강후가 하사받은 말을 하루에 세 번 교접시켜 많이 번식시켰다(康侯用錫馬蕃庶, 晝日三接)〔진괘晉卦 괘사. 강후는 당연히 강숙康叔이며, 위후衛侯에 봉해졌다〕.

위의 여섯 항은 비교적 쉽게 알 수 있는 것이다. 왕해의 고사와 같은 것은 왕국유가 발견하지 않았더라면 그것이 왜 그러한 것인지 쉽게 알지 못할 것이다. 그러나 이미 알고 있는 위의 여섯 항 중에, 세 항목은 은의 선왕에 대한 것이고, 한 항목은 은나라 말의 기자에 대한 것이고, 두 항목은 주나라의 초기에 대한 것이니, 즉 기산에 제사를 올리고 강후에게 말을 하사한 고사이다. 이외에 무슨 두드러진 주나라의 고사는 없다. 「계사전」에서 말한 『역』이 흥한 것은 은의 말세, 주의 덕이 성할 때라는 것은 기록과 사적을 합해보면 매우 맞는 말이다. 대략 시초점이 성행한 것과 지금의 『주역』이 내체로 이루어진 것은 은나라 말이었으므로 왕해, 고종, 제을의 일을 말한 것이 자주 나타난 것이다. 제을은 곧 주紂의 아버지이니, 그것이 은나라 말기라는 것을 알 수 있다.

주나라 초기에 이르러 기산에 제사를 올린 것은 곧 시초를 사용하여 점을 친 것이다. "왕이 기산에 제사를 지내니, 길하여 허물이 없다(王用亨於岐山, 吉, 无咎)" "왕이 서산에 제사를 지낸다(王用亨于西山)"의 두 조는 분명히 당일 시초점을 쳤다는 사실을 밝히고 있다. 은허殷墟 점글(卜辭)에 네 가지 제사를 점친 것이 있는데 아래와 같다.

> 甲辰卜王貞于戊申臺 〔권3 제24엽葉〕
>
> 壬辰卜大弗臺見 〔권4 제34엽〕
>
> ……臿其大臺峀 〔권4 제42엽〕
>
> 癸亥卜王方其臺大邑 〔권8 제22엽〕

이것은 은나라에서 제사를 지낼 때 반드시 먼저 거북점을 사용하였음을 증명하고 있다. 주나라에 이르러 거북점 대신 시초점을 사용하였으니, "왕이 기산에 제사를 지낸다(王用亨於岐山)" 등의 문장은 명백히 시초점 점글(筮辭)의 원문을 전부 기록한 것이다. 이것에서 『주역』에 앞서 있었던 점글(筮辭)은 일정한 것이 없었음을 증명할 수 있는 것이다. 지금 전해오는 『주역』과 춘추시대 이전의 고본古本은 같은가 어떤가에 대해서는 비록 알 수 없지만, 금본 『주역』이 이루어진 가장 이른 시기 역시 성왕成王과 강후康侯의 시대를 넘지 않을 것이라고 생각한다. 왜냐하면 『주역』에서 채용한 고사에 강후의 것이 있기 때문이다. 이때는 참으로 주나라가 번성했던 시기였다. 춘추시대에 이르러 『주역』은 참으로 통행하였으나, 이 시기의 시초점을 치는 사람(筮師)은 그가 말한 것이 금본 『주역』과 같지 않은 것이 있는가, 혹은 『주역』을 그대로 따르기를 원하지 않아도 저절로 점글(筮辭)이 되었는가에 대해서는 또한 알 수가 없다.

**『주역』의 판단사와 점친 대상**

『주역』은 주나라가 번성했던 시기에 나온 일종의 점책이다. 64괘 384효를 총괄하여 계산해보면, '길하다(吉)'를 말한 효가 121조, '흉하다

(凶)'를 말한 효가 52조, '허물이 없다(无咎)'를 말한 효가 85조가 된다. 또 '무슨 허물이 있겠는가(何咎, 何其咎, 匪咎)'를 말한 효는 모두 4조가 되고, '위태롭다(厲)'를 말한 효는 26조, '뉘우치다(悔)'를 말한 효는 2조, '뉘우침이 있다(有悔)'는 효는 4조, '뉘우침이 없어진다(悔亡)'는 효는 18조, '뉘우침이 없다(无悔)'는 효는 7조, '형통하다(亨)'를 말한 효는 3조가 된다. 지금 이 가운데에서 다른 것은 계산하지 않고, 단순히 '길하다' '흉하다' '허물이 없다(无咎)'라는 이 세 가지를 계산해보면, '길하다'는 것은 121조, '허물이 없다'는 것은 81조, '흉하다'는 것은 52조가 된다. 이것을 비례수로 변화시켜보면, 대략 '길하다'는 것은 4, '허물이 없다'는 것은 3, '흉하다'는 것은 2라는 수가 된다. 또 경문經文에서 군자와 소인을 병칭한 것이 6조, 군자 하나만을 칭한 것이 14조, 소인 하나만을 칭한 것이 3조가 된다. 군자와 소인은 당연히 귀족과 평민의 분별이었으니, 『주역』이라는 책은 대개 귀족 계급이 많이 이용한 것임을 알 수 있다. 『주역』이 점친 대상은 대략 나가고 들어감(出入), 큰 내를 건넘(涉大川), 대인을 만남(見大人), 왕의 일을 따름(從王事), 혼인(婚媾), 사냥(田獵), 소송(訟), 한 해의 수확(歲收), 풍우(風雨), 출정(出征), 제사(祀享), 적을 방어함(禦寇), 제후를 세움(建侯) 등의 일들이다. 이 중에서 대략 나가고 들어감(出入), 큰 내를 건넘(涉大川), 대인을 만남(見大人) 등의 일들이 가장 많다. 『주역』에서 '갈 곳이 있으면 이롭다(利有攸往)'를 말한 것은 12조, '갈 곳이 있으면 이롭지 않다(不利有攸往)'를 말한 것은 2조, '큰 내를 건너면 이롭다(利涉大川)'를 말한 것은 9조, '큰 내를 건너면 이롭지 않다(不利涉大川)'를 말한 것은 1조, '대인을 만나보면 이롭다(利見大人)'를 말한 것은 7조가 된다. 당일의 나가고 들어감(出入)을 점친 것에서 보면, 당시 각 지방의 교통의 상황을 또한 짐작하여 알 수 있다.

**별점(星占)**

『주역』 외에 정전筳篿이라는 일종의 점술도 있었는데, 이것은 아주 분명하지 않은 것이어서 『초사楚辭』 외에는 고증하여 알 수 있는 방도가 없다. 별점(星占)이라는 일종의 점술은 『주역』 당시에 있었다. 우리는 고대의 천문가天文家는 신비하고 영험한 점의 기술을 동시에 가지고 있은 것으로 알고 있으나, 이것은 통속적으로 맹신하고 있는 것이다. 『좌전』 희공僖公 16년에 "봄에 송나라에 운석 다섯 개가 떨어졌다. 이때 주나라 내사인 숙흥이 송나라를 방문하고 있었는데, 송나라 양공이 그 일에 대하여 '이것은 무슨 일의 징조인가? 길흉이 어느 나라에 있는 것인가' 하고 물었다(春, 隕石於宋, 五, 周內史叔興聘於宋, 宋襄公問焉, 曰: 是何祥也, 吉凶焉在)"라 하였으며, 또 『순자』 「왕제편王制篇」에 "음양의 수를 살피고, 요사스런 징조를 점치며, 거북점을 치고 시초점을 쳐 상서롭지 못한 것을 없애고 길한 것을 선택하며, 다섯 가지 거북점(五卜)을 맡아 길흉요상을 미리 아는 것이 곱사등이 무당과 절름발이 박수무당의 일이었다(相陰陽, 占祲兆, 鑽龜陳策, 主攘擇五卜, 知其吉凶妖祥, 傴巫跛擊之事也)"라 하였고, 또 사마천은 「보임안서報任安書」에 말하기를 "문사의 기재와 성력의 관측을 주관하였는데, 이러한 일은 점치고 축원하는 것에 가깝다(文史星歷, 近乎卜祝之間)"라고 하였다. 고대의 천문가는 점복가의 성질을 동시에 가지고 있었음을 증명할 수 있는 것이다. 또 『좌전』에 기록하고 있는 것에서 별점을 친 일은 증명할 수 있으니 그 내용은 아래와 같다.

소공昭公 7년

여름철 4월 갑진날인 초하루에 일식이 있었다. 진晉나라 제후가 사문백士文伯에게 "누가 일식의 해를 당할 것인가?" 하고 물었다. 사문백이 "노나라와 위나라가 해를 받을 것이나, 위나라가 크게 받고 노나라는 작게 받을 것입니다"라고 대답하였다. 제후가 "어째서 그런가?"하고 물었다. 사문백이 "일식은 위나라 땅 위의 하늘에서 시작하여 노나라 땅 위의 하늘로 옮아갔습니다. 위나라에 재해가 일어나 노나라는 실로 그 여파를 받게 될 것입니다. 그 큰 해는 위나라의 제후에게 떨어질 것이고, 노나라는 상경上卿에게 해가 있게 될 것입니다"라고 대답하였다.

소공 10년

봄 천자가 쓰는 역으로 정월에, 이상한 별이 무녀성숙婺女星宿의 위치에 나타났다. 정나라의 비조裨竈가 공자 산産에게 말하기를 "7월 무자날에 진晉나라의 군주가 죽게 될 것입니다. 금년에 세성歲星이 옛날의 임금이었던 전욱顓頊을 상징한 허성숙虛星宿에 있는데, 허성숙이 지배하는 전욱의 근거지는 지금 강씨姜氏와 임씨任氏가 차지하여 지키고 있습니다. 그런데 이상한 별이 북방의 성좌星座인 현효玄枵의 맨 처음 자리를 차지하고 있는 무녀성숙의 자리에 나타나 있는데, 요망한 별이 나타나 있다는 것은 읍강邑姜의 자손에게 운명을 알리는 것입니다. 읍강은 진나라 군주의 시조비始祖妣입니다. 하늘의 성좌는 칠기七紀씩으로 나누어져 있습니다. 무자날에 봉공逢公이 죽었는데, 이상한 저 별이 지금과 같은 위치에 나타났었습니다. 그래서 헤아려 알고 있는 것입니다"라고 하였다.

소공 17년

겨울에 혜성彗星이 대화성大火星 위치의 서쪽에 떠서 은하수를 넘나들고 있었다. 노나라의 신수申須가 말하기를 "혜성은 낡은 것을 제거하고 새로운 것을 내는 것이다. 천문의 현상은 언제나 징조를 보이는 것인데, 이제 혜성이 대화성의 자리를 침범하고 있으니 대화성이 출현하게 되는 시기에는 반드시 새로운 일이 나타날 것인즉, 제후국에 화재가 있을 것이다"

라고 하였다. 재신梓愼이 말하기를 "나는 지난해에 보았는데 지금의 징조와 같았다. 그때에는 대화성이 나타나는 때에 보였고 금년은 대화성이 나타난 뒤에 혜성이 밝게 빛나고 있다. 대화성이 들어가면 혜성은 반드시 자취를 감출 것이다. 혜성이 대화성의 위치에 있었는지 오래되었는데 어찌 화재가 없을 것인가? 대화성이 나타나는 것은 하夏나라의 역曆으로는 3월이고, 상殷나라의 역으로 4월이며, 주나라의 역으로는 5월이다. 그 중에서도 하나라의 역이 잘 된 것이니 만일 화재가 일어난다면 네 나라에 해당하며, 송나라, 위나라, 진陳나라, 정나라일 것이다"라고 말하였다.

소공 20년

봄 천자가 쓰는 역으로 2월 기축날에, 해가 정남쪽에 이르렀다. 노나라의 재신梓愼이 하늘의 분위기를 살펴보고 말하기를 "금년에 송나라에는 난리가 있어 거의 망하게 되어 3년 뒤에나 회복될 것이다. 채蔡나라에는 큰 상喪을 당하게 될 것이다"라고 하였다.

소공 24년

여름 5월 을미날인 초하루에 일식이 있었다. 재신이 말하기를 "장차 큰 물이 날 것이다"라고 하였다. 소자昭子가 말하기를 "가뭄이 들 것이다. 태양은 춘분을 지났으나, 양기는 아직도 음기를 이겨내지 못하고 있다. 양기가 음기를 이기게 되면 양기의 세력은 반드시 심하게 될 것인데 어찌 가뭄이 들지 않을 수가 있겠는가?"라고 하였다.

위에 들은 다섯 가지 예에서, 주나라 때에 별 모양과 구름을 보고 운세를 점친(占星望氣) 사실을 알 수 있다. 「홍범洪範」은 기자箕子가 진술한 것이 아니라 도리어 주나라에서 내려오는 책이다. 여기에는 좋은 징험,

나쁜 징험과 "해와 달과 날을 통하여 철의 돌아감이 바뀌지 아니하면, 모든 곡식이 잘 여물고 다스림이 밝아지며, 뛰어난 백성들이 드러나고 집안이 안락해질 것이다. 날과 달과 해를 통하여 철의 돌아감에 변화가 많다면, 모든 곡식이 잘 여물지 못하고 다스림이 어둡고 밝지 않게 될 것이며, 뛰어난 백성들이 숨겨지고 집안이 편안치 못하게 될 것이다(歲月日時無易, 百穀用成, 乂用明, 俊民用章, 家用平康. 日月歲時旣易, 百穀用不成, 乂用昏不明, 俊民用微, 家用不寧)"라는 것을 말하였는데, 모두 별점을 치는 사람의 견해를 포함하고 있으며 뒤의 「홍범오행전洪範五行傳」을 여는 효시가 되었다. 『여씨춘추呂氏春秋』의 「월령기月令紀」 등에 이르러 「맹춘기孟春紀」의 "만약 기후가 평형을 잃어, 맹춘에 여름처럼 따뜻해지면 비바람이 때를 잃어 초목이 일찍 시들므로 사람들이 이로 인해 황공해한다. 만약 따뜻해야 하는데 오히려 서늘하게 되면 기후가 해로워 전염병이 유행하고 폭풍우가 수차례 와서 잡초가 어지럽게 자란다. 만약 겨울처럼 매우 추워지면 큰물이 해가 되어 서리와 눈이 심하게 오니 처음 씨를 뿌려야 하는 곡식 종자를 땅에 심을 수 없게 된다(孟春行夏令, 則風雨不時, 草木早槁, 國乃有恐. 行秋令則民大疫, 疾風暴雨數至, 藜莠蓬蒿並興. 行冬令則水潦爲敗, 霜雪大摯, 首種不入)"라고 한 것 등과 같이, 이러한 절기에 대한 미신과 「홍범」의 "날과 달과 해를 통하여 철의 돌아감에 변화가 많다(日月歲時旣易)"라는 약간의 말은 서로 같으니, 그 당시에 별 모양과 구름의 상태를 보고 점을 친 상황을 알 수 있는 것이다.

## 3. 진·한 사이에서 전한 말기에 이르기까지의 점술과 그 철학화

『주역』은 진秦나라 때 점책으로 존재했었다. 한나라 초기에 이르러 공자를 우러러 받들게 되자, 진의 분서焚書를 피했던 서적들은 대부분 공문孔門에 의존하여 자신의 가치를 높였다. 그래서 점책인 『주역』 또한 공문에 의존하게 되었다.

**공자와 십익**

『한서漢書』「유림전儒林傳」에 말하였다.

> 노나라의 상구商瞿 자목子木이 공자에게 『역』을 전수받아 노나라 교비橋庇 자용子庸에게 전수해주었고, 자용은 강동江東 간비馯臂 자궁子弓에게 전수해주었고, 자궁은 연나라의 주추周醜 자가子家에게 전수해주었고, 자가는 동무東武 손우孫虞 자승子乘에게 전수해주었고, 자승은 제나라의 전하田何에게 전수해주었다.
>
> 自魯商瞿子木受易孔子, 以授魯橋庇子庸, 子庸授江東馯臂子弓, 子弓授燕周醜子家, 子家授東武孫虞子乘, 子乘授齊田何.

전통 연원은 하나같이 아주 그럴듯한 것 같다. 『사기』「공자세가孔子世家」에서 말하였다.

> 공자는 만년에 『역』을 좋아하여 「단전彖傳」, 「계사전繫辭傳」, 「상전象傳」, 「설괘전說卦傳」, 「문언전文言傳」을 서술하였다. 『역』을 읽는데 책을 엮은 가죽끈이 세 번이나 끊겨졌다. 공자가 말하기를 '다시 나에게 몇 년을

주어 『역』을 깊이 연구하게 한다면, 나는 『역』에 대해 아주 정통할 수 있을 것이다'라고 하였다.

孔子晩而喜易, 序彖, 繫, 象, 說卦, 文言. 讀易韋編三絶. 曰:假我數年, 若是我於易則彬彬矣.

『한서』「예문지」에서는 다음과 같이 말하였다.

『역』에 말하기를 "복희는 우러러서는 하늘의 상을 살피고, 굽어서는 땅의 법칙을 살피며, 새와 짐승의 무늬와 초목의 알맞음을 살피고, 가까이는 몸에서 취하고 멀리는 사물에서 취하여, 비로소 팔괘를 만들어, 이것으로 (주역점의) 신묘하고 밝은 덕에 통하고. 이것으로 만물의 정황을 분류하였다"라고 하였다. 은나라와 주나라 사이에 이르러 주紂가 왕의 자리에서 하늘을 거스르고 폭정을 행하자, 문왕이 제후로써 천명에 순응하고 천도를 행하여 천인天人의 점을 얻어 본받을 수 있었다. 그래서 괘를 겹쳐 6효로 하고 『역』의 상하 두 편을 지었다. 공자가 「단전」, 「상전」, 「계사전」, 「문언전」, 「서괘전」 등 10편을 지었다. 그러므로 "역도는 심원하다. 사람은 세 성인을 거쳤고, 시대는 세 세대를 경과하였다"라고 말하는 것이다.

易曰:"伏羲仰觀象於天, 俯觀法於地, 觀鳥獸之文與地之宜, 近取諸身, 遠取諸物, 於是始作八卦, 以通神明之德, 以類萬物之情." 至於殷周之際, 紂在上位, 逆天暴物, 文王以諸侯順命而行道, 天人之占可得而效, 於是重易六爻, 作上下篇. 孔子爲之彖, 象, 繫辭, 文言, 序卦之屬十篇. 故曰:"易道深矣, 人更三聖, 世歷三古."

이러한 "책을 엮은 가죽끈이 세 번이나 끊겨졌다(韋編三絶)", "사람은 세 성인을 거쳤고, 시대는 세 세대를 경과하였다(人更三聖, 世歷三古)"라는 말은 듣기에 얼마나 좋은 말인가! 대개 『역』을 전수한 사람들은 옛 것에 의존하여 권위를 갖고자 하였으니, 그 술책을 신비한 것처럼 한 것이 흡사 오늘날의 점쟁이들이 "복희, 문왕, 주공, 공자, 귀곡선사鬼谷先師…… 등"을 줄줄 외우는 것과 같다. 『사기』나 『한서』는 이러한 전설에 근거하여 기록한 것이어서 당연히 믿을 수 있는 것이 못 된다. 만약 공자가 '책을 엮은 가죽끈이 세 번이나 끊겨졌다(韋編三絶)'는 지경에 이르도록 『역』을 읽었다면 왜 제자들에게 『주역』에 대해 한 마디 말도 하지 않았으며, 왜 『논어』에도 『역』이라는 한 글자를 일절 언급하지 않고 있는가? 『고문古文 논어』에 "공자께서 '앞으로 몇 년만 더 살아서 나이 오십에 『역』을 공부한다면 큰 허물이 없을 것이다'라고 하셨다(子曰: 假我數年五十以學易可以無大過矣)"라고 하였는데, 육덕명陸德明은 『경전석문經典釋文』에서 "『노론魯論』에서 '역易'을 '역亦'으로 읽었으나, 지금 『고론古論』을 따른다(魯讀 '易'爲 '亦', 今從古)"라고 하였다. 이것은 『노론魯論』의 문장에서 분명히 "앞으로 몇 년만 더 살아서 나이 오십에 학문을 한다면 또한 큰 허물이 없을 것이다(假我數年, 五十以學, 亦可以無大過矣)"라고 말하였다는 것을 증명하고 있다. 이것과 공자의 "나는 배움에 싫증내지 않는다(我學不厭)"는 말은 서로 일치한다. 점서가들이 원어의 해석을 고쳤으므로 이후의 고문은 이것을 이어받아 잘못된 것이 되풀이되었으니, 공자는 드디어 술사術士의 신도가 되었고 『십익十翼』은 이로 인해 모두 공자에게 귀속된 것이다. 문왕이 효사를 지었다는 말은 더욱 근거가 없는 말이다. 효사의 "기자가 우는 꿩을 잡았다(箕子之明夷)", "강후가 하사받은 말을 하루에 세 번 교접시켜 많이 번식시켰다(康侯用錫馬蕃庶, 晝日三接)"라는 말은 분명히 문왕 이후의 일을 기록한 것이다. 또 이른바 복희가 괘를 그렸다는 말은 본래 「계사전」에서 나온 것이다. 은허 점글(卜辭)의 문자로 증명하면 은나라 이전에는 결코 괘 그림이 없었다. 의탁하고 억지로 갖다 붙이는 것은 점치는 사람(卜師)들의 능한 일이다. 이른바 복희, 문왕, 공자가 『역』을 지었다는 말은 원래 조금도 흔적이 없는 말이다. 「단전」, 「상전」, 「계사전」, 「문언전」, 「설괘전」 등의 『십익』은 진 · 한 사이에 나왔다. 진한 이전의 책에서는 결코 이들을 인용한 것을 볼 수 없으니 당연히 이 시기에 나온 책이다. 구양수歐陽修가 말하였다.

> 동자가 "「계사전」은 성인이 지은 것이 아닙니까?" 하고 묻자, 일러주되 "어찌 「계사전」 하나만이겠는가? 「문언전」 「설괘전」 그 이하도 모두 성인이 지은 것이 아니며, 뭇 사람들의 설이 뒤섞여 어지러우니 또한 한 사람의 말이 아니다."
>
> 童子問曰: "繫辭非聖人之作乎?" 曰: "何獨繫辭焉, 文言說卦而下, 皆非聖人之作, 而衆說淆亂, 亦非一人之言也." (『역동자문易童子問』 권3)

이것은 매우 식견이 있는 말이다. 우리는 또 『십익』이 공자에 의존된 것이기 때문에, 『십익』이 공자의 점술로서가 아니라 그의 철학으로 된 말인 것으로 알고 있다. 『십익』의 철학화는 곧 공자에 의탁했다는 것과 이것이 유가들의 승인을 얻었다는 근본적 이유 때문이다. 「계사전」에 말하기를 "『역』에 성인의 도가 네 가지 있으니, 『역』을 가지고 말하고자 하는 사람은 괘효사를 숭상하고, 움직이고자 하는 사람은 괘효의 변화를 숭상하고, 기물器物을 만들고자 하는 사람은 괘효의 상을 숭상하고, 점을 치고자 하는 사람은 점의 결과를 숭상한다(易有聖人之道四焉, 以言者尙其辭, 以動者尙其變, 以制器者尙其象, 以卜筮者尙其占)"라고 하였다. 『역』의 범위가 이미 점치는 방면에서 철학 방면으로 확대되어 참으로 철학화되었음을 알 수 있다.

**『주역』의 철학화**

『십익』 중 그 내용에 대해 살펴보겠다.

건괘乾卦 「단전」

건도가 변화하여, 만물은 본성과 운명을 바르게 하며, 큰 조화를 보존하고 이루니, 곧 이롭고 바르다.

乾道變化, 各正性命, 保合大和, 乃利貞.

「상전」

하늘의 운행이 강건하니, 군자는 이 괘상을 본받아 스스로 강하여 멈추지 않는다.

天行健, 君子以自强不息.

「문언전」

군자는 인을 행하여 사람의 어른이 될 수 있고, 아름다움이 모인 것은 예와 합할 수 있으며, 만물을 이롭게 하는 것은 올바름과 조화할 수 있고, 바름을 굳게 지키는 것은 모든 일의 근본이 될 수 있다. 군자는 이 네 가지 덕을 행하는 것이니, 그러므로 '건, 원형이정'이라고 한 것이다.

君子體仁足以長人, 嘉會足以合禮, 利物足以和義, 貞固足以幹事. 君子行此四德者, 故曰: '乾元亨利貞.'

이처럼 이런 해석은 매우 철학화된 경향이 있다. 「계사전」, 「설괘전」, 「서괘전」은 그야말로 『역』의 철학을 말하였다.

「계사전」

무릇 『역』은 지난 간 일을 밝히고 미래의 일을 살피며, 은밀한 일을 나타내고 감추어진 것을 드러낸다. 『역』을 열어 읽으면, 합당한 이름과 구별되는 사물, 바른 말과 판단하는 글이 갖추어 있다. (주역점이) 점글을 들어 말한 것은 작으나, 사류를 취한 것은 크다. 그 취지는 심원하고, 그 점글은 아름다우며, 그 말은 완곡하나 사리에 부합하고, 그 일은 드러나나 은밀하다. 백성이 의심하는 바에 따라 점을 쳐 길흉을 알려주어 그 행위를 이루게 하니, 이로써 잃고 얻음의 결과를 밝혀준다.

夫易彰往而察來, 而微顯闡幽, 開而當名辨物, 正言斷辭, 則備矣. 其稱名也小, 其取類也大, 其旨遠, 其辭文, 其言曲而中, 其事肆而隱, 因貳以濟民行, 以明失得之報.

「설괘전」

옛날에 성인이 『역』을 지을 때, 사람의 본성과 운명의 원리에 순응하였으니, 그러므로 하늘의 도를 세워 '음과 양'이라 하고, 땅의 도를 세워 '유와 강'이라 하고, 사람의 도를 세워 '인과 의'라고 하였다. 이 삼재를 겸하여 둘로 하였으니, 그러므로 『역』은 여섯 효로써 괘를 이룬다. 음으로 나누고 양으로 나누어, 유와 강을 번갈아 사용하니, 그러므로 『역』은 여섯 자리로써 문장을 이룬다.

昔者聖人之作易也, 將以順性命之理. 是以立天之道, 曰 '陰與陽'. 立地之道, 曰 '柔與剛'. 立人之道, 曰 '仁與義'. 兼三才而兩之, 故易六畫而成卦. 分陰分陽, 迭用柔剛, 故易六位而成章.

「서괘전」

천지가 있은 연후에 만물이 생겨난다. 천지 사이에 가득 차 있는 것은 오직 만물이니, 그러므로 준괘로 받는다. 준이란 가득 차 있다는 것이다. 준은 사물이 처음으로 생겨나는 것이다. 사물이 생겨나면 반드시 어리니, 그러므로 몽괘로 받는다. 몽이란 어리다는 것이니, 사물이 어린 것이다. 사물이 어리면 기르지 않을 수 없으니, 그러므로 수괘로 받는다. 수는 음식의 도이다…….

有天地然後萬物生焉. 盈天地之間者唯萬物, 故受之以屯. 屯者, 盈也. 屯者, 物之始生也, 物生必蒙, 故受之以蒙. 蒙者, 蒙也, 物之穉也, 物穉不可以不養也, 故受之以需. 需者, 飮食之道也…….

이와 같은 것은 『주역』이 점치는 것에서 철학화된 것임을 증명하고 있다. 『주역』은 이미 점술의 방면에서 공문孔門으로 들어갔고, 또 이러한 『역』을 말한 철학이 있어 『역』은 유술화儒術化되어 육경六經의 윗자리에 군림할 수 있게 되었다. 이와 같이 보기에는 유가의 스승인 것 같지만, 점치고 축원하는 부류(卜祝之流)에서 뜻밖에 유림儒林의 우두머리가 된 것이다.

그러나 역학은 한 방면으로는 물론 철학화로 기울었지만, 다른 방면으로는 여전히 술사術士의 영향을 받아 시초점을 치는 신비한 성질을 보존하였다. 즉 『한서』「유림전」에서 말한 맹희孟喜, 양구하梁丘賀, 초공焦贛, 경방京房, 고상高相 등의 무리들에 의해서였다. 맹희는 "역학가들의 음양 재이와 변화의 책을 얻었으며, 스승인 전생이 죽을 때 나의 무릎을 베고 홀로 나에게 학문을 전수해주었다고 속여 말하였다(得易家候陰陽災變書, 詐言師田生且死時, 枕喜膝, 獨傳諸喜)", 양구하는 "시초점이 모두 들어맞아 황제가 나를 총애하여 대중, 대부, 급사중에 봉하였는데 소부라는 벼슬에 이르게 되었다(以筮有應, 繇是近幸爲大中大夫給事中, 至少府)", 초공은 "홀로 은사의 설을 얻었다(獨得隱士之說)", 경방은 "재이에 밝아 황제의 은총을 받았다(以明災異得幸)", 비직費直은 "시초점에 능하다(長於卦筮)", 고상은 "음양 재이를 전하여 말하였다(傳說陰陽災異)"라고 하였다(모두『한서』「유림전」에 보인다). 전한 말기 이전의 역학은 비록 유가화儒家化를 겪었지만 이런 사람들은 여전히 그 점술의 작용과 신비한 성질을 보존하고 있었음을 알 수 있다.

### 유학의 술사화 — 재이災異

앞에서 시초점을 치는『주역』이 일종의 철학화를 경과하였다고 말하였는데, 지금은 유학이 술사화術士化되었다고 말할 수 있다. 앞에서 말한 것처럼 춘추시대의 말기에는 별 모양과 구름을 보고 운세를 점친 일이 흔했다. 한나라 초기에 이르러 이러한 별 모양과 구름을 보고 운세를 점친 학설은 재이災異(음양오행을 천지간의 사물에 억지로 비교하고, 다시 그 상생 상극의 원리를 취하여 인간사의 길흉에 억지로 끼워 맞춘 것을 말한다—옮긴이)를 말하는 일파로 변하였다. 동중서董仲舒는 곧『춘추春秋』에 기록되어 있는 별자리가 변하고 일식이 일어나고 하는 여러 가지 일들을 모두 하늘의 뜻이 경고하는 것으로 여겼다. 이것은 점험占驗의 논법을 따른 것이 아니라 하늘의 뜻의 암시로 간주한 것이었다. 이것은 참으로 유학이 술사화된 것이었다. 그는 말하기를 "무릇 재이의 근본은 모두 천자의 실정에서 발생한다. 천자의 실정이 처음 싹이 틀 때 하늘은 재이를 내어 꾸짖어 훈계한다. 그러나 변화를 알지 못하면 곧 괴이한 현상을 보여 주의시키며 두려워하게 한다. 여전히 두려움을 모른다면 위태로운 재앙이 곧 닥치니, 이것으로써 하늘의 뜻은 인자하기에 사람을 해치려 하지 않음을 알 수 있다(凡災異之本, 盡生於國家之失, 國家之失乃始萌芽, 而天出災異以譴告之. 而不知變, 乃見怪異以驚駭之. 尙不知畏恐, 其殆咎乃至, 以此見天意之仁而不欲害人也)"라고 하였다(『춘추번로春秋繁露』「필인차지편必仁且智篇」). 이러한 재이를 말한 것에는 의지를 가진 천도 관념이 있는데 곧 별점의 학설이 변형된 것이다. 이후의 유향劉向은 이러한 학설을 극력 제창하였고, 그 다음 하후시창夏侯始昌은 『제시齊詩』 『상서尙書』를 전수하였는데, 먼저 백양대柏梁臺가 재난을 당하는 날을 말하였다. 그날이 오자 과연 재난을 당하였다. 그의 아들 승勝은 그의 『상서』와 『홍범오행전』을 전수하여 재이를 말하였다. 하늘에 창읍왕昌邑王이 여러 번 출현하자 승이 간하여 "하늘이 오랫동안 비를 내리지 않으니, 신하 중 윗사람을 모해하려는 사람이 있다(天久不雨, 臣下有謀上者)"고 여겼다(『한서』 「본전本傳」을 보라). 이것 역시 유학의 술사화이다. 그는 익봉翼奉이 『제시齊詩』를 공부한 것과 같이, 육정六情〔탐내고(貪), 노하고(怒), 싫어하고(惡), 기뻐하고(喜), 즐거워하고(樂), 슬퍼하는(哀) 것〕과 십이율十二律(해묘亥卯, 자묘子卯, 인오寅午, 기유己酉, 오유午酉, 신미辰未, 술축戌丑)을 사용하여 시詩를 말할 것을 주장하였다. 선제宣帝가 평창후平昌侯 왕림王臨에게 익봉에게 가서 배우기를 명하자, 익봉이 상소를 올려 말하기를 "평창후가 황제를 대신하여 세 번 와서 신을 접견하였는데, 모두 진시의 나쁜 시간이었습니다. 진은 손님이고 시時는 주인입니다. 율로써 인정을 아는 것은 왕된 자의 비도秘道입니다. 신은 참으로 사악한 사람을 감히 말할 수 없습니다(平昌侯比三來見臣, 皆以正辰加邪時. 辰爲客, 時爲主人. 以律知人情, 王者之秘道也. 愚臣誠不敢語邪人)"라고 하였다(『한서』 「익봉전翼奉傳」). 이러한 시時를 가지고 사람의 사악함과 올바름을 점치는 방법과 이러한 방법을 사용하여 시詩를 말하는 것은 진실로 유학이 술사화된 것이다.

#### 한대의 3종의 점술 서적

그러나 음양오행의 일파가 재이를 말하여 순수한 점술이 아닌 것을 제외하고, 『한서』 「예문지」의 기록에 따르면 아래의 세 가지 큰 유형의 점술에 대한 서적이 있다. 지금 기록하면 아래와 같다.

(1) 시귀蓍龜

『귀서龜書』 52권. 『하귀夏龜』 26권. 『남귀서南龜書』 28권. 『거귀巨龜』 26권. 『잡귀雜龜』 16권. (이상은 거북점 종류이다)

『시서蓍書』 28권. 『주역周易』 38권. 『주역명당周易明堂』 26권. 『주역수곡사익周易隨曲射匿』 50권. 『대서연역大筮衍易』 28권. 『대차잡역大次雜易』 30권. 『서서복황鼠序卜黃』 25권. 『어릉흠역길흉於陵欽易吉凶』 23권. 『임양역기任良易旗』 7권. (이상은 시초점 종류이다)

(2) 천문天文

『태일잡자성泰壹雜子星』 28권. 『오잔잡변성五殘雜變星』 21권. 『황제잡자기黃帝雜子氣』 33편. 『상종일월성기常從日月星氣』 21권. 『황공잡자성皇公雜子星』 19권. 『태일잡자운우泰壹雜子雲雨』 34권. 『국장관예운우國章觀霓雲雨』 34권. 『태계육부泰階六部』 1권. 『금도옥형한오성객유출입金度玉衡漢五星客流出入』 8편. 『한오성혜객행사점험漢五星彗客行事占驗』 8권. 『한일방기행사점험漢日旁氣行事占驗』 3권. 『한유성행사점험漢流星行事占驗』 8권. 『한일방기행점험漢日旁氣行占驗』 13권. 『한일식월운잡변행사점험漢日食月暈雜變行事占驗』 13권. 『해중성점험海中星占驗』 12권. 『해중오성경잡사海中五星經雜事』 12권. 『해중오성순역海中五星順逆』 28권. 『해중이십팔수국분海中二十八宿國分』 28권. 『해중이십팔수신분海中二十八宿臣分』 28권. 『해중일월혜홍잡점海中日月彗虹雜占』 18권. 『도서비기圖書秘記』 17편. 〔고대의 천문학은 점험占驗의 방면에 가까운 것이 많다. 위에 열거한 것은 모두 고대 천문학의 서적이며 대개 모두 점험에 속한다. 『한서』「예문지」에 말하기를 "천문은 28수宿를 배열하고, 5성과 일월의 거리를 측정하여 길흉의 상을 기록하는 것이며, 성인이 정치에 참여하는 것이다(天文者, 序二十八宿, 步五星日月以紀吉凶之象, 聖人所以參政也)"라고 하였다. 이미 길흉의 상을 기록하는 것이라고 말하였으니 고대의 천문은 곧 성상점험술星象占驗術인 것을 또한 알 수 있다. 그래서 위에 모두 기록하였다]

(3) 잡점雜占

『황제장류점몽黃帝長柳占夢』 11권. 『감덕장류점몽甘德長柳占夢』 20권. 『무금상의기武禁相衣器』 14권. 『체이명잡점嚔耳鳴雜占』 16권. 『정상변괴禎祥變怪』 21권. 『인귀정물육축변괴人鬼精物六畜變怪』 21권. 『변괴고구變怪誥咎』 13권. (이러한 『점몽』, 『상의기』, 『체이명잡점』 등의 서적에서 한대의 점험술이 복잡하였음을 알 수 있다)

위에 열거한 세 종류의 점술 서적에서 한대는 점험술이 복잡하였고 확실히 미신 점험이 가장 심했던 시대였음을 증명할 수 있다. 아래에서 후한 시대의 점술을 기술해보면, 후한 시대의 점술은 곧 전한 시대의 것을 이어받아 더욱 진일보한 것임을 알 수 있다.

## 4. 후한 시대의 점술

앞에서 『주역』의 철학화와 유학의 술사화를 말하였다. 후한 시대에 이르러 이 두 가지 조류의 진행은 계속되었다. 후한 시대의 미신은 최고도에 달하였는데, 시초점을 치는 것 외에 또 점치지 않고 예언하는 것이 허다하게 출현하였으니, 즉 참서讖書(미래의 길흉을 예언한 책—옮긴이)였다.

**참서讖書**

『후한서後漢書』「방술전方術傳」 서序에 "왕망이 부명符命(하늘에서 임금이 될 만한 사람에게 주는 상서로운 징조—옮긴이)을 믿어 이것을 들어 사용하자, 광무에 이르러 더욱 참언을 믿게 되었다. 이에 학자들은 이러한 시세 조류에 쏠려 모두 분주히 다투어 이를 말하였다(王莽矯用符命, 及光武尤信讖言, 士之趣赴時宜者, 皆馳騁爭談之也)"라고 한 것에서 당시의 상황을 알 수 있다. 도참서圖讖書로서 가장 드러난 것은 『하도河圖』 9편과 『낙서洛書』 6편이며, 이것은 황제黃帝에서 주나라 문왕文王에 이르기까지 그 본문을 받은 것이라고 말하였다. 또 다른 30편이 있는데, 이것은 처음 일어난 때부터 공자에 이르기까지 아홉 성인이 자구字句를 늘여서 그 뜻을 넓힌 것이라고 말하였다(『수서隋書』「경적지經籍志」). 그러나 당시의 참서는 옛 성인에 가탁한 것임을 당시의 사람들이 이미 발견하였으니, 윤민尹敏은 광무光武(후한 1대 황제, 재위 기간 A.D. 25~57—옮긴이)에게 말하기를 "참서는 성인이 지은 것이 아닙니다. 그 가운데 조잡함에 가까운 틀린 글자들이 많은데, 이것들은 세속의 글자와 아주 같은 부류입니다(讖書非聖人所作, 其中多近鄙別字, 頗類世俗之辭)"라고 하였고(『후한서』, 「유림전」, 윤민), 장형張衡 역시 상소하기를 "유향 부자가 비서秘書를 명받아 9류를 검열하여 정할 때 역시 참언에 대한 기록은 없었으니, 성제成帝(전한 11대 황제, B.C. 33~7) 애제哀帝(전한 12대 황제, B.C. 7~1) 이후 비로소 듣게 되었습니다. ……곧 도참은 애제, 평제平帝(전한 13대, 마지막 황제, B.C. 1~A.D. 5)의 무렵에 이루어진 것임을 알 수 있습니다(劉向父子領校秘書, 閱定九流, 亦無讖錄, 成哀之後, 乃始聞之, ……則知圖讖成於哀平之際也)"라고 하였다(『후한서』 권89, 「장형전張衡傳」).

**위서緯書 — 『역위易緯』**

참서와 동시에 출현하여 옛 성인에 의탁한 것에 위서緯書가 있다. 『수서隋書』「경적지經籍志」에 말하기를 "7경의 위서緯書 36편은 공자가 지은 것이라고 말한다(七經緯三十六篇, 並云孔子所作)"라고 하였다. 7위七緯는 곧 『역易』, 『서書』, 『시詩』, 『예禮』, 『락樂』, 『효경孝經』, 『춘추春秋』 등의 경서經書에 대한 위서緯書이며, 『역위易緯』는 또 『주역』과 『십익』의 본래 성질을 변화시킨 것이다. 지금 전하는 『역위』는 여덟 종류인데, ①「건곤착도乾坤鑿度」 ②「건착도乾鑿度」 ③「계람도稽覽圖」 ④「변종비辨終備」 ⑤「통괘험通卦驗」 ⑥「건원서제기乾元序制記」 ⑦「시류모是類謀」 ⑧「곤령도坤靈圖」이다. 『역위』「건곤착도」는 포희씨庖犧氏 앞의 문공 손헌원씨孫軒轅氏가 고 주문籀文을 발전시켰고, 창힐蒼頡이 이것을 상하 두 편으로 편찬하였다고 말하고 있으니, 『역위』가 위탁僞託되었음은 분명한 것이다. 이러한 『역위』는 모두 음양가의 말이며, 『주역』을 일종의 철학과 점험占驗의 해석으로 다시 새롭게 만들어놓았다.

예를 들면, 『역위』「건곤착도」에서 말하였다.

> 태초 이후에 태시가 있었고, 태시 이후에 태소가 있었다. 형체는 형체가 아닌 것에서 비롯되었고, 법술은 법술이 아닌 것에서 비롯되었다.
>
> 太初而後有太始, 太始而後有太素. 有形始於弗形, 有法始於弗法.

또 『역위』「건착도」에서 말하였다.

> 역은 태극에서 비롯된다. 태극이 나뉘어 둘이 되므로 천지를 낳는다. 천지에는 춘추동하의 계절이 있으므로 사시를 낳는다. 사시는 각각 음양 강유의 분별이 있으므로 팔괘를 낳는다. 팔괘가 열을 이루니 천지의 도는 확

립되고, 우레, 바람, 물, 불, 산, 못의 상이 결정된다.

易始於太極. 太極分而爲二, 故生天地. 天地有春秋冬夏之節, 故生四時. 四時各有陰陽剛柔之分, 故生八卦. 八卦成列, 天地之道立, 雷風水火山澤之象定矣.

이러한 것들은 『역』을 일종의 우주론의 철학으로 성립시켜놓은 것이다. 다른 한 방면은 『역』을 일종의 신비한 효험이 있는 것으로 만들어놓은 것이다.

예를 들면, 『역위』 「통괘험」에서 말하였다.

무릇 『역』의 팔괘의 기는 각 그 법도에 맞는 효험이 있으니, 즉 음양이 화합하고, 육율이 조화를 이루고, 비바람이 때에 맞게 내리고, 오곡이 익고, 백성이 번창하는 것은 성스럽고 현명한 제왕이 태평에 이르게 하는 기술이다. 그러므로 괘를 만들어 상을 보고 있고 없어짐을 안다. 무릇 팔괘가 얽혀서 어지러우면 법기가 무너지고, 해와 달과 별들이 운행을 잃어버리며, 음양이 화합하지 못하고, 사시에 따라 시정을 바꾼다. 팔괘의 기가 효험이 없으면 재이의 기가 이르러 팔괘의 기는 마땅히 정상을 잃게 된다.

凡易八卦之炁, 驗應各如其法度, 則陰陽和, 六律調, 風雨時, 五穀成熟, 人民取昌, 此聖帝明王所以致太平之術也. 故設卦觀象以知有亡. 夫八卦繆亂, 則綱紀懷敗, 日月星辰失其行, 陰陽不和, 四時易政. 八卦氣不效, 則災異炁臻, 八卦炁應失常.

이 말은 점성술과 「홍범」 오행설의 영향을 받은 것이다. 이러한 것은 『춘추위春秋緯』에서 표현한 것이 가장 많으며, 『역위』 중의 괘기卦氣의 논법은 이로 인해 성립되었다. 『역위』 「계람도」 역시 모두가 이런 종류의 괘기설의 해석이다. 『역』은 이 시기에 이미 포희庖犧, 헌원軒轅, 창힐蒼頡에 의탁한 『역위』가 있게 되었고, 『주역』의 본신은 또 왕망이 『주례周禮』를 차용하여 그의 정치 개혁을 실행하였으므로 극력 주공周公을 치켜세웠기에 이 시기의 주공의 위치는 공자 위에 있었으며, 『역』의 효사는 드디어 주공이 지은 것으로 일컬어지게 되었다. 이후의 마융馬融이 『역전易傳』에서 "효사는 주공이 지은 것(爻辭, 周公所作)"(조여매趙汝楳 『집문輯聞일』에서 인용하였음)이라고 말한 것 역시 전한 시대 이후의 일컬어진 말이다. 후한의 『역』의 주석가에는 마융, 정현鄭玄, 순상荀爽이 있다. 이정조李鼎祚는 "정현은 하늘의 상을 많이 참고하였다(鄭多參天象)"라고 말하였는데, 이것은 정현의 해석이 이미 『역위』의 영향을 받지 않을 수 없었음을 증명하고 있으며, 참위의 세력이 그 당시 역학에서 어떤 관계에 있었는지를 알 수 있는 것이다.

**『역림易林』**

『역위』가 『주역』에서 매우 큰 영향을 일으킨 것 외에도 『주역』의 점술은 당시에 또한 일종의 변화가 발생하였다. 그것은 384효에서 2,816효로 발전한 것이니, 즉 64×6에서 64×64로 발전되었다는 것이다. 이것은 곧 『주역』의 시초점을 치는 것에서 『역림易林』의 시초점을 치는 것으로 발전된 것이다. 『역림』이란 책은 후대에 전한 시대의 초공焦贛이 지은 것으로 일컬어졌으나, 『역림』이란 책을 자세히 고찰해보면 곧 『역림』은 확실히 전한시대의 사람이 지은 것이 아님을 알 수 있다. 그 이유는, 하나는 『한서』「예문지」에 이 책을 결코 언급하지 않았다는 것이고, 또 하나는 이 책은 분명히 후한시대 사람의 말을 포함하고 있다는 것이다. 지금 이 책이 포함하고 있는 내용을 세세히 관찰해보면 이 책은 후한 시대의 작품임을 알아낼 수가 있다.

(1) 이 책에서 기술하고 있는 춘추시대의 고사 230여 조는 대부분 『좌전』에서 나왔다. 『좌전』은 전한시대 말 이후에 출현한 고문이지, 후한시대 고문 『좌전』이 성행한 후에 있었는 것이 아니므로, 당연히 이런 인용이 많이 있을 수 없다.

(2) 이 책은 자주 『한서』 중의 일들을 인용하였다. 고염무顧炎武가 『일지록日知錄』에서 예를 들은 "팽리 제동은 상용으로 옮겼다(彭離濟東, 遷之上庸)"는 일은 무제武帝(전한 7대 황제, B.C. 141~87) 원정元鼎 원년의 일이었다. "장성을 이미 완성하니, 사방의 오랑캐들이 복종한다. 교류가 평화롭고 친교를 잘 맺으니, 왕소군이 가져다준 복이다(長城既立, 四夷賓服, 交和結好, 昭君是福)"라는 일은 원제元帝(전한 10대 황제, B.C. 49~33) 경녕竟寧 원년에 있었다. "화성火星이 정숙井宿의 자리에 진입하고, 태양이 많은 빛을 생하여 천문을 넘어 침범하니 태미를 엿보고 옥상에 올랐다(火入井口, 陽芒生角, 犯歷天門, 窺見太微, 登上玉牀)"는 것은 이심전李尋傳의 말을 사용한 것 같다. "새로 조성한 초릉은 적이 공격하여 함락하기가 어렵다(新作初陵, 踰陷難登)"는 말은 성제成帝(전한 11대 황제, B.C. 33~7) 때 처음 일으킨 능사陵事의 일을 일컬은 말 같다. (『일지록』 권 18을 보라) 이러한 증거는 모두 매우 좋은 예이다.

(3) 이 책에는 또 왕망王莽 사이의 일들을 언급한 것이 있다. 명이괘明夷卦가 몽괘蒙卦로 변한 것에 "간단한 말로 덕과 업적을 찬양하고 주나라의 융성함을 찬미하며, 주공周公이 성왕을 보좌하는 것처럼 크게 임금을 돕는다(諷德頌功, 美周盛隆, 旦輔成周, 光濟沖人)"라고 하였는데, 익괘益卦가 승괘升卦로 변하고, 절괘節卦가 혁괘革卦로 변한 것 역시 대체로 서로 같으니, 전한시대에는 이러한 말이 있을 수 없었을 것이다. 또 준괘屯卦가 태괘泰卦로 변한 것에 "함께 안주할 곳을 잃고 스스로 거주할 수 없으며, 적이 왕읍을 깨뜨리니 음양이 전도되었다(並

立失處, 不能自居, 賊破王邑, 陰陽顚倒)"(『사부총간四部叢刊』)라고 하였는데, 왕망 당시에 왕읍의 군사가 패한 사실을 가리킨 것 같다. 이것은 그 당시의 참어讖語를 사용한 것이 아닌가 한다. 또 곤괘坤卦가 대축괘大畜卦로 변한 것에 "전적 법첩을 난대에 숨겨두었으니, 비록 난을 만나 궤멸되어도 홀로 재난을 당하지 않는다(典冊法書, 藏在蘭臺, 雖遭亂潰, 獨不遇災)"라고 하였는데〔예괘豫卦가 몽괘蒙卦로 변한 것, 대유괘大有卦가 리괘離卦로 변한 것, 대과괘大過卦가 대과괘大過卦로 변한 것, 손괘巽卦가 명이괘明夷卦로 변한 것, 중부괘中孚卦의 뉘우침(悔) 등이 모두 같다〕, 난대에 책을 숨긴 것은 후한시대 전에는 크게 분명하지 않으며, 후한시대에 최대의 책을 보관하는 곳이 완성되었다. 이 구절은 왕망의 난을 겪었으나 오직 난대에 보관한 서적은 보존하였다는 것을 말하고 있는 것 같은데, 그 내용이 사서史書의 결함을 보충할 수 있을 만한 것인지는 의심이 간다.

위의 내용을 총괄해보면 『역림』이란 책은 확실히 전한시대 이후의 점책임을 증명할 수 있는 것이다. 설령 그렇지 않다 하더라도 당연히 이 책은 천천히 누적되어 점차 이루어진 것이지, 금본 『역림』은 전부가 결코 전한시대에 있었던 것이 아니다. 『동관한기東觀漢記』에서 말하였다. "패헌왕 보가 영평 5년에 수도에 가랑비가 내리자, 황제의 운대에 올라 주연을 주관하는 사람에게 괘를 취하는 것은 모두 괘 본연의 뜻에서 해야 한다고 알렸다. 『주역괘림』으로 점을 치니, 그 풀이글에 이르기를 '개미들이 그 구멍을 막으니, 장차 큰비가 쏟아진다'라고 하였다(沛獻王輔, 永平五年京師小雨, 上御雲臺, 詔尙席取卦具自卦, 以『周易卦林』占之, 其繇曰: '蟻封穴戶, 大雨將集')". 지금 『역림』에 진괘震卦가 건괘蹇卦로 변하는 것에 이 두 구절이 있으니, 이것으로 보아 『역림』은 곧 『주역괘림周易卦林』의 간칭이며, 처음부터 초공의 말에 속하는 것이 아니었을 것이라는 의심이 간다. 『동관한기』에서 보면 『역림』은 명제明帝(후한 2대 황제, A.D. 57~75) 영평永平 이전의 것이며, 그 편집은 혹 광무 당시부터 비롯된 것임을 증명할 수 있다. 이것에서 점차 증가하여 금본 『역림』이 완성된 것이 아닌가 생각한다. 『역림』은 한나라의 최전崔篆이 지은 것이라는 말이 있고 또 허준許峻이 지었다는 말도 있다. 『수서隋書』「경적지經籍志」에 따르면 후한의 방사(方士) 허준 등이 『역신림易新林』이라는 책을 지었다 하고 또 양梁의 『역잡점易雜占』 7권이 있는데 허준이 지었다고 하였다. 그러나 이것과 『역림』과는 당연히 무관하다. 『후한서』「최인전崔駰傳」에 인駰의 조부 전篆이 "역림 64편을 지어 길흉을 점쳤는데 영험한 바가 많았다(著『易林』六十四篇, 用決吉凶, 多所占驗)"라고 하였는데, 다만 64편이 서로 같으므로 드디어 『역림』은 최전이 지은 것이라고 말하게 된 것이다. 그러나 확실한 근거는 여전히 불충분하다. 『수서』「경적지」에는 초공이 지은 『역림』 60권 외에 또 『주역점周易占』 10권이 있는데 경방京房이 지은 것이며, 주에 "양梁의 『주역요점』 13권은 경방이 지었다(梁周易妖占十三卷, 京房撰)"라고 하였다. 『주역수림周易守林』 3권은 경방이 지었다. 『주역집림周易集林』 12권은 경방이 지은 것이며, 주에 "칠록에 '복만수가 지었다'(七錄云: '伏萬壽撰')"라고 하였다. 『주역점周易占』 1권은 장호張浩가 지었고, 『주역잡점周易雜占』 13권, 『주역잡점』 11권, 『주역잡점』 9권은 상광尙廣이 지은 것이며, 주에 "양에 『주역잡점』 8권이 있는데 무정이 지었으나 망실되었다(梁有『周易雜占』八卷, 武靖撰, 亡)"라고 하였다. 『역림변점易林變占』 16권은 초공이 지은 것이며, 『역림』 2권은 비직이 지은 것인데, 주에 "양의 5권(梁五卷)"이라고 하였다. 『역내신서易內神筮』 2권은 비직이 지었는데, 주에 "양의 『주역서점림』 5권은 비직이 지었으나 망실되었다(梁有『周易筮占林』五卷, 費直撰, 亡)"라고 하였다. 『역신림易新林』 1권은 허준許峻

등이 지었는데, 주에 "양의 10권(梁十卷)"이라고 하였다. 이러한 『역림』의 책은 모두 한나라 때의 서적이라고 말하고 있으나, 이른바 경방, 비직 등 전한 사람들의 저작은 초공의 『역림』의 예로 미루어, 아마 전한시대 말 이후에 가탁한 것임을 면하지 못할 것이다. 지금은 다만 초공의 『역림』 한 책만 전해오며, 『주역점』과 『주역요점』은 『개원점경開元占經』에서 인용한 것이 종종 보이나, 그 나머지는 실전되어 토론할 방도가 없다.

**『연산連山』과 『귀장歸藏』**

그 다음, 『주역』을 모방하여 위작한 것에 『연산連山』과 『귀장歸藏』이 있다. 『주례周禮』에 "태복은 세 가지 『역』의 관법을 맡아서 처리하였다. 첫째는 『연산』이고, 둘째는 『귀장』이고, 셋째는 『주역』이다(太卜掌三易之法, 一曰連山, 二曰歸藏, 三曰周易)"라고 하였다. 정현은 주에서 두자춘杜子春의 말을 인용하여 "『연산』은 복희의 역이고, 『귀장』은 황제의 역이다(連山, 伏羲. 歸藏, 黃帝)"라고 하였는데, 정소동鄭小同은 『정지鄭志』에서 "근거없이 개정하였으므로 자춘의 말을 인용하였을 뿐이다. 근래의 선비들은 모두 『연산』은 하나라, 『귀장』은 은나라, 『주역』은 주나라의 역이라고 여겼다(改之無據, 故著子春說而已. 近師皆以爲夏, 殷, 周)"라고 하였다. 『주례』에서 말한 세 가지 『역』은 『주역』만 믿을 수 있고, 그 나머지 『연산』과 『귀장』 두 가지 『역』은 전한 말 이전에는 말한 사람이 없었으므로 이 두 책은 전한 말기에 나온 것이며 『주역』에 의거하여 지은 것임을 증명할 수 있다. 환담桓譚은 『신론新論』에서 "왕망은 점치는 것을 좋아하여 길일을 믿었다(王翁好卜書, 信時日)"(『군서치요羣書治要』)라고 하였는데, 이 두 책은 자연히 복희와 황제의 점 책(卜筮書)에 얼마간 의탁한 것임을 산출해낼 수 있는 것이다. 환담은 『신론』에서 또 말하기를 "『연산』은 8만 글귀이고, 『귀장』은 4천3백 글귀이다. 『연산』은 난대에 간직되어 있고, 『귀장』은 태복에 실려 있다(連山, 八萬言. 歸藏, 四千三百言. 連山, 藏於蘭臺. 歸藏, 藏於太卜)”(『태평어람太平御覽』 608에서 인용하였다. 끝의 12글자는 『어람』에 없는 것이다. 『북당서초北堂書鈔』 101을 보라)라고 하였다. 이러한 것들은 모두 후한 이후의 말이다. 『한서』 「예문지」에는 이런 말들이 모두 기록되어 있지 않으니 그것이 거짓임을 알 수 있다. 이후의 『수서』 「경적지」에는 『연산』은 기록하지 않았고 다만 오행류에 『연산』 30권이 있는데, 양나라의 원제元帝가 지었다고 하였다. 그리고 『당서唐書』 「예문지」에 『연산』 10권이 있는데, 이에 대한 사마응司馬膺의 주는 거짓 위에 또 거짓을 보탠 것이다. 『북사北史』 「유현전劉炫傳」에 말하기를 “당시에 우굉이 상소를 올려 천하의 유실된 책을 구하여 사들이도록 하였으므로, 현은 마침내 백여 권의 책을 거짓으로 만들어 『연산역』이라 이름하였고, 『노사기』 등의 책을 관부에 보내어 상을 얻은 후에 돌아갔다. 후에 어떤 사람이 이 사실을 관부에 알려 사형의 죄는 면하였으나, 이 죄로 인해 관부에서 상을 받은 명예는 제외되었다(時牛宏奏購求天下遺逸之書, 炫遂僞造書百餘卷, 題爲連山易, 魯史記等, 送官求賞而去. 後有人訟之, 經赦免死, 坐除名)”라고 하였는데, 이 말은 『연산』이라는 거짓 위에 또 거짓을 보탠 것임을 더욱 증명할 수 있는 말이다. 『귀장』이라는 책은 『수지隋志』에 이미 기록되어 있으며 또 말하기를 “『진중경』에 이것이 있다(晉中經有之)”라고 하였는데, 비록 거짓 중의 거짓은 아니나 역시 전한 말 이후의 작품임을 단정할 수 있다. 마국한馬國翰의 『옥함산방집일서玉函山房輯佚書』에서 편집한 것에 근거하면 『귀장』은 『주역』을 모방한 작품임을 분명히 알 수 있다. 이 책 역시 64괘로 나누고 중간에 다만 『주역』에서 사용하고 있는 명칭만 약간 바꾸었거나 혹은 순서의 선후를 바꾸어놓았으니, 예를 들면 㒶(즉 곤坤이다)를 첫머리에 놓고, 진震은 욕㵸, 소축小畜은 소독축小毒畜으로 한 것 등이다. 『연산』은 또 박剝, 복復, 구姤, 중부中孚, 양예陽豫, 유사游徒 등의 명칭을 사용하였으나 모두 억지로 갖다 붙여 조작한 이름이며, 『주역』과 비교하여 차별을 두고자 한 것이다. 우리는 은허 갑골의 새긴 글(刻辭)에서 은의 거북점은 본래 정해진 글(定辭)이 없었음을 알고 있다. 이것과 동시에 일종의 정해진 글이 있는 시초점이 결코 있을 수 없었음도 알고 있다. 더군다나 하나라 은나라의 시초점에 대해 전한 말 이전에는 언급한 사람이 절대 없었으며, 반드시 전한 말 이후 왕망이 시초점을 신봉할 때에 이르러 비로소 『연산』과 『귀장』 두 책이 출현하였으니, 이것이 위작임을 당연히 알 수가 있는 것이다. 고염무顧炎武는 『좌전』에서 말한 점글(筮辭) 중 『주역』에 없는 것, 예를 들면 "전차 천 대를 가진 나라가 세 번 싸워서 퇴각하고, 세 번 퇴각한 뒤에는 그 숫여우를 잡게 된다(千乘三去, 三去之餘, 獲其雄狐) 등의 말을 세 가지 『역』의 관법으로 여겼는데, 이것은 또 『주례』를 지나치게 믿은 폐단이었다. 『주례』가 출현한 것이 전한 말이며 이것과 『연산』 『귀장』과는 모두 실마리의 관계가 있는지는 알 수 없지만 모두 굉장히 믿을 수 없는 것들이다.

#### 양웅의 『태현太玄』

그 다음, 『주역』을 모방하여 지은 것에 양웅揚雄의 『태현太玄』이 있는데, 불행하게도 왕망이 알게 하지 않을 수 없었다. 유흠劉歆이 『태현』에 대해 말하기를 "나는 뒷사람이 된장단지 덮개로 사용할까 두렵다(吾恐後人用覆醬瓿也)"라고 하였다. 이러한 절반은 시초점을 치는 것이고, 절반은 철학화된 것을 천문역수天文曆數에 억지로 갖다 붙여 『주역』을 뛰어넘고자 하였다. 『태현』은 또 약간의 고문의 기이한 문자를 알아, 심오하여 이해하기 어려운 문장으로 천박하고 비루한 것들을 장식하기를 아끼지 않았다. 그러나 그 점법은 산算가지 3개를 셈하여 점치는 것이었다. 『주역』의 — --을 변화시켜 — -- ---로 하고, 『역』의 여섯 효를 변화시켜

넷으로 하여 방方, 부部, 주州, 가家라고 칭하였다. 『한서』 「양웅전」에 다음과 같이 말하였다.

『역』을 보는 사람은 그 괘를 보고 이름하고, 『태현太玄』을 보는 사람은 그 그림을 셈하여 결정한다. 『태현』의 첫머리에 네 번 겹친 것은 괘가 아니라 수이다. 그 사용하는 것은 천원天元에서 한 번은 밤이고 한 번은 낮인 음양의 수를 미루어 율력의 시간을 헤아리는 것이다. 99 대운은 하늘과 더불어 끝나고 시작한다. 그러므로 『태현』은 3방方, 9주州, 37부部, 81가家, 243표表, 729찬贊이다. 이것을 3권으로 나누어 1, 2, 3이라 하고, 태초泰初의 역曆과 상응하니, 또한 전욱顓頊의 역이 있는 것이다. 산가지 3개로 셈하고, 길흉으로 열고, 형상의 유로 잇고, 인간사로 전파하고, 오행으로 장식하고, 도덕 인의예지로 모방하고, 주체도 이름도 없다. 진실로 그 일이 아니면 글은 헛되이 생겨나지 않는다. 지극히 희미하여 알 수 없는 것이다. 그러므로 수首, 충衝, 착錯, 측測, 리攡, 영瑩, 수數, 문文, 예掜, 도圖, 고告 11편이 있다.

觀易者見其卦而名之, 觀玄者數其畵而定之. 玄首四重者, 非卦也, 數也. 其用自天元, 推一晝一夜陰陽數度律曆之紀. 九九大運, 與天終始. 故玄, 三方, 九州, 三十七部, 八十一家, 二百四十三表, 七百二十九贊. 分爲三卷, 曰一二三, 與泰初曆相應, 亦有顓頊之曆焉. 揲之以三策, 開之以休咎, 絣之以象類, 播之以人事, 文之以五行, 擬之以道德仁義禮知, 無主無名. 苟非其事, 文不虛生. 爲其泰漫漶而不可知, 故有首, 衝, 錯, 測, 攡, 瑩, 數, 文, 掜, 圖, 告, 十一篇.

우리는 여기서 『태현』의 내용을 알 수 있다. 『태현』은 81가家를 사용하여 『주역』의 64괘를 대신하였고, 729찬贊을 사용하여 『주역』의 384효를 대신하였다. 그러나 그의 방법은 『주역』보다 간편할 수 없으며, 풀이 글 또한 『주역』보다 이해하기가 어렵다. 비록 역수曆數에 억지로 갖다 붙였지만 옛 제왕에 의탁한 바는 없었다. 유흠은 『태현』을 뒷사람이 된장 단지를 덮는 데 사용하게 하려는 것이라고 말하였는데, 이것은 매우 당연한 말이다. 왕망이 양웅의 『태현』을 좋아하지 않은 것은 대개 이것 때문이었다. 양웅은 『해조解嘲』에서 "묵묵히 홀로 나의 『태현』을 고수한다(默然獨守吾太玄)"라고 말하였는데, 이것은 참으로 사람을 속이는 말이다. 그는 후에 견풍甄豐 부자와 유채劉棻를 이용하여 부명符命을 왕망에게 헌상하였는데, 이 일을 왕망이 알게 되자 천록각天祿閣에서 투신하였다. 경사京師는 그를 위해 말하기를 "오직 적막함을 좋아하여 천록각에서 투신하였네. 청정함을 사랑하여 부명을 지었네(惟寂寞, 自投閣. 爰清靜, 作符命)"라고 하였다(『한서』「본전」 찬贊). 그런즉 양웅은 즐거이 적막함을 고수한 것이 아니라 왕망의 뜻에 영합하려 했음을 알 수 있다.

### 한대의 거북점

앞에 말한 것은 모두 『주역』과 시초점의 변화에 대한 것이었다. 아직 한대의 거북점에 대해서는 언급하지 않았다. 『한서』「문제기文帝紀」에 대신들이 대왕代王을 황제로 영립하고자 했을 때, 대왕이 "망설이며 결정을 내리지 못하자 거북점을 쳐 대횡大橫(거북을 불에 태워 나타난 무늬가 똑바로 가로로 갈라진 것—옮긴이)의 징조를 얻었다. 점에 말하기를 '대횡은 밝음이니, 나는 천왕天王이 되어 하나라의 계와 같이 나라를 빛내리라'라고 하자, 대왕이 말하기를 '과인은 이미 왕이 되어 있는데 또 어떻게 왕을 하는가'라고 하였다. 점친 사람이 말하기를 '천왕이라는 것은 곧 천자라는 뜻입니다'라고 하였다(猶豫未定, 卜之, 得大橫, 占曰: '大橫庚庚, 余爲天王, 夏啓以光.' 代王曰: '寡人固已爲王, 又何王乎?' 卜人曰: '所謂天王者, 乃天子

也')" 이러한 말은 『사기』「문제본기文帝本紀」 중에도 있는데, 최적崔適의 『사기탐원史記探源』의 고증에 의하면, 「문제본기」는 뒷사람이 『한서』에 의거하여 보충한 것으로 여겼다. 나는 위의 이야기는 나중에 생긴 전설이며 문제文帝 때 실제로 이런 일이 있었는가에 대해 의심하고 있다. 『사기』「일자열전日者列傳」에 말하기를 "대왕이 천자가 된 것은 거북점을 치는 사람에게 점을 치게 하여 결정했던 것이니, 태복이 일어난 것은 한이 흥한 것에서 있게 되었다(代王之入, 任於卜者. 太卜之起, 由漢興而有)"라고 하였다. 최적은 「일자열전」은 황당무계한 사람(妄人)이 이어 쓴 것(所續)이어서 더욱 근거가 부족하다고 여겼다. 나는 왕망이 점을 좋아하였으므로 거북점의 기술이 전한 말에 다시 성행하지 않았나 하고 홀로 생각한다. 『주례』에서 말한 것에는 물론 은나라 주나라의 남긴 법(遺法)이 있지만, 『백호통白虎通』의 「시귀蓍龜」 한 문장에서 말하기를 "거북점은 금이 갈라지는 것이다. 불에 태워 징조를 본다(卜, 赴也, 爆見兆)" "거북은 불이 아니면 징조를 나타내지 않는다(龜非火不兆)"라고 한 것은 그 당시에 아직 거북점법이 있었음을 증명하고 있는 것이다. 『사기』「귀책열전龜策列傳」은 역시 후한 사람이 지은 것이며, 그것의 거북점법은 전한 말 후의 거북점의 방법을 사용한 것이 아닌가 하는 의심이 간다. 거북점의 징조의 분별은 곧 '수앙首仰'〔『정의正義』에서 "징조(거북 껍질이 갈라짐—옮긴이)가 머리를 치켜 올린 것을 말한다(謂兆首仰起)"라고 하였다〕 '족개足開', '금개肣開'〔『색은索隱』에서 "금肣은 징조가 발을 거두어 들이는 것(肣謂兆足斂也)"이라고 하였다〕 '수면대首俛大'〔『색은』에서 "징조가 머리를 구부리는 것(兆首伏也)"이라고 하였다〕 '횡길橫吉' 등으로 나눈다. 『은허서계고석殷墟書契考釋』에는 정현의 『삼례三禮』 주를 논하여, "하나는 「사상례士喪禮」에 거북을 태우는 가시나무는 횃불에 놓고, 거북의 동쪽에 둔다. 가시나무는 곧 거북을 태우는 나무(契)이며, 거북을 불에 태우는 데 사용한다'라고 하였고, 둘은 '가시나무를 횃불 위에 받쳐 입으로 불어 타게 하여 나무가 불에 타면 복사卜師에게 준다'라고 하였다. 그는 「사상례」에 주를 달아 또 말하기를 '초楚는 가시나무다. 가시나무를 거북을 태우는 횃불로 하여 거북을 뚫는 것이다'라고 하였다. 그는 처음부터 잘못하여 거북을 태우는 나무(契)와 횃불(樵)을 하나로 하고, 뚫는 것(鑽)과 불에 태우는 것(灼)을 하나로 하였다. 정군鄭君이 『삼례三禮』에 정통하고 있는 것에는 곧 이러한 잘못이 있으니, 이것은 은나라와 주나라의 거북점법이 한대에 와서는 이미 유실되었다는 확실한 증거이다"라고 하였다(一則曰, '士喪禮楚焞置于樵, 在龜東, 楚焞卽契, 所用以灼龜.' 再則曰, '以契柱樵火而歈之, 契旣然以授卜師.' 其注士喪禮又曰, '楚, 荊也, 荊焞所以鑽龜者.' 始誤以契與樵爲一物, 鑽與灼爲一事. 以鄭君之精熟三禮乃有此譌, 此殷周卜法漢代已失之確證矣).(『은허서계고석』 109쪽) 혹 거북점을 치는 방법은 전한 말에 다시 출현하여, 후한의 정현 때에 이르러 또 그 전해오는 것이 유실된 것이 아닌가 생각한다.

## 5. 위진 남북조에서 당에 이르기까지의 점술

위진 시대 이래로 가장 주목해야 할 것은 곧 『주역』이 완전히 점술의 지위에서 벗어나 일종의 철학을 이루었다는 것이다.

### 왕필王弼의 『주역주周易注』

후한시대 이래로 『주역』을 말한 것은 모두 오행과 상수에 얽매이지 않은 것이 없었으니, 우번虞翻, 관로管輅와 같이 모두 동시에 점술을 숭상하였다. 위魏나라 왕필王弼에 이르러 비로소 상수를 버리고 오로지 의리를 말하였다.

그는 『주역약례周易略例』에서 이처럼 말하였다.

괘란 시時이다. 효란 시에 알맞게 변하는 것이다. 시에 막히고 통하는 것이 있으므로 쓰임에 나아가고 물러남이 있다. 괘에 작고 큰 것이 있으므로 글에 험하고 평이한 것이 있다. 한때의 제약은 도리어 쓰임이 될 수 있고, 한때의 길함은 도리어 흉함이 될 수 있다. 그러므로 괘는 반대되는 것으로 짝하니 효 또한 모두 변한다. 그러므로 쓰임에 일정한 도가 없고, 일에 일정한 경로가 없으며, 움직이고 고요한 것, 굽히고 펴는 것은 오직 알맞은 바에 따라 변한다. 그러므로 그 괘를 이름을 붙이면 길함과 흉함이 그 종류를 따르고, 그 시를 보존하면 움직임과 고요함이 그 쓰임에 응하니, 이름을 찾아 그 길함과 흉함을 보고, 시를 들어 그 고요함과 움직임을 보면, 한 괘의 변화는 여기에서 볼 수 있다.

夫卦者, 時也. 爻者, 適時之變者也. 夫時有否泰, 故用有行藏. 卦有小大, 故辭有險易. 一時之制, 可反而用也. 一時之吉, 可反而凶也. 故卦以反對, 而爻亦皆變. 是故用無常道, 事無軌道, 動靜屈伸, 唯變所適. 故名其卦, 則吉凶從其類, 存其時, 則動靜應其用, 尋名以觀其吉凶, 擧時以觀其動靜, 則一體之變, 由斯見矣.(「명괘적변통효편明卦適變通爻篇」)

또 말하였다.

뜻을 얻는 것은 상을 잊는 데 있고, 상을 얻는 것은 말을 잊는 데 있다. 그러므로 상을 세워 뜻을 다하면 상은 잊을 수 있다. 그림을 겹쳐 정황을 다하면 그림은 잊을 수 있다. 그러므로 동류에 접촉하여 그 상이 될 수 있고, 뜻을 합하여 그 징험이 될 수 있다.

得意在忘象, 得象在忘言. 故立象以盡意, 而象可忘也. 重畫以盡情, 而畫可忘也. 是故觸類可爲其象, 合意可爲其徵.(「명상편明象篇」)

이러한 말들은 모두 『역』을 일종의 순수한 철학으로 만들려고 한 것이며, 괘상을 떠나서 의미를 말한 것이다. 그러할 뿐만 아니라, 그는 또 『역』을 노자 일파의 철학으로 만들려고 하였다. 이에 대해 가장 분명한 것은 그의 『주역주周易注』에서 관괘觀卦를 해석한 「단彖」의 글에 다음과 같이 말하였다.

관괘가 도가 됨을 통괄하여 말하면, 형벌로 사물을 제약하는 것이 아니라 관觀으로 사물을 감화하는 것이다. 신묘함은 곧 형체가 없는 것이다. 하늘이 사시를 부리는 것을 보지 못하여도 사시는 어긋나지 않으며, 성인이 백성을 부리는 것을 보지 못하여도 백성은 스스로 복종한다.

統說觀之爲道, 不以刑制使物, 而以觀感化物者也. 神, 則無形者也. 不見天之使四時而四時不忒, 不見聖人使百姓而百姓自服也.

또 미제괘未濟卦 다섯째 음효(六五)를 해석한 글에 말하였다.

존엄한 자리에 처하고 그 가운데 자리(中)를 얻었다. 예로써 강을 제약할 수 있으며, 이로써 그 바름을 세운다. 강(剛)이 자라남을 거리끼지 아니하고 그것에 일을 맡길 수 있다. 만물을 살필 수 있되 범하지 않는다. 그런 즉 현명한 사람은 예지를 다하고 지혜로운 사람은 책략의 능함을 다하니, 하지 않아도 이루고 가지 않아도 이른다. 대군의 마땅함은 이와 같을 뿐이다.

處於尊位, 履得其中. 能約剛以禮, 用建其正. 不忌剛長, 而能任之. 要物以能, 而不犯焉. 則賢者竭其視聽, 知力者盡其謀能, 不爲而成, 不行而至矣. 大君之宜, 如此而已.

이러한 것들은 모두 『역』을 가지고 노자의 철학을 말한 것이다. 이로부터 왕필의 주는 유행하여 『주역』은 드디어 새로운 일종의 철학을 이루었다. 당나라의 공영달孔穎達은 『의소義疏』를 지으면서, 왕필을 취하고 정현을 버리니 『주역』은 그리하여 점술에서 더욱 멀어졌다.

**『주역참동계周易參同契』**

『주역』은 이미 한 방면으로 노장의 철학화를 이룩하였다. 이후에 『주역참동계周易參同契』가 출현하였는데, 이것은 곧 단약丹藥을 만드는 도사들이 단약을 만드는 뜻을 해설한 것이다. 이 책은 한나라 말 위백양魏伯陽이 지은 것이라고 전해지나, 『수서』「경적지」에 기재되어 있지 않으며 『구당서舊唐書』「경적지經籍志」에 처음 보인다. 여기에 오행가五行家를 열거한 것에 후촉後蜀의 팽효彭曉가 『참동계』에 주를 단 책이 있으며, 또 『통지通志』「예문략藝文略」에는 적직궁翟直躬, 서종사徐從事가 각각 주를 단 책을 열거하였다. 이것으로 볼 때 이 책은 당나라 때 나온 책이 아닌가 하는 의문이 든다. 이 책은 대부분 납갑納甲의 법을 차용하여, 감坎 리離 수水 화火 용호龍虎 연홍鉛汞(도가에서 납과 수은으로 제련하여 만든 장생의 단약—옮긴이)의 요체를 말하였고, 음양오행 저녁 아침의 시각(昏旦時刻)으로 나아가고 물러감(進退) 수행하는 때(持行之候)로 하였다. 이후의 도가의 연단(鑪火)를 말하는 사람들은 모두 이 책을 비조로 여겼다(『사고총목제요四庫總目提要』). 『주역』이란 책이 참으로 변화불측하여 또 단술화丹術化를 이룰 수 있었음을 알 수 있는 것이다.

**『경씨역전京氏易傳』**

『주역』은 이미 다른 방면에서 철학화와 단술로 나아갔다. 그러나 점술에서 역시 매우 큰 변화를 발생하였다. 육덕명陸德明의 『경전석문經典釋

文』에 의하면, 각 괘의 아래에 주를 붙여 팔궁八宮 육세六世를 말하였다. 예를 들면, 준괘屯卦 아래의 주에서 "감궁 이세 괘이다(坎宮二世卦)", 몽괘蒙卦 아래의 주에서 "리궁 사세 괘이다(離宮四世卦)"라고 말한 것과 같다. 이러한 팔궁 세응世應의 말과 지금 전하는 『경씨역전京氏易傳』에서 말하는 것은 서로 같다. 그러나 『한서』「예문지」를 고찰해보면 다만 『맹씨경방孟氏京房』 11편, 『재이맹씨경방災異孟氏京房』 66편, 『경씨단가京氏段嘉』 12편만이 있다. 『수서』「경적지」에는 『주역周易』 10권, 한나라 위군魏郡 태수 경방의 장구章句가 실려 있다. 이외에도 또 『주역점周易占』 12권, 『주역수림周易守林』 3권, 『주역비후周易飛候』 9권, 『주역비후周易飛候』 6권, 『주역사시후周易四時候』 4권, 『주역착괘周易錯卦』 7권, 『주역혼돈周易混沌』 4권, 『주역역자점재이周易逆刺占災異』 12권이 있다. 한때 『주역』에 대한 저작은 뭇사람들이 경방에게 귀속시켰으나 『한서』와 『수서』 모두 『경씨역전』은 말하지 않았다. 『경전석문』에 인용한 것 역시 다만 『경씨장구京氏章句』 12권을 말하였을 뿐 『경씨역전』은 말하지 않았다. 『개원점경開元占經』에 인용한 『경방역전京房易傳』은 다만 재이를 말하였을 뿐 현존하는 『경씨역전』과는 다르다. 따라서 현존하는 『경씨역전』은 한나라의 경방이 지은 것이 아닐 것이라는 의심이 간다. 『석문』에서 인용한 팔궁 세응의 말은 누구의 것에서 인용한 것인지 알 수 없다. 현존하는 『경씨역전』은 비록 『역전』이라고 이름을 붙였지만, 결코 경문을 해석하지도 않았으며 또한 결코 역의 뜻과 부합하지도 않는다. 이 책 상권과 중권은 팔괘로 팔궁을 나누고, 각 궁의 한 순괘純卦는 일곱 개의 변괘(七變卦)를 거느리며, 그리고 세응世應, 비복飛伏, 유혼游魂, 귀혼歸魂 등의 여러 예를 주해하였다. 하권의 머리에는 성인이 『역』을 지어 시초를 셈하고 괘를 펼친 것을 논하였고, 그 다음은 납갑법納甲法을 논하였으며, 그 다음은 24절기를 괘에 안배하여 천天 지地 인人 귀鬼 4역易과 부모 형제 처자 관귀官鬼 등의 효, 용덕龍德 호형虎形 천관天官 지관地官과 오행 생사가 담겨 있는 그런 것들을 논하였다(『사고총목제요』). 『한서』「경방전」에서 말한 것으로 증명하면, 다만 "그 설은 재이 변화에 뛰어났으니, 무릇 64괘를 가지고 날짜에 해당시켜 일을 처리하였고, 바람 비 차가움 따뜻함을 기후로 하여, 각각 점의 영험함이 있으므로 경방은 그것을 사용함에 특히 능통하였다(其說長於災變, 凡六十卦, 更直日用事, 以風雨寒溫爲候, 各有占驗, 房用之尤精)"라고 말했을 뿐이며, 그 나머지는 경방이 임금에게 상주上奏한 말이다. 이것과 『개원점경』에 인용한 것은 또한 모두 재이를 언급하였지 결코 세응 비복 등의 말을 언급하지 않았으니, 『경방역전』은 경방이 지은 것이 아님을 증명할 수 있는 것이다. 그러나 그 설은 육덕명의 저서에 보이나 누가 지은 것인지 분명히 밝히지 않았다. 그 책은 『수당지隋唐志』에는 말한 것이 보이지 않으며, 송宋나라에 이르러 조공무鼂公武의 『독서지讀書志』에 처음 기록되어 있으니, 대개 당나라 이전의 역점법을 뒷사람이 경방에 억지로 의탁한 것이 아닌가 생각한다.

**전복법錢卜法**

이러한 『역』설에서 곧 뒤의 전복법錢卜法(동전으로 점을 치는 법—옮긴이)이 따라 나온 것이다.

송의 항안세項安世는 말하였다.

경방역을 고찰해보면 세상에 전해오는 『화주림火珠林』은 곧 그가 남긴 방법(遺法)이다. 세 개의 동전을 던져, 두 개가 뒷면이고 한 개가 앞면이면 탁拆이고, 두 개가 앞면이고 한 개가 뒷면이면 단單이고, 모두 앞면이면 교交이고, 모두 뒷면이면 중重이다. 이것은 뒷사람들이 빠른 방법을 사용하는 경향으로 힘을 써서, 이것을 점복을 배열하는 편리함으로 여겼으니, 그 원래의 의의는 고증할 수 있는 것이다. 다른 것은 교와 중으로 점을 치지 않고 스스로 세世로써 점을 친다. 그러므로 그 점은 64효에서 멈추며 384효의 변화를 다할 수 없는 것이다.

以京易考之, 世所傳火珠林卽其遺法, 以三錢擲之, 兩背一面爲坼, 兩面一背爲單, 俱面爲交, 俱背爲重. 此後人務趨捷徑以爲卜肆之便, 而本意尙可考. 其所異者, 不以交重爲占, 自以世爲占, 故其占止於六十四爻, 而不能盡三百八十四爻之變.

또 전대흔錢大昕은 『십가재양신록十駕齋養新錄』에 말하였다.

「사관례士冠禮」 소疏의 점법은 7, 8, 9, 6의 효에 의거하여 기록하였다. 그러나 옛날에는 나무를 사용하여 땅에 그렸으나 지금은 동전을 사용한다. ……가공언賈公彥의 소를 고찰해보면, 북제北齊의 황경黃慶, 이맹철李孟悊 두 사람에 바탕을 둔 것이니, 즉 제齊와 수隋와 당唐나라 초기에 모두 이미 동전을 사용하였으며, 중, 교, 단, 탁의 이름은 지금과 다르지 않았다. 그러나 옛사람은 먼저 시초를 셈하고 뒤에 동전으로 기록하였다. 그 후의 점치는 사람은 점차 간단하고 쉬운 것으로 나아갔으니, 동전을 던져 수를 얻으면 다시 시초를 셈하지 않았다. 그러므로 당나라 사람의 시에 '뭇 사람들이 감히 분명하게 말하지 못하니, 암암리에 동전을 던져 멀리 있는 사람을 짐작본다'라는 구절이 있었다.

士冠禮疏筮法依七八九六之爻而記之. 但古用木畫地, 今則用錢. ……攷賈公彥疏本於北齊黃慶李孟悊二家, 是則齊隋與唐初皆已用錢, 重交單坼之名, 與今不異. 但古人先揲蓍而後以錢記之. 其後術者漸趨簡易, 但擲錢得數, 不更揲蓍. 故唐人詩有 '衆中不敢分明語, 暗擲金錢卜遠人'之句.

요컨대, 『주역』의 점술은 당나라 이전에 이미 두 가지 큰 종류의 변화가 발생하였으니, 하나는 어느 궁(某宮), 일세一世, 이세二世, 삼세三世, 사세四世, 유혼游魂, 귀혼歸魂 등 여러 이름으로 괘를 해석한 것이고, 또 하나는 동전으로 시초를 대신한 것이다.

**천문 점험**

육조시대에서 당에 이르기까지 점복술의 발전은 매우 컸다. 『수서』「경적지」와 『신당서新唐書』「경적지」의 기록을 보면, 천문과 오행 두 종류가 기록되어 있는 서적과 점험占驗에 관한 서적이 특히 많음을 알 수 있다. 당나라 구담실달瞿曇悉達이 모은 『개원점경開元占經』 120권(『신당서』에는 110권이라 하였고, 111권 이하는 팔곡점八穀占과 용어충사점龍魚蟲蛇占인데, 뒷사람이 덧붙인 것이 아닌가 생각한다)은 여전히 각종의 천문 점서의 면목을 보존하고 있으니 수당 이전의 천문 점험이 얼마나 성황을 이루었는가를 알 수 있다. 여기에는 약간의 천상天象의 설명, 예를 들면 장형張衡의 『영헌靈憲』, 왕번王蕃의 『혼천상주渾天象注』와 『혼천의渾天儀』, 『혼천도渾天圖』와 『흔천론昕天論』 『안천론安天論』 등 외에 대부분 점험에 대한 얼마간의 서적들을 기록하고 있다.

『수서』「경적지」 서序에 말하였다.

> 천문이란 성신星辰의 변화를 살펴 그 정치에 참고하는 것이다. 『역』에 이르기를 "하늘이 상을 드리우니, 흉함을 안다"라 하였고, 『서』에 이르기를 "하늘이 보실 때에는 백성을 통해서 보시며, 하늘이 들으실 때에는 백성을 통하여 들으신다"라고 하였다. 그러므로 "왕의 정치가 좋지 못하여 하늘에서 벌을 내려 일식이라는 현상을 나타내게 하였다. 왕후의 덕이 아름답지 못하여 하늘에서 벌을 내려 월식이라는 현상을 나타내게 하였다.

기타의 패 · 혜성 등이 날고 흘러 침범하는 것은 각각 그 응하는 것이 있어 일어난 것이다"라고 말한 것이다.

天文者, 所以察星辰之變而參於其政者也. 易曰:"天垂象, 見其凶." 書稱: "天視自我人視, 天聽自我人聽." 故曰:"王政不修, 謫見於天, 日爲之蝕. 后德不修, 謫見於天, 月爲之蝕. 其餘孛彗飛流見伏侵犯, 各有其應."

이것으로 당나라 이전의 천문은 점험의 견해에서 벗어나지 못하였음을 알 수 있다. 예를 들어, 『수지隋志』에 실려 있는 송나라 통직랑通直郎 유엄劉嚴이 지은 『형주점荊州占』 20권은 『개원점경』에 의거하여 인용한 것이 매우 많은데, 권 6에 '일월병출日月並出'조 아래 인용한 것에서 말하기를 "해와 달이 함께 나타나니, 이것은 멸망을 말함이다. 하늘 아래 나라 가진 자는 망한다(日月並出, 是謂滅亡, 天下有國者亡)"라 하였고, 또 말하기를 "해와 달이 함께 보이니, 이것은 영광을 떨치는 것을 말함이다. 큰 나라는 약하고 작은 나라는 강하니, 3년을 넘기지 못하고 전란이 일어나고 흉년이 들며, 비와 바람이 때에 맞지 않게 일어날 것이다(日月並見, 是謂爭光, 大國弱, 小國强, 不出三年, 兵起歲惡, 風雨不時)"라 하였고, 또 말하기를 "해와 달이 함께 나타나니, 이것은 죽음을 말함이다. 관리들이 모여서 아랫사람이 윗사람을 업신여긴다(日月並出, 是謂死喪, 吏人會聚, 以下淩上)"라고 하였다. 또 『수지』에 『해중성점海中星占』 1권, 『성도해중점星圖海中占』 1권이 있는데, 『개원점경』이 인용한 『해중점海中占』의 말은 권 31의 '형혹범심熒惑犯心'조에 인용한 것과 같이 말하기를 "형혹이 심숙心宿 방을 침범하니, 천자 왕자는 대가 끊긴다. 태자를 침범하니 태자는 대를 잇지 못한다. 서자를 침범하니 서자는 제어하지 못한다(熒惑犯心, 天子, 王者絶嗣. 犯太子, 太子不得代. 犯庶子, 庶子不制)"라 하였고, 또 말하기를 "형혹이 심숙心宿 방을 침범하니, 반드시 굶주려 죽는 사람이 있다(熒惑犯心, 必

有饑餓而死者)"라 하였고, 또 말하기를 "화성이 심숙心宿 방에 머물러, 그 색이 붉다면 병란이 있고 신하가 주상을 모반할 것이다. 그 색이 검다면 주상이 죽는다는 징조이다. 그 색이 희다면 신하가 작위를 도모할 것이다. 그 색이 푸르다면 주상이 근심할 일이 일어날 것이다(火守心, 色赤, 有兵, 臣謀其主. 黑, 主死. 白, 謀臣有賜爵者. 靑, 大人有憂)"라고 하였다.

**『영기경靈棋經』**

『수서』「경적지」와 신구新舊 두 『당지唐志』에 기록되어 있는 오행류의 서적은 점험에 관한 것이 가장 많다. 대략 나누어 말하면, 풍각점風角占, 태일구궁점太一九宮占, 고허점孤虛占, 역자점逆刺占, 조정점鳥情占, 재상점災祥占, 『주역』점周易占, 육임점六壬占, 파자결破字決, 『귀경龜經』, 잡서점雜筮占, 『십이영기복경十二靈棊卜經』, 점몽서占夢書 등이 있다. 『주역』점과 현재 남아 있는 『초씨역림焦氏易林』 한 종 외에 지금 아직 『영기경靈棋經』 한 종이 남아 있다. 『수지隋志』에는 "『십이영기경』 1권(十二靈棊經一卷)"이라고 하였는데 신구 『당지』에는 모두 실려 있지 않다. 『송사』「예문지」에는 "이진이 주를 단 『영기경』 1권(李進注靈棋經一卷)"이 기재되어 있고, 『문헌통고文獻通考』에는 "『영기경』 2권(靈棊經二卷)"이라 하였다.

조공무鼂公武의 『군재독서지郡齋讀書志』에 말하였다.

한나라 동방삭이 지었다 하고 또 장량, 유안이 지었다고 하였는데, 누가 맞는지 알 수 없다. 진의 안유명, 송의 하승천의 주와, 당의 이원의 서문이 있다. 귀래자는 황석공의 서라고 여겼으나 어찌 장량에게 전수한 것이라고 말하겠는가? 『남사南史』에는 '나그네는 남쪽에서 와서, 나에게 좋은 재물을 남겨주었으니, 보화 주옥과 황금 그릇과 옥으로 만든 잔이다'라는 점풀이글이 실려 있는데 옛날의 유서遺書임이 또한 분명하다. 무릇 120괘는 모두 점풀이글이 있다.

漢東方朔撰, 又云張良, 劉安, 未知孰是. 晉顔幼明, 宋何承天注, 有唐李遠敍. 歸來子以爲黃石公書, 豈謂以授良者邪? 按南史載 '客從南來, 遺我良財, 寶貨珠璣, 金盌玉盃'之繇, 則古之遺書也明矣. 凡百二十卦, 皆有繇辭.

금본 이원李遠의 서문에 '회창會昌 9년'이라고 말하였으나, 회창은 6년에 끝나 9년이 없었으니 9자는 당연히 6자가 잘못 쓰인 것이다. 서문에 말하기를 "수십 본의 책을 모아 참고하고 비교하여 잘못된 것은 버리고 바른 것은 남겨 여기에 갖추어놓았다(凡集數十本, 參而較之, 去謬存正, 備集於此)"라고 하였는데, 『송사宋史』에서 말한 '이진의 주(李進注)'는 혹시 이원李遠이 잘못 쓰인 것이 아닌가 생각한다. 또 현존하는 『영기경』에는 진晉의 안유명, 송의 하승천의 주가 씌어져 있으며, 원의 진사개陳師凱, 명의 유기劉基의 해석이 있다. 『수서』 「경적지」, 『송사』 「예문지」, 『문헌통고』에는 모두 안유명, 하승천의 주를 언급하지 않았다. 당의 사본寫本 잔권殘卷에 "안연왈顔淵曰"이라고 운운한 것이 있는데, 금본에 실려 있는 안유명의 주와 크게 같으니 이들은 비록 전하여 쓴 것에 다름이 있으나 모두 가탁하여 나온 것이 아닌가 생각한다. 유기의 서문 해설은 『형주패편荊州稗篇』과 『명사明史』 「예문지」에 모두 언급하고 있다. 『사고전서총목제요四庫全書總目提要』에서는 "청전의 한 주는 홀로 문사가 우아하니, 혹 실제로 유기의 자작인지 또한 알 수 없다(青田一註, 獨爲馴雅, 或實基所自作, 亦未可知)"라고 하였다. 그러나 『남사』에 기재되어 있는 "나그네는 남쪽에서 와서(客從南來)"의 말은 지금 『영기령』 제37괘상의 글에 보이고, 또 당나라 사람의 사본(왕국유에게 『당사본영기경잔권唐寫本靈棋經殘卷』 발문이 있다)에 있으니, 비록 글은 조금 다르나 이 책은 본래 육조六朝 시대 이전에 나온 것임을 증명할 수 있다. 『영기경』의 점법은 바둑돌 열두

개를 사용하는데, 모양은 둥글고, 둘레의 길이는 1촌寸 2분分이고, 두께는 3분이며, 네 개에 상上자를 쓰고, 네 개에 중中자를 쓰고, 네 개에 하下자를 쓴다. 뒷면에는 쓰지 않으며 한 번 던져 괘를 얻는다. 앞뒷면을 서로 곱하면 모두 124괘를 얻는데, 순음純陰을 보태어 한 괘를 늘여 125괘가 된다. 각 괘는 모두 괘명과 정해진 글(定辭)이 있다. 예를 들면, 상 중 하가 각각 하나이면 이름은 대통괘大通卦이고, 위로 오르는 상이며, 해설은 "순양의 괘가 때에 맞고, 하늘인 건괘는 서북방이다(純陽得令, 乾天西北)"라는 것이다. 상象에 말하기를 "작은 것에서 큰 것에 이르니, 곤궁에 빠지는 일이 없다. 아래에서 높이 올라 드디어 부호에 이른다. 마땅히 멀리 갈 것이니, 숨어 있으면 불리하다(從小至大, 無有顚沛, 自下升高, 遂至富豪. 宜出遠行, 不利伏韜)"라고 하였고, 또 시詩로써 이르기를 "표범의 무늬가 변하여 색채를 이루니, 용을 타고 복이 스스로 이르네. 아무것도 없이 부귀를 이어받으니, 일마다 새롭게 바뀌리라(變豹文成彩, 乘龍福自臻. 赤身承富貴, 事事可更新)"라고 하였다. 이런 점서는 전부 『주역』과 『역림』의 형태를 갖추었음을 알 수 있다.

### 배교杯珓

그 다음, 육조六朝에서 당에 이르러 배교杯珓(조개껍질, 대나무 조각, 나무 조각 등으로 만든 점칠 때 사용하는 도구—옮긴이)라는 점복이 있었다. 양梁나라 종름宗懍의 『형초세시기荊楚歲時記』에 말하기를 "입추 후 토신제를 지낼 때, 신령에게 알려주어 한 해의 풍작과 흉작을 점친다(秋社, 擬教於神, 以占來歲豐儉)"라고 하였는데, 주에서 이르기를 "알려주는 것(教)은 오동으로 한다. 모양은 작은 조개와 같으며, 알려주는 것을 말함은 그렇게 하도록 시키는 것이다. 그 던지는 법은 반은 아래로 반은 위로 향하면 길한 것이다(教以桐爲之, 形如小蛤, 言教, 教令也. 其擲法以半俯半仰爲吉者也)"

(『연번로演繁露』에도 인용한 것이 보인다. 지금 『한위총서漢魏叢書』에는 본래 이 조가 없다)라고 하였다. 당나라 한유韓愈는 「알형악묘수숙악사제문루謁衡嶽廟遂宿嶽寺題門樓」라는 시에서 말하였다.

> 사당의 노인은 신령의 뜻을 알아,
> 눈을 크게 뜨고 몰래 살피며 허리 굽혀 절을 하네.
> 손에는 배교를 들고 나로 하여금 던지게 하여,
> 가장 길한 것을 얻었으니 이보다 더 좋은 것은 다시없다 말하네.
> 廟令老人識神意,
> 睢盱偵伺能鞠躬,
> 手持杯珓導我擲,
> 云此最吉餘難同.

이것은 배교가 당나라 때 이미 성행하였음을 증명하고 있다. 배교는 언제부터 비롯되었는지 분명하게 고증할 수 없다. 『초사楚辭』「이소離騷」에 "경모를 찾고 가느다란 대나무를 가지고, 영분에게 명하여 나를 위해 점을 치게 하네(索藑茅以筳篿兮, 命靈氛爲予占之)"라고 하였는데, 왕일王逸은 주에서 "경모藑茅는 영험한 풀이다. 정筳은 가느다란 대나무이다. 초나라 사람은 풀을 엮고 대나무를 꺾어 점을 쳤는데 이름을 전篿이라 하였다(藑茅, 靈草也. 筳, 小折竹也. 楚人名結草折竹以卜曰篿)"라고 말하였다. 『후한서後漢書』「방술전方術傳」 이현李賢의 주에 『초사楚辭』의 주를 인용하여 "정은 여덟 마디의 대나무이다(筳, 八段竹也)"라고 하였다. 정은 꺾은 대나무로 점을 치는 것이니, 이것이 배교의 기원이 아닌가 하는 생각이 든다. 『광운廣韻』 교珓자에 "배교는 옛날에 옥으로 하였다(杯珓, 古者以玉爲之)"라고 말하였다. 송나라 정대창程大昌의 『연번로演繁露』에 말하였다.

후세에 신령에게 점을 묻는데 사용하는 도구 이름이 배교라는 것이 있다. 두 개의 조개껍질을 땅으로 던져 조개껍질이 위로 혹은 아래로 향한 것을 보고 길흉을 판단하였다. 이것을 만든 이후부터 뒷사람들은 조개껍질만 사용하지 않고 혹은 대나무 혹은 나무를 깎아 대략 조개 모양과 같게 하여, 가운데를 둘로 나누어 아래와 위로 행하게 하였으므로 또한 배교라 이름을 붙였다. 배는 조개껍질 가운데의 빈 곳에 물건을 담을 수 있어 그 모양이 잔과 같음을 말한다. 교는 당연히 교教이어야 하며, 신령이 알려주는 것이 위나 아래로 향하는 것에 나타남을 말한다.

後世問卜於神, 有器名盃珓者, 以兩蚌殼投空擲地, 觀其俯仰以斷休咎. 自有此制後, 後人不專用蛤殼矣. 或以竹, 或以木, 略斲削使如蛤形, 而中分爲二, 有俯有仰, 故亦名盃珓. 盃者, 言蛤殼中空, 可以受盛, 其狀如盃也. 珓者, 本合爲教, 言神所告教, 現於此俯仰也.

섭몽득葉夢得의 『석림연어石林燕語』에 말하기를 "남경 고신묘에 향로가 놓인 긴 탁자에 대나무로 만든 배교가 있다. ……한 번은 위로 한 번은 아래로 향하는 것을 성교聖筊로 여겼다(南京高辛廟香案有竹杯筊, ……以一俯一仰爲聖筊)"라고 하였다. 교珓자는 혹은 교教, 혹은 교校 혹은 교簥라고 하였는데 모두 한 가지이다. 이것은 정대창의 『연번로』에 설명되어 있다. 교筊는 당연히 교簥의 다른 글자(異文)이다. 배교의 점법은 당나라 이전에는 대략 정해진 점글(定辭)이 없었다. 한유의 시에 의하면 배교를 던진 후 사당의 노인이 신령의 뜻을 알아 길흉을 정하였으니, 당시에는 정해진 점글이 없었던 것이다.

## 6. 송명 이래 『주역』의 변화와 점술의 발전

송대의 『주역』은 당시에 도교가 유가에 침입하고, 또 이학理學의 발전으로 인하여 매우 큰 변화가 발생하였다.

### 소옹邵雍의 『황극경세皇極經世』

소옹邵雍의 역학은 원래 도가의 진단陳溥에 바탕을 둔 것이며 『위하도僞河圖』와 『낙서洛書』로부터 선천先天 후천後天과 괘기卦氣 등의 여러 설로 발전하였는데, 처음으로 도사의 말을 가지고 『역』을 말한 것이다. 또 운수를 계산하는 방법(步算之法)을 가지고 『황극경세皇極經世』라는 책으로 발전시켜 매분 매초의 길흉화복을 산출하는 기술(分秒直事)을 가지게 되었다. 주희는 『주자어류朱子語類』에서 말하기를 "『역』은 점치는 책이고 『황극경세』는 운수를 추론한 책이다. 『경세』는 12벽괘辟卦로 12회會를 관할하여 절기를 설정하고, 또 그 중에서 길흉과 변화의 원리를 추론하였으나, 이것과 『역』과는 무슨 관계가 있는 것이 아니다(易是卜筮之書, 『皇極經世』是推步之書. 『經世』以十二辟卦管十二會, 綳定時節, 卻就中推吉凶消長, 與易自不相干)"라고 하였으니, 『황극경세』는 또 『역』을 억지로 갖다 붙여 운수를 추론하여 길을 택하는 것으로 변한 것임을 알 수 있다.

### 정이程頤의 『역전易傳』

그 다음, 『주역』은 송대에 이르러 또 송대 이학理學의 영향을 받았다. 『관씨역전關氏易傳』이라는 위탁한 책이 있는데, 사람들은 관랑關朗이 지은 것이라고 말한다. 이 책 가운데 「이성의理性義」 1장이 있는데, 송대 유학자들이 『주역』을 빌려 성명性命의 원리를 말한 흔적을 볼 수 있다. 또

정이程頤의 『이천역전伊川易傳』은 오로지 이理를 말한 것이다.

건괘乾卦에서 말하였다.

건은 하늘(天)이다. 천天은 하늘의 형체이다. 건乾은 하늘의 성정性情이다. 건은 강건한 것(健)이다. 강건하여 멈추지 않는 것을 건이라고 한다. 무릇 하늘은 한결같이 말하면 도道이니, 하늘은 또 어기지 않는다는 것이 이것이다. 나누어 말하면, 형체로는 하늘이라 말하고, 주재로는 제帝라고 말하고, 기능으로는 신묘한 작위(鬼神)라 말하고, 묘한 작용으로는 신묘하다고 말하고, 성정으로는 건이라고 말한다.

乾, 天也. 天者, 天之形體. 乾者, 天之性情. 乾, 健也. 健而無息之謂乾. 夫天, 專言之則道也, 天且弗違是也. 分而言之, 則以形體謂之天, 以主宰謂之帝, 以功用謂之鬼神, 以妙用謂之神, 以性情謂之乾.

또 「문언전文言傳」의 '아름다움이 모인 것은 예와 합할 수 있다(嘉會足以合禮)'를 다음과 같이 해석하였다.

회통의 아름다움을 얻으니 곧 예에 합하는 것이다. 예에 합하지 않으면 이가 아니니 어찌 아름다움을 얻을 수 있겠는가? 이가 아니면 어찌 형통함이 있을 수 있겠는가?

得會通之嘉, 乃合於禮也. 不合禮則非理, 豈得爲嘉? 非理, 安有亨乎?

이러한 것들은 모두 『역』을 이학화한 것이니, "하늘은 곧 도이다(天則道)" "예가 곧 이이다(禮則理)"라는 말을 모두 『주역』 속으로 옮겨 넣은 것이다. 주희에 이르러서 한 방면으로는 정이를 평하여 "의리가 정밀하고 글자 수도 넉넉하여 조금도 결함이 없다(義理精, 字數足, 無一毫欠缺)"

라고 찬탄하면서, 다른 방면으로는 또 소옹의 선천도先天圖를 승인하여 "참으로 정밀하다(直是精微)"고 여겼으니, 이것은 이후의 역학에서 매우 큰 영향을 불러 일으켰다.

### 사마광司馬光의 『잠허潛虛』

사마광司馬光의 『잠허潛虛』는 『태현太玄』의 형태를 갖추고 『주역』을 모방한 것이다. 이러한 것은 반은 점서占筮이고 반은 철학인 저작인데, 그것의 점치는 방법은 아래와 같다.

오행을 서로 곱하여 25를 얻는다. 또 이것과 3재三才를 곱하여 75를 얻어 이것을 책策으로 한다. 그 다섯 개를 놓아두고 70개를 사용한다. 이것을 나누어 둘로 한다. 왼쪽의 하나를 취하여 오른쪽에 걸어둔다. 왼쪽의 것을 10개로 셈하여 그 나머지를 보고 손가락 사이에 끼워둔다. 다시 하나로 합하여 이것을 다시 나누어, 셈한 것을 오른쪽에 걸어둔다. 그 다음 모두 왼쪽의 방법과 같이 한다. 왼쪽은 주인이고 오른쪽은 손님이다. 주인이 먼저이고 손님이 뒤인 것은 양이고, 손님이 먼저이고 주인이 뒤인 것은 음이다. 그 합한 것을 보고 이름을 정한다. 이미 이름을 얻었다면 또 시초를 합하여 다시 나누어 양은 오른쪽에 놓고 왼쪽을 셈하고, 음은 왼쪽에 놓고 오른쪽을 셈하여 순양을 생하면 오른쪽에 놓고, 순음을 이루면 왼쪽에 놓는다. 일곱 개로 셈하여 셈한 나머지가 얻은 수를 변화하는 것이다. 길吉, 흉凶, 장臧, 비否, 평平을 보고 결정하여, 양은 그 드러난 것을 사용하고 음은 그 숨은 것을 사용한다. 숨은 것은 길, 흉, 장, 비와 현顯, 려戾이다. 일의 시작(始)과 마침(終)과 과정(中)을 알고자 하면 시초점을 칠 때의 시時로써 점친다. 가장 먼저 괘상을 이룬 것이 시작(始)이고, 괘상보다 뒤인 것이 과정(中)이고, 변화를 얻은 것이 마침(終)이다. 변화는 이러한 점치는 행위 중에서 가장 중요한 것이다. 또 길, 흉, 장, 비, 평이 있는 것은 변화 속에서 다시 자세히 구별하는 것이다.

五行相乘得二十五. 又以三才乘之, 得七十五, 以爲策. 虛其五, 而用七十. 分而爲二. 取左之一, 以掛於右. 揲左以十, 而觀其餘, 置而扐之. 復合爲一, 而再分之, 卦揲其右. 皆如左法. 左爲主, 右爲客. 先主後客者陽, 先客後主者陰. 觀其所合, 以名命之. 旣得其名, 又合蓍而復分之, 陽則置右而揲左, 陰則置左而揲右, 生純置右, 成純置左. 揲之以七, 所揲之餘, 爲所得之變. 觀其吉凶臧否平而決之, 陽則用其顯, 陰則用其幽. 幽者, 吉凶臧否與顯戾也. 欲知始終中者, 以所筮之時占之. 先體爲始, 後體爲中, 所得之變爲終. 變已主其大矣, 又有吉凶臧否平者, 於變之中, 復爲細別也.(『잠허潛虛』)

『잠허』는 모두 52괘이며, 각 괘는 일곱 효이므로 모두 364효가 된다. 여기에다 원元, 여餘, 제齊 3효를 보태어 367효가 된다. 용|||||||괘(容|||||||卦) 처음 효(初爻)의 변도變圖에 말하기를 "덕을 닦고 존귀하며 오래되고 편안하다(修而貴而, 久而安而)"라 하였고, 해도解圖에 말하기를 "외모를 잘 꾸밈이 항상 그러하니, 오래되면 존귀하게 된다(修容有常, 久則貴也)"라고 하였다. 용容의 둘째 효(二爻)에 말하기를 "얼굴을 감추고 다리를 뻗고 앉아 기다리는 것은 서둘러 죽는 것만 못하다(葆首夷俟, 不若遄死)"라고 하였다. 풀이하여 말하기를 "얼굴을 감추고 다리를 뻗고 앉아 기다리는 것은 차마 보지 못한다(葆首夷俟, 不可忍見也)"라고 하였다. 이러한 효사는 모두 격언의 성질을 내포하고 있으며, 참으로 『태현』 이후의 그 정신을 계승한 책이다. 그러나 『잠허』의 풀이글이 비록 아름다우나 점치는 법은 통행하지 않았으며, 다만 문인들이 그것을 말하기를 좋아하였을 뿐이었다.

### 채심蔡沈의 『홍범황극내외편洪範皇極內外篇』

『잠허』를 모방하여 지은 것에 채심蔡沈의 『홍범황극내외편洪範皇極內外篇』이 있다. 『잠허』는 Ⅰ, Ⅱ, Ⅲ, Ⅲ, ×, ⊤, ⫪, ⫫, ⫫, ＋을 사용하였고, 『홍범』은 이를 따랐으나 다만 ＋을 고쳐 Ⅲ으로 하였다. 『잠허』는 『역』의 상하를 변화시켜 좌우로 하였는데, 『홍범』도 이를 따랐다. 『잠허』는 Ⅰ를 이름하여 원原이라 하였고, 『홍범』 역시 이를 따랐다. 『잠허』는 점을 나누어 길, 장, 평, 비, 흉 다섯으로 하였는데, 『홍범』은 점을 나누어 길吉, 구咎, 상祥, 린吝, 평平, 회悔, 재災, 휴休, 흉凶 아홉으로 하였다. 『잠허』는 간단하나 『홍범』은 번거롭다. 『잠허』는 효가 있으나 『홍범』은 효가 없고, 그 작은 수(小數)를 곧 효에 해당시켜 사용하였다. 『홍범』의 81수數는 당연히 『태현』에서 자료를 취하였고, 『홍범』의 구주九疇와 『낙서』에 의탁하여 스스로 그 술을 높였다.

『사고전서총목제요』에 말하였다.

채심이 이 책을 지어 유흠의 '『하도』『낙서』는 서로 표리가 되며, 팔괘 구장九章은 서로 경위가 된다'는 말을 억지로 갖다 붙이고, 『서경』의 문장을 빌리고 『역』의 모양을 모방하여 구구를 81주로 발전시켰으니, 역괘의 팔괘가 겹쳐 64괘로 변한 예를 모방한 것이다. 『월령』의 절기를 취하여 81주로 분배하였고, 맹희가 『역』을 해석하면서 괘기를 날짜에 해당시킨 술을 운용하였다. 시초를 셈하는 것은 셋으로 하되 이것을 강綱이라 하고, 수를 쌓아 6,561로 하였으니, 음으로는 초공의 64괘를 가지고 각각 64괘를 변화시킨 법이다. 대의는 『태현』, 『원포』, 『잠허』를 가지고 이미 『역』을 모방한 것이니 신기한 것을 보기에는 부족하였다. 그러므로 그 설을 변화하여 『홍범』으로 귀속시킨 것이니, 사실은 이랬다저랬다 갈피를 잡을 수 없으며 『잠경』과 동일할 뿐이다.

沈作是書, 附會劉歆 '河圖洛書相爲表裏, 八卦九章相爲經緯.' 之說, 借書之文, 以擬易之貌, 以九九演爲八十一疇, 仿易卦八八變六十四之例也. 取月令節氣分配八十一疇, 用孟喜解易, 卦氣值日之術也. 其揲蓍以三爲綱, 積數爲六千五百六十一, 陰用焦贛六十四卦各變六十四卦之法也. 大意以太玄, 元包, 潛虛旣已擬易, 不足以見新奇, 故變幻其說, 歸之洪範, 實則朝四暮三, 朝三暮四, 同一潛經而已矣.

지금 『홍범황극내외편』을 고찰해보면, 81수首가 있는데 각 수에는 괘사가 있고, ——원原과 같이 날짜에 해당시킨 것이 있다(1의 1). 해당시킨 날짜는 동지이며, 이날에는 지렁이가 모두 땅속으로 들어간다. 괘사에 말하기를 "원은 크게 길하고, 기는 군자에게 경사가 있는 것이다(原, 元吉, 幾, 君子有慶)"라고 하였다. 아래에는 또 81항의 길, 구, 상, 린, 평, 회, 재, 휴, 흉으로 나누어 주를 달았다. 이러한 점서는 참으로 『역』의 지류이며 도리어 『홍범』에 억지로 갖다 붙인 것이다. 그러나 이것 이후에는 또 『홍범』 일파의 점서의 법문法門을 열었다.

**『화주림火珠林』**

그 다음, 송나라부터 통행했던 동전을 던져 점을 치는 것에 『화주림火珠林』 일종이 있었다. 『문헌통고』「경적지」 자부子部 · 점서류占筮類에 『화주림』 1권이 있고, 『송사宋史』「예문지」 자부 · 시귀류蓍龜類에도 『화주림』 1권이 있다.

『주자어류朱子語類』에 말하였다.

노가기가 "옛날에 점치는 것이 아마 오늘날의 『화주림』과 같은 것이 아니었는지요?"하고 묻자, 주자가 말하기를 "내가 보기에는 옛날에도 아마 여전히 화주림과 같은 점치는 방법이 있었을 것이다. 『좌전』에 기록되어 있는 것과 같은 간지와 납음을 배합한 뜻을 오늘날에도 또한 버리지 않고 있는 것과 같지 않겠는가? 또 준괘가 비괘로 변함에 준괘의 풀이글로도 비괘의 풀이글로도 해석하지 않고 도리어 자신의 다른 한 방법으로 추론하였으니, 아마 역시 이러한 점치는 원리는 버리지 않았을 것이다"라고 하였다.

魯可幾曰:"古之卜筮, 恐不如今日所謂火珠林之類否?" 曰:"以某觀之, 恐亦自有這法. 如左氏所載, 則支干納音配合之意, 似亦不廢? 如云屯之比, 旣不用屯之辭, 亦不用比之辭, 卻自別推一法, 恐亦不廢這理也."

진진손陳振孫의 『서록해제書錄解題』는 "지금 길거리에서 점을 치는 사람은 동전을 던져 점을 치는데, 모두 『화주림』 책에서 말한 방법을 운용한다(今賣卜者擲錢占卦, 盡用此書)"라고 여겼으니, 『화주림』 일종의 점술은 이미 크게 통행하였음을 알 수 있다. 현재 통행하고 있는 『백이한경재비서사종百二漢鏡齋秘書四種』 안의 『화주림』 일종은 비록 완전히 모두 송대에 유행했던 구본이 아니나, 점법을 말하면 전부 간지干支의 배합을 사용하였다. 이것은 『주역』의 시초점에서 사실은 다르게 나온 일종의 점술이었다.

**첨점籤占**

『주역』점의 변화에서 또 첨점籤占(가늘고 긴 대나무 조각이나 나무 막대기에 문자나 부호 따위를 새겨 만든 제비. 일종의 제비뽑기와 유사한 점을 말한다—옮긴이)의 일종의 방법이 발생하였으니, 이 방법은 지금까지도 크게 통행하고 있다. 대나무를 깎아서 첨籤으로 하고 죽통竹筒에 넣어 신령 앞에서 흔들어 한 가지를 뽑아내어 그 번호의 순서에 따라 첨시籤詩(시구로 표시된 길흉을 적은 제비. 제비를 뽑아 점대에 쓰여 있는 점글을 말한다—옮긴이)를 확인하여 취한다. 첨시의 기원은 도대체 언제인지 고증할 수 없다. 송나라 문영文瑩의 『옥호청화玉壺淸話』에서 다음과 같이 말하였다.

노다손이 조남에서 태어나 아직 어릴 때, 아버지가 손을 잡고 운양도관雲陽道觀의 소학에 갔다. 이때 여러 아이들과 함께 책을 낭송하였는데, 낡은 단상 위에 옛 첨통이 하나 있었다. 아이들이 다투어 뛰어가 제비를 뽑으며 놀았다. 이때 다손은 아직 글자를 몰라 점대 하나를 뽑아 아버지에게 보였다. 그 풀이글에 말하기를 "중서의 집안에서 태어나 천수에 기대어 명백히 해야 하리. 52세에 신선이 되어 마침내 봉해의 객이 되리라"라고 하였다. 아버지는 매우 기뻐하며 길한 것으로 여겨 그것을 집으로 가져가 보관하였다.

盧多孫相生曹南, 方幼, 其父攜就雲陽道觀小學. 時與羣兒誦書, 廢壇上有古籤一筒, 競往抽取爲戱. 時多孫尙未識字, 得一籤歸示其父. 詞曰: '身出中書堂, 須因天水白, 登仙五十二, 終爲蓬海客.' 父見頗喜, 以爲吉籤, 留籤於家.

이 한 구절의 말은 오대五代 말에 이미 첨시가 있었다는 것을 증명하고 있다. 『사고전서총목』 「자부子部 · 술수류術數類」에 『첨역籤易』 1권이 있는데, 「제요」에 말하기를 "명나라 노한이 지었다. 노한이 『역경중설易經中說』을 지었는데 여기에 이미 기록하였다. 이 책은 64괘에 태극, 양의, 사상, 진퇴, 이합, 대소, 원근을 보태어 79수로 발전시켰다. 『역』의 시책으로는 죽첨竹籤(대꼬챙이—옮긴이)을 사용하였고, 각 점대에는 풀이글이 있었다. 또 쓸데없이 덧붙여 해석하여 『역림』, 『태현』, 『원포』, 『잠허』 등 여러 책을 모방하였으니, 실은 방술자류이며 동전으로 시초를 대신한 변법일 뿐이다(明盧翰撰. 翰有易經中說, 已著錄. 是書以六十四卦, 加太極,

兩儀, 四象, 進退, 離合, 大小, 遠近, 衍爲七十九數. 易蓍策而用竹籤, 每籤有辭, 又各贅以贊釋, 以擬易林, 太玄, 元包, 潛虛諸書, 實則方技者流, 以錢代蓍之變法耳)"라고 하였으니 이 『역첨』은 역시 일종의 첨서籤書이다. 청나라 초기의 대유 안원顔元은 고향을 떠나 아버지를 찾아 나섰는데, 연로에서 첨점을 뽑아 첨점에서 지나가야 할 묘廟를 헤아리니 관후묘關侯廟, 성황묘城隍廟, 동악묘東嶽廟가 있었다. 그가 해주海州에 도착했을 때, 성황城隍에 기도하여 얻은 첨시에 말하기를 "멀리 장안을 향해 그의 소식 그리며, 마침 마름꽃 묶음을 자세히 보고 있네. 글과 책을 보고 말하며 경내로 들어가니, 오늘 아침에는 희색이 눈썹 끝에 오르네(望渠消息向長安, 好把菱花仔細看. 見說文書將入境, 今朝喜色上眉端)"라고 하였다〔『습재기여習齋記餘』 권 2, 「심부신응기尋父神應記」〕. 이 첨시는 『관제첨關帝籤』 중의 제9첨이다. 아마 옛날에 있었던 첨서를 다른 묘에서도 채용하여 서로 베꼈기 때문에 이 성황과 관제의 첨籤이 서로 같은 것이 되었을 것이다. 또 안원이 기도했던 성황묘의 첨시에 "가족이 흩어졌다 다시 모이는 보름날 달빛은 밝네(團圓十五月光明)"라는 구절이 있는데, 내가 『관제첨』과 『도성황첨都城隍籤』에서 찾아보아도 모두 이 구절이 없었으니, 동일한 신묘神廟이나 지방이 다르면 사용한 첨시는 꼭 서로 같았다고 할 수 없다는 것을 증명하고 있는 것이다. 내가 광주廣州에서 수집한 첨서는 18종이 있는데 대략 아래와 같다.

첨서籤書

(1) 첨수籤數: 20. (여조약첨呂祖藥籤 — 목과目科)
28. (토지첨土地籤)
30. (강공첨康公籤)
36. (화타첨華佗籤)

50. (조신첨竈神籤, 상제첨上帝籤, 삼계성야첨三界聖爺籤, 여조약첨呂祖藥籤 — 외과外科)

64. (의령대제첨醫靈大帝籤, 의령대제약첨醫靈大帝藥籤, 오현화광제첨五顯華光帝籤, 금성후왕첨金聖侯王籤, 홍성왕첨洪聖王籤)

81. (도성황첨都城隍籤)

100. (관제첨關帝籤, 관음첨觀音籤, 재백성군첨財帛星君籤, 화타약첨華佗藥籤, 여조약첨呂祖藥籤 — 남부男婦, 부과婦科와 유부幼婦)

101. (동악대제첨東嶽大帝籤)

103. (천후첨天后籤)

(2) 길흉吉凶: 관제첨關帝籤:대길大吉 3, 상상上上 8, 상길上吉 18, 중길中吉 27, 중평中平 24, 중하中下 1, 하하下下 19.

관음첨觀音籤:상上 30, 중中 55, 하下 15.

재백성군첨財帛星君籤:상상上上 1, 상길上吉 34, 중상中上 1, 중길中吉 34, 중평中平 3, 중길中吉 34, 평길平吉 1, 평평平平 1, 하평下平 4, 하길下吉 21.

이상이 일백 첨이다. 대부분 중中이 가장 많고 하下는 비교적 적다. 중, 상, 하는 거의 기하급수를 이루려고 한다. 가장 분명한 것은 관음첨이며, 거의 중 3, 상 2, 하 1의 상황을 이루려고 한다.

동악첨東嶽籤:상상上上 20, 상길上吉 12, 상중上中 7, 대길大吉 15. 중중中中 4, 중평中平 19, 중길中吉 1, 중하中下 2. 하하下下 21, 이것은 길이 중과 하에 배가 된다.

천후첨天后籤:상 34, 중 32, 하 34. 모두 일백 첨이다. 또 다른 정괴頂魁, 아괴亞魁가 있는데, 모든 괴魁는 모두 상상上上이다.

이것은 평균적 분배이다.

위에 열거한 것은 모두 100첨의 예이다. 우리는 첨서籤書에서 길흉의 분배는 대개 상, 중, 하가 서로 평균되어 있거나, 혹은 상이 혹은 중이 비교적 많으며, 또는 어떤 때는 상이 많으면 중이 적고, 중이 적으면 상이 많으나 대체로 서로 차이나는 것이 그리 크지 않음을 알 수 있다. 첨의 수가 어찌 되었던 관계없이 대체적으로 큰 이해利害의 변화는 있을 수 없다. 지금 다시 기타 수의 첨을 아래에 열거하겠다.

토지첨土地籤 (28): 상 8, 중 10, 하 10.

화타첨華佗籤 (36): 상 15, 중 12, 하 9.

삼계성야첨三界聖爺籤 (50): 상 22, 중 12, 하 15. 하나는 분명하지 않다.

조신첨竈神籤 (50): 상상上上 12, 대길大吉 10. 평안平安 1, 중평中平 12, 중하中下 7, 하하下下 11.

상제첨上帝籤 (50): 상상 12, 대길 10. 평안 1, 중평 12, 하 7, 하하 18.

오현화광첨五顯華光籤 (64): 상 32, 중 15, 하 17.

금성후왕첨金聖侯王籤 (64): 상 35, 중 22, 하 7.

(3) 내용內容: 첨서의 내용은 『주역』과 『역림』을 원조로 하였으나 오히려 『영기경靈棋經』을 비슷하게 모방하였다. 64첨의 『홍성왕첨洪聖王籤』

과 『금성후왕첨金聖侯王籤』 두 첨과 같이 각 첨의 꼭대기에 '건위천乾爲天' 혹은 '천풍구天風姤' 등의 이름이 씌여 있는 것은 정말 『주역』의 '형식뿐인 의식(告朔餼羊)'이었다. 『영기경』에는 상象이 있고 또 시詩가 있다. 예를 들어, 제52 간장괘奸長卦는 4상 1중 4하인데, 이것은 어려움이 많은 상이다. 상에 말하기를 "집을 떠난 지 오래되었는데 되풀이하여 많은 방해를 받는다. 일마다 뜻대로 순조롭지 못하니 하는 바를 잘 이루지 못한다(契闊離居, 反復多阻. 凡事不利, 所爲不擧)"라 하였고, 시에 말하기를 "오랜 세월을 고향에 돌아갈 수 없었네. 일이 이루어지려 할 때 모든 것이 바뀌었네. 늙어서 궁핍하고 근심하는 것은 운명이 어렵기 때문이니, 세상 인정이 얇다고 한탄하지 말라(淹留歲月未能歸, 事欲成時意轉非. 老去窮愁因命蹇, 勸君莫恨世情微)"라고 하였다. 첨서에는 시 한 수만이 있는데, 『관제첨』 제6첨에 말하기를 "왜 힘들여 북치고 거문고 뜯고 또 생황을 부는가. 한 걸음 한 걸음이 만리의 노정에 오르는 것 같네. 두 사람 서로가 의심을 품고 믿지 않는데, 스스로 서로의 감정이 좋다고 여기지 말라(何勞鼓瑟更吹笙, 寸步如登萬里程. 彼此懷疑不相信, 休將私意憶濃情)"라 하였고, 또 『관음첨』 52첨에 말하기를 "물속의 달을 잡는 데 노력이 많이 드나, 노력을 다해도 도리어 얻는 것이 없네. 아무렇게나 함부로 말하지 말라. 쓸데없이 마음과 힘을 기울려 자신만 고립시킨다(水中促月費工夫, 費盡工夫却又無. 莫說閒言並亂語, 枉勞心力强身孤)"라고 한 것과 같다. 그러나 이러한 첨시는 어떤 때는 뜻이 애매하여 그 뜻을 헤아릴 수 없다. 『영기경』에는 억지로 갖다 붙여 이루어진 진晉의 안유명顔幼明, 송의 하승천何承天의 주가 있고, 또 원의 진사개陳師凱, 명의 유기劉基의 해석이 있다. 우리는 잠시 그것의 진위 시비에 대해 관계하지 않는다 하더라도 이러한 해석이 적지 않음을 알 수 있다. 첨서의 내용도 곧 이와 같은 것이다. 『관제첨』과 『관음첨』 역시 허다한 해석을 필요로 하였으니, 첨서의 뜻을 해석하면서 각각 고사를 사용하여 비유하였다. 예를 들어, 『관제첨』 제6첨에 "상여는 완벽하게 조나라로 돌아갔다(相如完璧歸趙)", 제7첨에 "여동빈은 단약丹藥을 만들었다(呂洞賓煉丹)"라 하였고, 『관음첨』 제52첨에 말하기를 "이 괘는 힘드는 것을 탐하여 구하는 상이니, 무릇 일에 몸도 마음도 지친다(此卦貪求費力之象, 凡事勞心費力也)"라 하였는데, 옛사람은 "태백은 취하여 명월을 건져 올렸다(太白醉撈明月)"라고 하였다. 제53첨에 말하기를 "이 괘는 영웅이 출현하는 상이니, 무릇 일은 뜻에 따라 희망적이다(此卦龍吟虎笑之象, 凡事順意有望也)"라고 하였는데, 옛사람은 "유비가 데릴사위가 되는 것이다(劉備招親)"라고 말한 것 등과 같은 것이다. 이 외에 『관제첨』의 해석은 매우 많은데, 이른바 '성의聖意', '동파해東坡解', '벽선주碧仙註', '해왈解曰', '석의釋義', '점험占驗' 등이 있다. 지금 『관제첨』 제3첨 전장全張을 기록하면 다음과 같다.(290쪽 그림)

이 첨의 해석에는 이것 외에 아직 "해석에 말하기를, 이 첨은 다만 마땅히 옛것을 지키되 탐내어 구함은 불가하다. 그러나 충직함을 간직하면 도리어 양평兩平을 얻는다. 마땅히 효제충신을 근본으로 한다면, 스스로 복록이 있어 이룸에 효험이 있다. 만약 억지로 취하고 구하고자 한다면 도리어 의외의 화를 불러들인다. 점치는 사람은 순리적으로 분수를 지키면 길하다(解曰, 此籤只宜守舊, 不可貪求. 但存忠直, 卻得兩平. 須以孝悌忠信爲本, 自有福祿來成之應. 若思强取强求, 反招意外之禍. 占者循理守分則吉)"라고 한 것이 있다. 또 뜻을 해석하여 말하기를 "'의식이 자연히(衣食自然)'라는 것은 의식이 각각 정해진 몫이 있다는 것을 말한다. '생기는 곳이 있다(生處有)'는 것은 사람이 태어나면서 갖고 나오는 운명 속에 이미 실려 있는 것이니 억지로 구해서는 안 된다는 말이다. '걱정은 하지 말라(不用勞心)'는 것은 분수에 만족할 것을 권한 것이며, '효제충신孝弟忠信'은 근본에 힘을 쏟을 것을 권한 것이다. 효제는 인륜을 다하는 것이고, 충신은

# 賈誼遇漢文帝

第叁籤 甲丙 中吉

衣食自然生處有 勸君不用苦勞心
但能孝悌存忠信 福祿來時禍不侵

**占驗**

一生赴考遺才占得此收錄應在衣食自然生處有一句

**聖意**

問名利 自有時
訟和吉 病痊遲
求財平 婚未宜
宜謹守 免憂疑

**東坡解**

富貴前定 何須着心
能勞心力 反致傷憂
事親待人 動合循理
天必佑之 有泰無否

**碧仙註**

隨緣安分 直道而行
心中無愧 自然和平

일에 처하는 것이니, 이와 같은 사람이 되면 자연히 하늘의 보우를 받는다. '복록이 와서 이룬다(福祿來成)'는 것은 복이 모여 록이 이르며, 짧은 시간에 뜻을 칭한 것을 말한 것이다. '재앙이 침범하지 못한다(禍不侵)'라는 것은 모든 일에 길이 있고 흉은 없다는 것이다. 모든 것이 자신의 수양에 있으며, 근본에 어긋나서는 안 되니 신중하여야 한다(衣食自然, 言衣食各有定分. 生處有, 言係人生命裏所載, 不可强也. 不用勞心, 勸人安分. 孝弟忠信, 勸人務本. 孝弟所以盡倫, 忠信所以處事, 如此爲人, 自蒙上天鑑佑. 福祿來成, 言福集而祿臻, 俯仰稱意, 禍不侵, 凡事有吉無凶也. 全在修爲, 不可背本, 愼之)"라고 하였다. 이러한 해석은 혹은 '동파해東坡解'와 같이 옛사람에게 의탁한 것이며, 또 혹은 인생의 길잡이로 여겨 선을 권하는 의의를 내포하고 있으니, 참으로 첨을 철학화하려는 추세가 있었던 것이다. 『주역』이 점에서 변화하여 철학화된 것은 또한 「상」, 「단」에서 천천히 나왔다. 이 『관제첨』에는 「단」, 「상」이 모두 있으나 일종의 「계사」가 결핍되어 있다. 다시 『관음첨』의 예를 보면 다음과 같다.

14중첨十四中簽: 마치 선학이 새장에서 벗어난 것과 같이, 속세를 벗어나니 길마다 통하네. 남북동서에 막히는 것이 없으니, 그대는 하늘 높이 있는 궁궐에 곧장 오르리(宛如仙鶴出凡籠, 脫得凡籠路路通. 南北東西無隔阻, 任君直上九霄宮).

이 괘는 선학이 새장을 떠나는 상이다. 무릇 일은 먼저 근심이 있으나 뒤에는 길하다.

해왈解曰: 임의로 염려하는 것이 없으니 길은 형통하다. 마음을 따라 자유자재하니 유유자적함이 사람과 같다. '옛사람(古人)' 강자아姜子牙는 벼슬을 버렸다(任意無慮, 路有亨通, 隨心自在, 逍遙如人. '古人'姜子牙棄官). 이 첨은 가택이 불안하다(家宅不安). 자신이 원하는 바를 이룬다(自身還愿).

재물을 구하고 교역하는 일은 부합한다(求財, 交易, 合). 혼인은 알맞다(婚姻, 合). 임신하면 남아를 얻는다(六甲, 生男). 사람을 찾으면 만난다(尋人, 見). 밭 누에는 가을이 좋다(田蠶, 秋利). 육축六畜(말, 소, 양, 닭, 개, 돼지)은 손실이 있다(六畜, 損). 행인은 막힌다(行人, 阻). 소송은 마땅히 화애롭다(訟, 宜和). 이사는 길하다(移徙, 吉). 병은 장례를 치른다(病, 設送). 묘는 길하다(墳, 吉). 묘궁卯宮. (태이괘太履卦)

앞의 『관제첨』의 성의聖意와 『관음첨』의 해석에서 통속적으로 점친 일을 알 수 있다. 『관제첨』의 성의는 각 첨 모두가 공명功名, 재록財祿, 소송, 병, 혼인, 행인行人 등의 일들을 해석하였다. 『관음첨』의 해석에는 모두가 가택, 자신, 재물을 구함(求財), 혼인, 생산, 사람을 찾음(尋人), 밭, 누에, 육축, 행인, 소송, 이사, 병, 산묘(山墳) 등의 일들을 말하였다. 『관음첨』 아래 주를 단 어느 궁은 곧 백 첨을 12궁으로 나눈 것이고, 다른 12궁 괘수卦數 주해註解가 있다. 이러한 주해는 점친 일을 분류하여 설명한 것이다. 각 궁의 주해 중에는 모두 가택, 자신, 재물을 구함, 교역, 혼인, 육갑(즉 생산), 행인, 밭 누에, 육축, 사람을 찾음, 소송, 이사, 물건을 잃음(失物), 질병, 산묘 등 15가지 큰 종류로 나누었다. 각 종류는 모두 해석이 있으며, 한 수의 시를 나란히 덧붙여 놓았다. 예를 들어, 묘궁卯宮 가택家宅에 말하기를 "자손이 없어 제사 지내는 일이 쓸쓸하고 대문의 방향이 맞지 않으니, 두 성을 얻어 함께 산다면 길하리라. 신불의 앞에서 복을 구할 수 있으니, 옛날의 염원이 있으면 여전히 원할 수 있어 길하리라. 대문의 방향이 맞지 않아 천지 귀신의 도움을 얻을 수 없어, 현세에 자손이 없으니 제사 지내는 일이 쓸쓸하리라. 돌그릇을 옮겨 없애려 하는데, 가문이 바야흐로 길하여 과실을 부르는 것을 면하리라(香火冷落, 宅神無氣, 或得兩姓同住, 吉. 可向佛前作福, 有舊愿, 可還, 吉. 宅神無氣不扶持, 香火

冷落在塵泥. 要將石器除遷去, 門庭方吉免招非)"라고 하였다. 이것에서 그 일부분을 볼 수 있는 것이다. 『관음첨』의 해석이 이미 분궁分宮의 분류 검사를 필요로 하는 이상, 당연히 그렇게 편리하지는 않다. 따라서 조금 뒤에 나온 첨서는 곧 직접 분류 분첨하였다. 『토지첨』, 『상제첨』, 『삼계성야첨』, 동완東莞의 『홍성왕첨洪聖王籤』, 『강공첨康公籤』과 같은 것은 모두 분류하여 첨을 취한 것이다. 『삼계성야첨』과 『상제첨』은 여덟 종류로 분류한 것이니, 즉 자신, 모망謀望, 가택, 혼인, 물건을 잃음, 관송官訟, 행인, 병을 점침(占病) 등은 각각 모두 시가 있다. 『강공첨』은 열 종류로 분류한 것이며, 행인은 없고 땅을 갈고 파종함(耕種), 산묘, 육갑 세 종류를 보태었다. 『토지첨』은 열네 종류로 분류한 것이며, 행인이 있고 또 자식子媳, 공명, 재물을 구함(求財) 세 가지를 보태었으며, 모두 각각 스스로 시가 된다. 동완의 『홍성왕첨』과 불산佛山의 것은 같지 않다. 나는 『육갑첨六甲籤』 일종을 얻었으나 이외에 또 얼마만한 종류가 더 있는지 알 수 없다. 지금 동완의 『강공모망첨康公謀望籤』과 『홍성왕육갑첨』의 각 한 장씩을 소개하면 다음과 같다.

水北康帥府

謀望第十一簽

三唱鷄鳴可趂途　從教龍吐有明珠
若知際會般般合　金榜題名大丈夫

解曰　求謀大利　財祿亨通
　　　光景榮華　題名金榜

六甲第五

紫白紅黃有數般　嶺頭冶豔可人歡
山花不是忘憂草　莫作宜男一樣看

解　這樣虛花　終無結子
曰　叩拜花王　保佑添喜

가장 기이한 것은 불산佛山이 찍혀 있는 『홍성왕첨』인데, 이 책 위에 "파라원본波羅原本"이라 하였고, 각 첨에 시와 분류의 해석 외에 머리에 점괘의 간지와 세응世應의 말을 열거해놓았다. 예를 들어, 제3첨은 천산돈天山遯이고 그 아래에 다음과 같이 쓰여 있다.

관귀 부모
、 팔신
화 토
임오 병진

형제 관귀
응、 팔세
금 화
임신 병오

부모 형제
、 、
토 금
임술 병신

官鬼 父母
、 八身
火 土
壬午 丙辰

兄弟 官鬼
應、 八世
金 火
壬申 丙午

父母 兄弟
、 、
土 金
壬戌 丙申

이러한 것은 『주역』과 매우 닮았으며, 『화주림』의 점산법占算法과 같은 것을 가지고 있다. 또 불산의 『홍성왕첨』은 성聖 해解 외에 17류로 나누어 해석하였으니, 곧 천시天時, 자신, 공명, 혼인, 육갑, 가택, 풍수, 행인, 출행, 모망謀望, 관송, 재물을 구함, 병을 앓음(患病), 물건을 잃음, 밭누에, 사람을 찾음, 소아小兒 등이며, 이것이 가장 많이 분류한 것이다.

그러나 첨점의 방법은 어떤 때는 동전을 사용하여 첨을 대신할 수 있었다. 지금 『관제첨』에서 동전으로 첨을 대신한 그림을 그리면 다음과 같다.

이 그림의 내용을 설명하면, 동전 10문文을 가지고 1문에 홍색을 칠하고 갑을甲乙 순으로 두 번 깔아 주사硃砂를 칠한 동전이 처음 갑을 만나고 다음에 또 갑을 만나면 갑갑甲甲이니 곧 제1첨이다. 앞에서 열거한 『관제첨』 제3첨의 "갑병甲丙" 두 글자와 같이 동전으로 첨을 대신하는 방법을 갖추어 첨서를 취한 것이다. 혹 10천간서書 10첨을 두 번 구해도 된다.

**약첨藥籤**

점복 중 가장 괴이한 것은 병든 사람의 처방藥方을 점치는 것이다. 의령대제醫靈大帝와 화타華佗는 모두 보통의 첨 말고도 다른 약첨藥籤이 있었다. 여조呂祖의 약첨은 남과男科, 부과婦科, 유과幼科, 외과外科, 목과目科 다섯 종으로 나누었다. 병든 사람의 처방을 점치는 것은 참으로 가장 사람을 해치는 것이었다. 『의령대제약첨』은 약의 분량이 가장 가볍고 어떤 때에는 중요한 것과 관계가 없는 것이었다. 예를 들어, 31첨은 "신비한 차와 성스러운 물을 가지고, 내일 또 첨을 구한다(神茶聖水, 明日又求籤)", 또 34첨에 "청포 5촌, 찻잎 2전(靑布五寸, 茶葉二錢)", 36첨에 "행인 2전(검게 볶은 것), 용구차 1충〔杏仁二錢(炒黑), 龍口茶一盅〕" 등과 같은 것이다. 『화타약첨』은 더욱 괴이하다. 예를 들어, 32첨에 "사람 젖 1전, 묵은 쌀 1작을 물에 달여 복용한다(人乳一錢, 陳米一勺, 水煎服)." 24첨에 "남자는 여자의 띠를 사용하고, 여자는 남자의 띠를 사용하여, 몸에 붙는 것이 아름다우니, 탕을 달여 복용한다(男用女帶, 女用男帶, 貼肉者佳, 煎湯服)", 29첨에 "물로 크게 씻는데 머리에서 발까지 3번 씻고 스스로 조절하면 복이 많다(用水大浴, 自頭至足, 洗浴三次, 自調多福)", 62첨에 "대들보 위의 먼지 1전, 황주 1충을 달여서 충분히 복용한다(梁上塵一錢, 黃酒一盅, 煎透服)", 70첨에 "처녀의 월경포를 물에 끓여 환부에 문지르고 씻으면 차도가 있다(閨女拭經布, 煎湯熨患處, 洗好爲度)"라고 하였다. 이것은 참으로 무당이 속임수로 돈을 취하는 수법이다. 『여조첨』에는 남男, 부婦, 유幼, 외과外科, 목과目科 등 다섯 종으로 나누었는데 비교적 분별이 있으나 통속적인 관습을 응용한 처방이었다. 예를 들어, 남과男科 제85첨에 "성냄을 경계하면 모든 일에 근심이 없다. 감로를 고요히 지키면 그대를 보존하여 근심이 없다. 의인(율무쌀) 2전, 도인(복숭아씨) 2전, 복신 2전, 택사 2전, 화분 1전, 오수유 7분, 천문동 2전, 초절 1전, 물 두 그릇을 한 잔이 되도록 달인다. 다섯 제를 복용한다(戒氣戒惱, 百事無愁. 靜守甘露, 保爾無憂. 薏仁二錢, 桃仁二錢, 茯神二錢, 澤瀉二錢, 花粉一錢, 吳茱萸七分, 天門冬二錢, 草節一錢, 水二碗煎至一盃, 五劑)", 부과婦科 97첨에 "들의 나무는 저녁노을이 없어 빛이 끊겼는데, 청산의 누런 나뭇잎은 끝없이 날려 떨어지네. 산속 안개 중의 뜻을 빌리지 않음이 없으니, 생황을 불고 노래하고 춤을 추니 수향水鄕의 경치로 바뀌었네. 복령 2전, 묵은 보리풀 2전, 원삼 2전, 화분 1전, 지모 1전, 홍화 1전, 도인 1전, 행인 1전, 감초 1전. 세 첩의 약을 복용한 후에 다시 기도한다(野樹無霞欲斷光, 青山黃葉永飄颺. 無非借此嵐中意, 笙吹歌舞迭湘泮. 茯苓二錢, 陳麥草二錢, 元參二錢, 花粉一錢, 知母一錢, 紅花一錢, 桃仁一錢, 杏仁一錢, 甘草一錢. 三劑再禱)"라고 하였다. 여조呂祖의 처방은 보기에 의술을 조금 아는 것 같다. 그러므로 여기에 남, 부, 유, 외, 목과 등 5종의 분별이 있는 것이다. 그러나 이것은 무당이 사람을 해치는 것이며 또한 점복을 실제 사용하는 폐해이기도 하였다.

**배교杯茭 시詩**

배교의 기원은 당대에 이미 통행하였으나 길흉에 대한 판단은 정해진 점글(定辭)이 없었다. 첨시의 통행으로 말미암아 배교 또한 시가 있게 되었다. 현재의 『관세음첨』에 『관세음보살영배도觀世音菩薩靈杯圖』가 덧붙여 있는데, 배교를 28수로 나누어 각각 점풀이글이 있는 것과 같다. 또 『천후첨』에 덧붙여 있는 배교杯筊 풀이글은 두 종이 있는데, 『천후성모성적도지天后聖母聖蹟圖誌』 뒤에 실려 있는 것은 27수로 나누었고, 『천후첨』 위에 덧붙여 있는 것은 25수로 나누었으며, 또 다른 두 번 던지는 배교의 풀이글은 11수가 있는 것과 같다. 『성적도聖蹟圖』 뒤의 배교의 풀이글은 음성성陰聖聖(下吉)에서 말한 것과 같이 "작은 배를 오호에 띄우고, 떠나려 해도 또 머뭇거리네. 생계의 도모는 당시에도 있었으나, 숨어 사는 선비가 되는 것을 누가 알겠는가(扁舟泛五湖, 臨去又趦趄, 生計彼時有, 誰知做隱儒)"라고 하였고, 또 음음양陰陰陽(中平)에 말하기를 "황제의 명을 받아 안관을 나서서 수많은 산들을 두루 지났네. 이 뜻은 비록 두 가지가 아니니 조정에 돌아가면 머리가 이미 희끗희끗 하겠네(欽差出雁關, 歷遍萬重山, 此志雖無二, 回朝髮已斑)"라고 하였다. 이것은 또 첨시와 서로 같은 것이다.

**『아패신수牙牌神數』**

『영기경靈棋經』을 모방하였으나 첨시와 같은 성질의 것에 『아패신수牙牌神數』가 있다. 이것은 32장의 패牌를 사용하며 모두 125괘가 있다. 지금 그 방법과 괘사를 아래에 열거하겠다.

가결歌訣: 아패 전부를 한 줄로 배열하여, 그중에 얼마의 개수가 있는가 본다. 연달아 3번 배열하여 개수를 분명히 기록하고, 상하중평은 개수에서 취해 결정한다(全副牙牌一字排, 中間看有幾多開. 連排三次分明記, 上下中平內取裁.)

개수開數: 부동不同 〔6개(六開)〕, 오자五子 〔5개(五開)〕, 합교合巧 〔4개(四開)〕, 분상分相 〔3개(三開)〕, 마군馬軍 〔3개(三開)〕, 대자對

子 〔3개(三開)〕, 요이삼幺二三 〔3개(三開)〕, 이삼고二三靠 〔3개(三開)〕, 정쾌正快 〔1개(一開)〕.

점법占法: 12개開 이상은 상상上上이고, 10개 11개는 상중上中이고, 8개와 9개는 중평中平이고, 5개에서 7개는 중하中下이고, 1개에서 4개는 하하下下이다. 만약 한 개의 개수開數도 없는 것을 얻었다면 정성을 다해 기도한 후 다시 점을 쳐야 한다.

괘사의 예를 듦(卦辭擧例): 상상上上 중하中下 중하中下

낙양에 수많은 아름다운 꽃들이 무성하고, 눈부신 가지 끝은 바람을 견디지 못하네. 보름날 달이 밝을 때는 다시 지나갔으니, 석양은 서쪽으로 떨어지고 물은 동쪽으로 흘러가네(洛陽錦繡萬花叢, 爛漫枝頭不耐風. 三五月明時更過, 夕陽西下水流東).

해왈解曰: 즐거움이 다 하였으니 장차 슬픔이 오리니, 꾀하고 바라는 것은 장차 이루어지나 종국에는 허망하게 되리라. 설령 교묘한 계략으로 안배는 잘 하였으나, 서로 만나는 것은 꿈속이 되리라(樂之極矣悲將至, 謀望將成終屬空. 縱然巧計按排好, 猶恐相逢是夢中).

단왈斷曰: 푸른 하늘 한 마리 학과 되새의 무리가 날아가네. 군자는 다치고 소인은 모인다. 귀인이 권세를 가시고 있으니, 뭇 사람에 합하나 아첨하지 않는다. 수가 왕성한 태평 시대에는 한 군자로써 뭇 소인과 맞서나, 난세에 뭇 사람이 군자를 해칠 것을 두려워하여 때를 살펴 처리해야 하리라. 상수上數는 상상上上이며 한 마리 학의 상이니, 또한 귀인의 결과이다(青天一鶴, 燕雀羣起. 君子傷哉, 小人衆矣. 貴者有權, 周而不比. 數當盛則以一君子去衆小人. 若當叔季之世, 則恐衆人讒害君子, 當審時也. 上數

上上, 一鶴之象, 亦貴者之果).

**『금전괘金錢卦』**

이 밖에 또 『금전괘金錢卦』가 있고, 또 『제갈금전신수諸葛金錢神數』라는 이름의 것이 있다. 금전 다섯 매를 손으로 어지럽게 흔들어 탁자 위에 아래에서 위로 배열하여, 그 위아래 앞뒤의 상을 보고 모두 32괘를 얻는다. 그 괘사는 아래와 같다.

제4괘, 윤하괘潤下卦,

배를 강호에 띄우고, 문 옆에서 진귀한 보물을 얻었네. 더욱 알맞게 나아가 이를 잘 사용하면, 화는 사라지고 복은 돌아오리라(船泛江湖內, 門邊獲寶珍. 更宜進大用, 禍散福歸來).

근심 어린 마음을 즉시 고치면 원하는 바는 실현되리니, 많은 이윤이 있어 복이 들어오는 문은 활짝 열려 있으리라. 좋은 일은 기쁘게 이루어 크게 길함을 얻으니, 온 집안이 강녕하여 영원히 재앙이 없으리라(憂心頓改所求昌, 十分倍利福門開. 好事成喜得大吉, 合家康寧永無災).

단왈斷曰: 일을 처리함에 이로움을 얻는다(行事得利). 도모하는 일은 이룰 수 있다(謀事可成). 송사의 점은 화애롭고 길하다(占訟和吉). 벼슬을 구함은 자리를 얻는다(求官得位). 질병의 점은 좋다(占病可好). 재물을 구함은 8할을 얻는다(求財八分). 임신하면 아들을 얻는다(六甲生男). 임금을 알현함은 뜻을 얻는다(朝覲得意). 혼인은 길을 이룬다(婚姻成吉). 사람을 찾으면 만난다(尋人得遇). 잃은 것은 가까이에서 찾는다(走失近見). 과거는 만족한다(考試稱心). 교역은 길을 이룬다(交易成吉). 행인은 편지가 있다(行人有信). 가택은 길하고 경사롭다(家宅吉慶). 이사는 크게 길하다(移徙大吉).

### 거북점

이상에서 말한 점법은 모두 『주역』 이후의 지류에 속하는 것들이다. 거북점에 대해서는 『수지隋志』에 『귀경龜經』 1권만 실려 있는데, 주註에 말하기를 "진晉나라의 점을 관장하는 대부 사소가 지었다. 사소 『귀경』 10권이 있고, 양梁나라의 『귀결』 2권은 갈홍이 지었다. 관곽근은 『요결』, 『귀음색』, 『구관시귀서』 각 1권과 『귀복요결』, 『귀도오행구친』 각 4권을 지었고, 또 『귀친경』 30권은 주자요가 지었으나 망실되었다(晉掌卜大夫史蘇撰. 有史蘇龜經十卷, 梁龜決二卷, 葛洪撰, 管郭近要決, 龜音色, 九官蓍龜序各一卷, 龜卜要決, 龜圖五行九親各四卷, 又龜親經三十卷, 周子曜撰, 亡)"라고 하였다. 『수지』에는 또 다른 『귀복오조동요결龜卜五兆動搖決』 1권이 있다. 『구당서』에 『귀경』 3권이 있는데 유언순柳彥詢이 지었다. 또 한 권이 있는데 유보진劉寶眞이 지었고, 또 한 권이 있는데 왕홍예王弘禮가 지었고, 또 한 권이 있는데 장도명莊道名이 지었다[『사고제요』 권 109 「복법상고卜法詳考」 아래의 『제요』에 말하기를 "『구당서』는 결코 거북점을 기재하지 않았다(舊唐書絶不載及龜卜)"라고 하였는데, 이것은 매우 잘못되었음을 여기에 덧붙여 기록해둔다]. 『신당서』 「예문지」에는 손사모孫思邈의 『귀경』 1권과 또 『오조산경五兆算經』 1권, 『귀상오조동요경龜上五兆動搖經』 1권이 있는데, 『구당서』에 기록한 것과 다르다. 『문헌통고』에 『영귀경靈龜經』 1권이 있는데 조씨鼂氏의 말을 인용하여 "사소가 지었다. 거북점의 징조의 길흉을 논하였다. 『숭문목』 3권이 있다(史蘇撰, 論龜兆之吉凶, 崇文目三卷)."라고 하였다. 『송사』 「예문지」에 사소의 『오조귀경五兆龜經』 1권 이하부터 모두 19부가 있는데, 대부분 여러 사람들의 손을 거쳐 의탁한 것이며 지금은 모두 없어졌다. 『사고전서존목四庫全書存目』 중에 원元의 육삼陸森이 지은 『옥령취의玉靈聚義』 5권이 있다. 『제요』에 말하기를 "기술한 것은 모두 거북점을 치는 법이다. 그 책에 말하기를 '옥령은 『사기』 「귀책전」의 축귀祝龜의 글이며 옥영부자玉靈夫子의 말이 있다. 사마정司馬貞의 『색은索隱』에 신령한 거북을 받들어 귀히 여겼다고 말하였으니, 그 이름은 당연히 이 뜻에서 취한 것이다'라고 하였다. 제1권은 서견의 『초학기』 귀부龜部의 옛 사실과 시문의 댓구對句를 모두 기록하였다. 제2권은 「귀책전」을 모두 기록하였다. 3권 이하는 곧 도식 비법을 언급하였다. 글 뜻은 속되며 술가의 풍습을 넘어서지 않는다(所述皆龜卜之法. 其曰玉靈者, 案史記龜策傳祝龜之詞, 有玉靈夫子語. 司馬貞索隱謂尊神龜而王之, 其名當取此義也. 第一卷全錄徐堅初學記龜部故實, 詩文對偶之句. 第二卷全錄龜策傳. 三卷以下, 乃及於圖式訣法. 詞旨鄙俚, 不出術家之習)" (권 111)라고 하였다. 이 책은 중산中山대학에 사본이 소장되어 있다. 청淸의 옹정雍正 간에 호후胡煦가 지은 것 중에 『복법상고卜法詳考』 4권이 있는데, 옛 거북점에 대한 사실의 진상을 잘 연구하였으며, 라진옥羅振玉 선생은 『은허서계고석殷墟書契考釋』에서 그를 극진히 찬양하였다. 이 책 1권에는 『주례』 『상서』에서 말한 거북점에 대한 일을 열거하여 고증하였으며, 그 다음은 『사기』 「귀책전」, 그 다음은 『귀경』을 열거하였다.

호후는 말하였다.

옛날의 전해오는 『귀경』은 누가 지은 것인지 알 수 없으며, 『사기』와 대동소이하나 더욱 간단한 것 같고 또 「외조도外兆圖」와 같은 종류이나 또한 서로 맞지 않는 것이 있다. 열거한 요腰 금金 두兜 재財는 또 오중吳中의 거북점에서 자子 부父 재財 관官으로 나눈 것이 같으니, 모두 일월을 겸하여 말한 것이다. 오중의 거북점은 옛날부터 널리 전해온 것이며 또한 반드시 각각 의거한 바가 있으니 일반적인 것이 아님을 알 수 있다. 세 책은 모두 신身 수首 족足으로 나누어 말하였다. 대략 신身은 일의 줄거리이니, 귀하고 평평하고 곧아서 강건하며, 크고 윤이 나고 밝고 깨끗한 것은 길이다. 혹은 접어서 꺾고, 사리에 어긋나고, 거스르고, 쇠약하고, 순조롭지 않고, 시들어 썩고, 실을 끼워 잡아당겨 떨어지고, 종횡으로 빨리 새게 하는 것은 모두 흉이다. 수首는 일의 시작이니, 머리는 평평하고 곧게 높이 들고, 돌아서 곧고 정이 있는 것은 길이다. 혼란하여 분명히 보이지 않고 아래로 드리워 가장자리에 임하고 흰색으로 나타난 것은 흉이다. 족足은 일의 마침이니, 개괄하고 드러나 속됨을 벗어난 것이 양의 부류이며 움직임의 상이다. 혼잡하여 분명치 않고 아래로 향해 갈라지지 못한 것은 음의 부류이며 고요함의 상이다. 알맞게 움직이고 알맞게 고요하여 각각 기쁜 것이 있으므로 길흉 또한 다른 것이다. 가지는 위아래에 나는 것이니 수, 신, 족 모두 있다. 그러나 또한 마땅함과 마땅하지 않음이 있으니 사물에 따라 논함이 좋다. 또 안은 자신이고 밖은 남이며 안은 남사이나 밖은 여사라는 분별이 있으니 『사기』에 많이 말하였다.

古傳龜經, 不知誰氏所作, 與史記大同小異, 更若簡便, 又與外兆圖相流, 然亦互有出入. 至所列腰金兜財, 又與吳中之卜, 分子父財官者相同, 俱兼日月而論. 可知吳中之卜, 自古流傳, 亦必各有所據, 非泛然者也. 三書之中, 皆分身首足而論. 大約身者, 事之幹也, 貴平直而剛健. 洪潤明淨者, 吉也. 或摺折乖違, 衰拗枯朽, 及夾絲拖墮, 縱橫促漏, 皆凶也. 首者, 事之始也, 首平直高昂, 回直有情者, 吉也. 忌渾蒙瀝淒, 低伏臨野, 及俛垂戴白者, 凶也. 足者, 事之終也, 開豁發揚浮脫, 陽之類也, 動象也. 肣帶落滯, 陰之類也, 靜象也. 宜動宜靜, 各在所喜, 故吉凶亦異. 枝生於上下者也, 首身足皆有之, 然亦有宜不宜, 因事而論可也. 又有內己外人內男外女之分, 史記多言之.

이 문장에서 말한 것은 「귀책전」과 『귀경』과 『오중복법吳中卜法』 세 책에서 말한 것과 서로 잘 소통하고 있다. 『복법상고』 권 2에는 『전씨삼도全氏三圖』를 열거하였고, 그 다음에는 양시교楊時喬의 『전서신정귀복변全書新定龜卜辨』을 열거하였으며, 그 다음에는 『귀복요龜卜繇』를 열거하였다. 『전씨삼도』는 억지로 갖다 붙여 『주례』를 말하였는데, 첫째 「방위도方位圖」는 거북점을 시작하는 네 가지 징조를 말하였고, 둘째 「조송상도兆頌象圖」는 태복太卜의 세 가지 징조의 관법을 말하였고, 셋째 「외조도外兆圖」는 그림은 빠졌으나 『사기』 「귀책전」을 모두 수록하였다. 이 책은 전씨에서 나왔는데, 『귀복변』에서는 어디서 온 것인지 모른다고 하였다. 호후는 말하기를 "전씨의 책 본문은 모두 살아 있는 거북을 사용하였으니, 『사기』 『귀경』과는 다르다(全書本文, 全用生龜, 與史記龜經異)"라고 하였는데, 전 씨의 책은 대부분 억지로 갖다 붙인 것이지 확실한 견해가 있는 것은 아님을 알 수 있다. 양시교의 『귀복변』은 점칠 때 사용하는 살아 있는 거북을 판별하는 말이 크게 넉넉히 기술한 것은 없다. 『귀복요』는 호씨가 옛날 거북점에 대한 고사를 모은 것이다. 『복법상고』 권 3에는 오중吳中의 거북 점법(卜法)을 기록하였다. 선귀選龜, 공귀攻龜, 작계灼契, 점귀占龜 등 여러 법을 나누어 말하였는데, 오중이라는 점치는 사람이 전한 것이며, 이것으로 옛날 거북점의 유법을 고증하여 충분히 참고할 수 있다. 그 아래에 『옥령비본玉靈秘本』을 열거하였는데, 호후는 말하기를 "이것은 오중의 통속적인 점이다. 그 책은 속됨을 면할 수 없으나 징조를 보는 방법은 3조와 대략 같다. 위아래 굽어보고 쳐다보는 머리와 꼬리의 상은 또한 『사기』 『귀경』과 비슷한 것이니, 아마 성인들이 전한 방법을 완전히 잃어버린 것은 아닐 것이다(此吳中俗卜也, 其書不免鄙俚, 然其觀兆之法, 與三兆略同. 其上下俯仰首尾之象, 亦與史記龜經相似, 或者先聖所傳之遺制猶未盡失也)"라고 하였다.

『옥령비본』에서 거북의 징조를 판별한 방법에 대해 다음과 같이 말하였다.

거북 껍질 부위의 한가운데에 아래에서 위로 곧게 나온 선을 이름하여 '천리로千里路'라고 한다. 가로로 나온 것은 5문文이다. 위의 1문은 비스듬히 나와서 머리를 안고 있으니 앞에서 말한 하늘 높이 치솟아(沖天) 왕이 되는 것이다. 아래의 1문은 비스듬히 나와서 꼬리를 안고 있다. 그 가운데의 곧은(直) 것은 다만 3문일 뿐이다. 3문 가운데에는 2방方이 있는데 모두 새기고 가를 수 있으며 동쪽을 갑을甲乙, 서쪽을 병정丙丁이라 한다. 한가운데 1방은 옆에 두 장牆을 이어 이름을 '요금제일腰金第一'이라 한다. 직문直文 아래, 요금腰金 아래, 횡방橫方이면서 평평한 것을 '충천沖天'이라 한다. 무릇 점은 이 방이 효험이 있다. 만약 한 가지일 뿐이면 갑을을 새긴 좌방左方으로 점을 친다. 두 가지 일이면 병정을 새긴 우방右方을 함께 하여 점을 친다. 세 가지 일이면 요금의 갑을로 점을 친다. 네 가지 일이면 요금의 병정으로 점을 치니 모두 새긴 것이다. 다섯 가지 여섯 가지 일은 요금 아래의 횡방을 함께 점을 치는데 이름을 '두재자兜財者'라고 하며 모두 새긴 것이다. 그 새김은 반드시 반듯하므로 방方이라고 한다.

龜板之部位, 正中一線, 自下而上直出者, 名曰千里路. 其橫出者五文. 上一文斜出而抱首, 即前所云沖天而爲王者. 下一文斜出而抱尾. 其中之直者僅三文耳. 三文之中有二方, 皆可刻劃, 東曰甲乙, 西曰丙丁. 正中一方, 旁連兩牆, 名曰腰金第一. 直文之下, 腰金之下, 其橫方而平者名曰沖天. 凡占, 此方爲驗. 如只一事, 則刻甲乙之左方而占之. 二事則幷刻丙丁之右方而占之. 三事則占腰金之甲乙. 四事則占腰金之丙丁, 皆刻之. 五事六事, 則並腰金下之橫方, 名曰兜財者, 而皆刻之矣. 其刻必方之, 故謂之方.

지금 책 속에서 본뜬 거북 껍질의 그림을 아래에 열거하겠다.

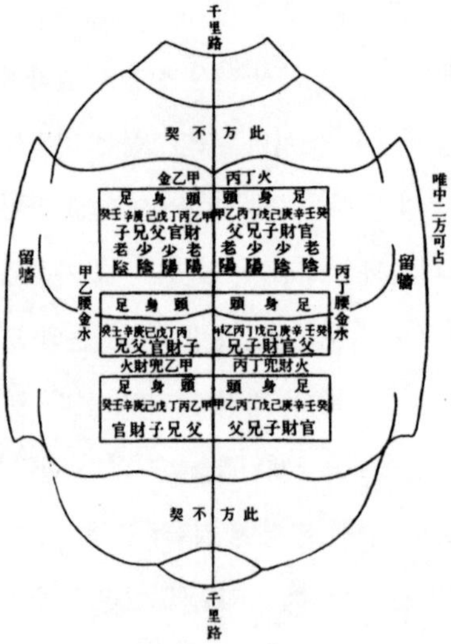


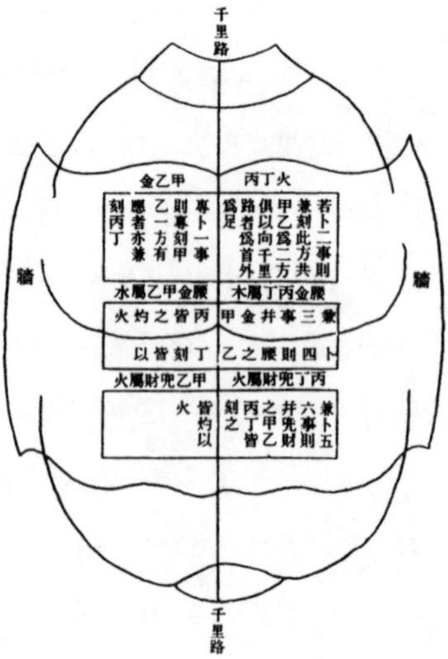


그 점법은 곧 "점을 치려고 할 때, 먼저 칼로 갑을병정 위에 방형을 새기고, 바깥 껍질을 벗긴 후에 뒤집어 정면으로 향한 거북 껍질에 새긴 방형을 불에 태워 갈라지는 것을 본다(欲卜之時, 先以刀刻方形於甲乙丙丁之上, 去其外膜, 然後覆轉對正所刻之方, 灼之以火, 以觀其坼)"라는 것이다. 상을 보는 방법은 머리가 높고 발이 떨어지는 징조, 즉 ⌐와 같으면 곧 "갑을 머리는 높고 발은 떨어지니 처음은 근면하나 끝에는 게으르므로 일은 처리되기가 어렵다. 만약 몸체에 있는 균열의 징조가 깊고 그윽하다면 이루기가 어려우니 물러나 세심히 헤아려야 한다(甲乙頭高兼足落, 始勤終懶事難諧. 更若身宮多窈窕, 難成易退細推排)"라고 하였다. 또 머리가 엎드리고 발이 일어나는 징조, 즉 ㇀ 혹은 ㇏와 같으면 "머리가 곧고 발이 곧고 몸은 떨리니 더욱 어지럽고 몽롱해져 사악한 기가 간여한다. 머리가 엎드리고 발이 일어나 사람이 오는 것이 빠르니, 노양은 곡을 주로 하고 노음은 편안하다(頭直足直身震動, 更帶昏蒙邪氣干. 頭伏足起人來速, 老陽主哭老陰安)"라고 하였다. 또 『옥령비본』에는 시단詩斷을 분류한 것이 있는데, 분류한 종류는 곧 정우晴雨, 양택, 음택, 혼인, 재물을 구함(求財), 토지(田財), 봄누에(春蠶), 벼슬을 구함(求官), 임신(胎孕), 소송(詞訟), 도둑을 잡음(捕盜), 질병 등이다. 이것에서 후래의 거북점을 친 상황을 알 수 있다. 『복법상고』 권 4에서 말한 것은 거북점의 옛 방법을 모아 뽑은 것인데, 이것은 모두 술사가 전한 것이다. 이와 똑같이 근대의 거북점의 변천을 상세히 알 수 있으나 여기에서는 자세히 말하지 않겠다.

### 육임六壬

이 외에 오행설에 억지로 갖다 붙여 후대에 점술에 있어 매우 중요한 위치를 점한 것에 이른바 육임六壬, 둔갑遁甲, 태을太乙이 있는데, 총괄하여 3식三式이라 칭한다. 육임의 점법은 황제黃帝 현녀玄女에서 나왔다는 전설이 있는데 본래 근거가 없는 이야기이다. 그러나 『수隋 · 당지唐志』 오행류五行類 중 육임에 대한 서적은 상당히 많이 기록되어 있는데 지금은 그 책들이 모두 없어졌다. 그 당시의 점법과 송명 이후의 점법이 완전히 같은가 어떤가 하는 것은 별로 고증할 수 없다. 『문헌통고』 「경적고經籍考」 중에 육임에 대한 서적이 다섯 종 실려 있다. 『상양경常陽經』 1권은 조씨鼂氏의 말을 인용하여 "『숭문목』은 제목하여 '황제식용黃帝式用'이라 하였는데 대개 육임점복술이다(崇文目題曰 '黃帝式用', 蓋六壬占卜術也)"라고 하였다. 또 『육임요결六壬要訣』 1권은 아래에 조씨의 말을 인용하여 "누가 지었는지 상세하지 않다. 『수지』에 육임에 대한 책 두 종을 싣고 있는데, 『금란밀기』와 『오대사기』는 꽤 그 효험을 말하였다. 금세에 귀서龜筮의 도는 사라지고 육임의 술만 홀로 유행하였다(未詳何人撰, 隋志載六壬之書兩種, 金鑾密記及五代史記頗言其驗, 今世龜筮道息而此術獨行)"라고 하였다. 『육임과검六壬課鈐』 1권은 아래에 조 씨의 말을 인용하여 "누가 편찬한 것인지 자세하지 않다. 60갑자에 12시를 보태어 723과課를 이루고, 초전初傳 중전中傳 말전末傳의 3전이 입신하여 길흉을 점쳤다(未詳何人所纂, 以六十甲子加十二時, 成七百二十三課, 三傳入神, 以占吉凶)"라고 하였다. 또 『옥관가玉關歌』 1권은 조 씨의 말을 인용하여 "지은 사람을 언급하지 않았다. 육임과의 비결이다(不題撰人, 六壬課訣也)"라고 하였다. 또 『육임취우가六壬翠羽歌』 1권은 진씨陳氏의 말을 인용하여 "후당 장흥시의 중 영잠이 지었다. 잘못된 곳이 매우 많은데 비교해볼 수 있는 다른 책이 없다(後唐長興中僧令岑撰, 錯誤極多, 未有他本可較)"라고 하였다. 『육임동미부六壬洞微賦』 1권은 진 씨의 말을 인용하여 "이름은 알 수 없다. 봉사 점쟁이 유송년이 전한 것이다(不知名氏, 瞽卜劉松年所傳)"라고 하였다. 이로써 송나라 때 이미 육임술이 통행하였음을 증명할 수 있다. 명나라에 이르러 초횡焦竑의 『국사경적지國史經籍志』에 83가家를 열거하였는데, 상존하는 것과 유실된 것들을 함께 기록하였으니 그 성행하였음을 충분히 알 수 있다. 청나라 『사고전서총목』에는 오직 『육임대전六壬大全』 한 책만을 취하고 다른 책은 대체로 「존목存目」에 삽입하였다. 「제요提要」에 말하기를 "지은 사람의 이름은 분명하지 않다. 책머리에 회경부 추관推官 곽래가 교정하였다라고 썼으니 대개 명대에 간행한 것이다. ……이 책은 여러 사람들의 유문遺文을 모두 모은 것이며, 책머리에 입수법入手法, 총검總鈐과 귀신貴神, 월장月將, 덕살가임德煞加臨, 희기喜忌 등이 기재되어 있는데, 『괄낭』, 『운소부』, 『과경』의 부류와 같이 당송 이래의 제론을 광범위하게 채용하였고, 위서의 부류를 수록한 『심경』, 『관월』 등의 여러 편은 채록한 것이 매우 상세히 갖추고 있다(不著撰人人名, 卷首題懷慶府推官郭騋校, 蓋明代所刊也. ……是書總集諸家遺文, 首載入手法, 總鈐, 及貴神, 月將, 德煞加臨, 喜忌, 旁採唐宋以來諸論, 若括囊, 雲霄賦, 課經之類, 而緯以心鏡, 觀月諸篇, 採撮頗爲詳備)"라고 하였다.

**둔갑遁甲**

둔갑에 대한 서적은 『수당지』에 매우 많이 보인다. 『문헌통고』에 『둔갑만일결遁甲萬一訣』 1권이 있는데, 조 씨의 말을 인용하여 "기록하여 말하기를 당나라의 이정이 편찬한 황제의 서라고 하였다. 둔갑이란 책은 『수지』에 무릇 13가家가 보이는데 그 학문의 내원은 근세에 있었던 것이 아니다. 휴문休門 생문生門 상문傷門 두문杜門 경문景門 사문死門 경문驚門 개문開門을 가지고 국가의 길흉을 추론하였으니, 그 학문에 통하는 사람은 효험이 있는 것으로 여겼으나 시험해보지 않았다(題云唐李靖所纂黃帝書. 按遁甲之書, 見於隋志凡十三家, 則其學之來, 亦不在近世矣. 以休生傷杜景死驚開, 推國家之吉凶, 通其學者以爲有驗, 未之嘗試也)"라고 하였다. 둔갑의 점법은 대개 용병을 더욱 중시하였으며, 그 점술은 스스로 정묘함이 귀신을 초월하고 기를 받아들여 윤년에 배치하였다고 여기니, 곧 일진과 일월, 절기와 윤년의 차이를 이용하여 점이 영험하다고 여기는 것이다. 둔갑은 혹은 기문둔갑奇門遁甲이라 칭하며 혹은 다만 기문奇門이라고만 칭하기도 한다. 『사고서목』 중에 『둔갑연의遁甲演義』가 있으며 「존목」 중에도 많은 종류를 열거하고 있다.

**태을太乙**

태을에 대해서는 『수지』에 『태일비조력太一飛鳥曆』과 『태일식잡점太一式雜占』 등의 책이 있고, 『당지』에도 『태일력太一曆』, 『태을비조력太乙飛鳥曆』 등이 있다. 『문헌통고』에는 다만 『태을명결太乙命訣』 1권이 있는데 진씨의 말을 인용하여 "원청강이라 칭하며, 황당무계한 사람(妄人)이 가탁하였다(稱袁天綱, 妄人假託)"라고 하였다. 『사고총목』 중에 『태을금경식경太乙金鏡式經』 10권이 있는데, 「제요」에 말하였다.

당의 왕희명이 지었다. 희명은 그 관적이 자세하지 않으며, 방술로 궁중에 공양하여 황제의 중시를 받아 한림원에서 문서 대조의 직을 맡았다. 이 책은 곧 칙명을 받들어 편집한 것이며, 『신당서』「예문지」에 보인다. 그러므로 책 속에는 스스로 자주 신臣이라 칭하였다. 이 책에서는 태을을 운용하여 시간 연대를 추산하여 송의 경우景祐년에 이른 것이 있는데 곧 후인이 보탠 것이니, 전부가 희명이 지은 내용이 아니다.

唐王希明撰. 希明不詳其里貫, 以方技爲內供奉, 待詔翰林, 是書乃其奉勅所編, 見於新唐書藝文志, 故書中多自稱臣. 而其間推太乙積年, 有至宋景祐年者, 則後人已有所增入, 非盡希明之舊也.

황종희黃宗羲의 『역학상수론易學象數論』 권 6 「태을편」에 말하였다.

태을은 위서이다. 대개 역수易數를 모방하여 지은 것이다. ……법은 팔장八將으로 그 엄박掩迫 인격因擊 개격開格의 부류를 추론하여 안팎의 재복災福을 점쳤다. 또 사신四神이 임하는 분야를 미루어 수해와 한해, 군사를 잃음, 기근과 질병을 점쳤다. 또 삼기오복三基五福, 대소유이한大小遊二限, 역괘대운易卦大運을 미루어 고금의 치란治亂과 천하의 이합離合을 점쳤다. 만약 흉신인 양 906효의 기한일 때를 만나면 곧 괘운과 재변의 기한이니, 대수大數가 흉한 것은 그 흉은 팔장 엄박 인격 개격의 해에 발생한다. 만약 길성吉星이 합류하는 경계를 만나면 괘상은 화평스런 운이고, 양은 906효의 기한일 때가 아니며, 대수가 길한 것은 팔장은 비록 엄박의 부류가 있으나, 그 재난은 발생하지 않는다.

太乙, 緯書也, 蓋倣易數而作. ……法以八將推其掩迫囚擊開格之類, 占內外災福, 又推四神所臨分野, 占水旱兵喪, 饑饉疾疫. 又推三基五福, 大小遊二限, 易卦大運, 占古今治亂, 天下離合. 如遇凶神陽九百六交限之際, 卦運災變之限, 大數凶者, 其凶發於八將掩迫囚擊開格之年. 如遇吉星所會之分, 卦象和平之運, 非陽九百六交限之際, 大數吉者, 八將雖有掩迫之類, 其災不發.

우리는 이것에서 태을의 내용을 대략 알 수 있다. 명나라에 이르러 호한胡翰은 태을법에 의거하여 『형운론衡運論』을 지어 12운을 열거하였고, 황皇 제帝 왕王 패覇의 상승과 하강을 미루어 밝혔는데 그 방법 또한 매우 괴이하고 황당한 것이다(『형운론』은 『역학상수론』과 호후의 『주역함서약존周易函書約存』에 모두 덧붙어 있다).

총괄하면, 육임, 둔갑, 태을의 삼식三式은 모두 오행, 간지, 성력星曆을 미루어 헤아린 것에서 발전해 나온 것이다. 그 기원은 아마 낭송 이선이며, 그 술법은 모두 『화주림』의 점술과 서로 비슷하다. 본래의 것이 변하여 더욱 심하게 되고 산산이 흩어져 끝까지 따지는 것조차 어려운 것이 많으므로 여기에 종합적으로 기록하여 참고하도록 갖추었다.

**측자점**

그 다음, 점복에 측자測字(문자점을 치는 것, 문자를 편偏, 방旁, 관冠, 각脚 등으로 분해하여 그 뜻에 따라 길흉을 점치는 점복의 일종—옮긴이)의 방법이 있다. 『수서』「경적지」에 『파자요결破字要訣』 1권이 있는데, 이것이 근래의 측자점을 치는 것과 같은 것인지 아닌지는 이미 고증할 수 없게 되었다. 금세에 널리 전해 내려오는 것에 송의 소강절邵康節을 위탁하여 칭한 『매화관매탁자수梅花觀梅拆字數』 5권이 있는데, 또 『매화역수梅花易數』라 이름을 붙였다. 이것은 사물이 속한 종류를 여덟 종류의 괘명과 오행의 분별에 나누어 예속하였고, 또 필획筆畫의 편방의 분별을 오행과 간지에 억지로 갖다 붙여 해석하였다. 통행하는 것에 또 『측자비첩測字祕牒』 한 책이 있는데, 정성程省이 지었으며 견강부회하여 그 방법을 구성하였다. 예를 들어, 이 책 뒤에 덧붙여 있는 「지리측법至理測法」 중 제1조에 '흠欠'자를 해석하여 다음과 같이 말하였다. "어떤 사람이 흠欠자를 써서 육갑을 물었다. 나는 '내일 사내아이를 낳는다. 결코 처음 임신한 것이 아니다'라고 말하였다. 때는 시월 초 십 일이었다. 그 다음날 과연 사내아이를 낳았다. 그 사람이 글자의 원리를 다시 묻자 '흠欠자에 두 점을 보태면 차次가 된다. 그러므로 처음 임신한 것이 아님을 알았다. 토土자를 보태면 감坎이 된다. 감은 가운데 아들이다. 그러므로 아이를 낳는 것을 알았다. 초십일에 와서 점을 쳤는데, 십일十一을 방旁에 보태면 감坎이 되니, 오늘 당연히 출산하는 것을 의심하지 않았다'라고 말하였다(一人書欠字, 問六甲. 余曰: '明日生男. 決非首胎.' 時十月初十. 至次日, 果生男. 其人復問字理. 曰: '欠加兩點爲次, 故知非首胎. 加土爲坎, 坎, 中男也, 故知生兒. 初十來占, 加十一在旁, 成坎, 則今日當産無疑矣')." 이러한 날조한 예는 53조가 있는데, 이것으로 그 기술의 신묘함을 표시하였으니, 우리는 그들의 일부분을 알 수 있는 것이다.

## 7. 서적에 기재되어 있는 대수롭지 않은 잡복술들

### 1) 닭점과 계란점(鷄卜及鷄卵占)

닭점의 기원은 매우 이르다. 『한서』「교사지郊祀志」 하下에 말하기를 "이때 이미 양월의 나라를 멸망시켰는데, 월나라 사람 용지는 '월나라 사람은 귀신을 믿었는데 그들의 사당에서는 모두 귀신을 받드는 것을 볼 수 있으며, 그 점술은 영험하였다'고 말하였다. 옛날 동구왕은 귀신을 공경하여 160세를 살았다. 후세에는 소홀히 하였으므로 귀신을 믿는 것이 쇠약하였다(是時旣滅兩粵, 粵人勇之乃言粵人俗鬼, 而其祠皆見鬼, 數有效. 昔東甌王敬鬼, 壽百六十歲. 後世怠慢, 故衰耗)." "그리하여 월나라의 무당에게 명령하여 월나라에 사당을 세워 대臺를 설치하였으나 신단은 없었으니, 또한 천신, 천제와 여러 귀신을 제사 지내며 닭으로 점을 쳤다. 윗사람이 이를 믿자 월나라 사당의 닭점은 여기에서 비롯되었다(迺命粵巫立粵祝祠, 安臺無壇, 亦祠天神帝百鬼, 而以鷄卜. 上信之, 粵祠鷄卜自此始用)"라고 하였다. 안사고顔師古는 주에서 이기李奇의 말을 인용하여 "닭뼈를 가지고 점을 치는 것은 쥐점과 같다(持鷄骨卜如鼠卜)"라고 하였다.

『사기정의史記正義』에 말하였다.

닭점법은 닭 한 마리와 개 한 마리를 사용하는데, 제사를 지내는 사람이 소원을 말한 후에 닭과 개를 잡아서 이것을 삶아 익혀 또 제사를 지낸다. 다만 닭의 두 다리 뼈 위에 자연히 나 있는 구멍을 취하여 사람과 사물의 모양과 같이 갈라지면 길한 것이고, 그렇지 않으면 흉한 것이다. 지금 영남에는 아직 이 방법을 행하고 있다.

鷄卜法, 用鷄一狗一, 生祝願訖, 卽殺鷄狗煮熟又祭, 獨取鷄兩股骨上自

有之孔, 裂似人物形則吉, 不足則凶, 今嶺南猶行此法也.(『사기』「무제본기武帝本紀」)

범성대范成大의 『계해우형지桂海虞衡志』에 말하였다.

닭점은 남인의 점법이다. 수평아리의 양다리를 잡고 향을 태워 점치는 바를 빌고 닭을 잡는다. 두 다리뼈를 뽑아 깨끗이 씻어 줄로 묶어 이곳에 대나무 줄기를 집어넣어 두 다리뼈가 대나무 줄기 끝에서 서로 반대 방향으로 향하게 한다. 그리고 대나무를 잡고 길게 축원한다. 왼쪽 뼈는 농儂인데, 농은 나 자신이다. 오른쪽 뼈는 인人인데 인은 점을 치는 일이다. 두 다리의 측면에 가느다란 구멍을 보고, 가느다란 대나무로 짠 대나무 자리의 길이의 한 촌여가 되는 것을 두루 그 위에 꽂는다. 기울고 곧고 치우치고 바른 것은 각각 구멍의 생김에 따른 것이니, 이것으로 길흉을 정한다. 방법에는 18여 변이 있다: 대개 곧고 바르거나 혹 뼈에 가까운 것은 많이 길하고, 굽고 기울거나 혹시 뼈에 먼 것은 많이 흉하다. 또 계란을 사용하여 점을 치는 것이 있는데 계란을 쥐고 점을 친다. 껍질에 먹으로 글을 써 네 모퉁이에 기록하고 삶아 익혀 이것을 가로로 잘라 먹이 묻은 곳을 보고, 껍질 중 흰자위의 두껍고 얇은 것을 분별하여 농부의 길흉을 정한다.

鷄卜, 南人占法, 以雄鷄雛, 執其兩足, 焚香禱所占之鷄殺之, 拔兩股骨洗淨, 線束之, 以竹筵插束處, 使兩骨相背於筳端, 執竹長祝. 左骨爲儂, 儂, 我也. 右骨爲人, 人, 所占事也. 視兩骨之側所細竅, 以細竹筳長寸餘偏揷之. 斜直偏正, 各隨竅之自然以定吉凶. 法有十餘變:大抵直而正或近骨者多吉. 曲而斜或遠骨者多凶. 亦有用鷄卵卜者, 握卵以卜, 書墨於殼, 記其四維, 煮熟, 横截視當墨處, 辨殼中白之厚薄以定農人吉凶. (광로鄺露의 『적아赤雅』에 「계장鷄匠」, 「난복卵卜」 두 조가 있는데 대략 이것과 같다)

오처후吳處厚의 『청상잡기靑箱雜記』에 말하였다.

원풍 연간에 나는 대리사승을 맡아 영남의 상소한 안건을 맡아 처리하였다. 위서는 살해당하였는데, 시신이 못 속 어디에 있는지 몰라 찾아내지 못하였다. 위서의 아내 하가 솥을 가지고 물가로 가 계란을 삶아 익혀 그것을 갈라보고 농儂을 얻었다. 위전이 "계란에 농을 얻었으니 시신은 못 속에 있다"라고 하였는데, 과연 찾아내었다. 그러나 이른바 농이라는 것은 그 징조가 어떠한 것인지는 알 수 없다.

元豐中, 余任大理寺丞, 斷嶺南奏案. 韋庶爲人所殺, 疑屍在潭中, 求而弗獲. 庶妻何, 以鐺就岸煮鷄子熟, 剖視得儂. 韋全曰:"鷄卵得儂, 屍在潭裡." 果得之. 然不知所謂儂者, 其兆如何也?

채조蔡絛의 『철위산총담鐵圍山叢談』에 말하였다.

계란점의 방법은 먼저 귀신에 제사를 지내고 곧 계란을 취하여 그 껍질에 그림을 그려 바깥 모양(外象)으로 한다. 그림은 모두 짙고 엷은 분별이 있는데 이것으로 나와 남을 구별하였다. 역괘의 이른바 세와 응이다. 그리하여 북쪽을 향해 귀신을 불러 묻고자 하는 일을 말한 후에 귀신에 명령하였다. 계란을 솥 속에 넣어 삶아 익으면 칼로 이것을 가로로 살랐나. 그 속의 노른자위와 흰자위가 두껍고 얇은 곳이 안쪽 상(內象)이고, 껍질에 그린 바깥 상(外象)의 피아와 배합하여 음양의 기가 어느 쪽이 강하고 약한가를 구하였다. 이것으로 아픈 사람과 멀리 떠난 사람을 점치면 매우 특별한 효험이 있었다.

鷄卵卜, 其法先祭鬼, 乃取鷄卵墨畵其表, 以爲外象. 畵皆有重輕, 類分我別彼. 易卦所謂世與應者. 於是北面詔鬼神而道厥事, 然後誓之. 投卵鐺中,熟則以刀橫斷鷄卵. 其黃白厚薄處爲內象, 配用外象之彼我, 以求其祲克與否. 凡卜病人行人, 雅殊有驗.

당의 단공로段公路의 『북호록北戶錄』에 말하였다.

신선전에 이르기를 "사람이 병이 있으면 모군에 가서 복을 청하는데, 그의 장막 속에서 계란 열 개를 삶았다. 잠시 후 모군이 던져내어 가운데 노른자위가 없는 것은 병이 많이 낫는 것이다"라고 하였다.

神仙傳曰:"人有病, 就茅君請福, 煮鷄子十枚, 以內帳中. 須臾, 茅君擲出, 中無黃者, 病多愈."

광로鄺露의 『적아란복赤雅卵卜』조에 말하였다.

동인이 장례를 점치는데, 계란점을 치는 사람(鷄匠)을 청하여 신명에게 축원하면서 계란을 땅에 던져 깨어지지 않는 것은(어떤 책에는 '불파자길무하不破者吉無下' 여섯 자를 말하였다) 등공의 비를 얻은 것과 같다.

獞人卜葬, 請鷄匠祝神, 以卵投地, 不破者(一本云不破者吉無下六字)]如獲滕公之碑.

이상 여러 설에서 닭점 외에 계란점 등이 있었음을 알 수 있으니, 첫째는 계란 흰자위의 두껍고 얇은 것을 보았고, 둘째는 노른자위가 있고 없고를 보았고, 셋째는 땅에 던져 깨어지고 깨어지지 않는가를 보았다.

### 2) 호랑이점과 이리점(虎卜及狼卜)

『박물지博物志』에 말하였다.

호랑이는 부딪쳐 깨뜨리는 것을 알고 또 땅에 그림을 그려 점을 칠 수 있다. 지금 어떤 사람이 호랑이의 이런 능력을 배워 땅 위에 점의 징조를 그려 그 음양 기우의 수를 추산하는 것을 호랑이점이라고 한다. 이리점은 이리는 멀리 가서 먹을 것을 구하는데 반드시 먼저 거꾸로 서서 어느 쪽으로 갈 것인가를 점친다. 그러므로 오늘날 사냥하는 사람이 이리를 만나면 매우 기뻐하는데 대개 이리가 있는 곳에는 짐승들이 많이 있기 때문이다. 그러므로 옛날에 건물을 만드는 사람은 목재를 귀나무와 대추나무의 부분을 사용하였고 이리의 이빨(狼牙)을 기둥으로 하였는데, 그 영험한 지각을 취하고자 하였기 때문이다.

虎知衝破, 又能畵地卜. 今有人畵物上下者, 推其奇耦, 謂之虎卜. 狼卜, 狼將遠逐食, 必先倒立以卜所向. 故今獵師遇狼輒喜, 蓋狼所在, 獸之所在也. 故古之造式者, 木取槐瘿棗瘤, 而以狼牙爲柱, 取其靈知也.

### 3) 부기扶箕

유월兪樾의 『곡원잡찬曲園雜纂』 중의 「소번로小繁露」에 말하기를 "『이견지夷堅志』「침승무자고沈承務紫姑」 1조에 이르기를 '자고선紫姑仙이라는 이름은 옛날에는 없었으나 당대에 이르러 조금 보인다. 지금 세상에는 나무틀에 목필을 꽂아 두 사람이 양쪽을 잡고 모래판에 글자를 쓴다'라고 하였다. 이것은 곧 오늘날의 부기이다. 혹은 부계扶乩라고도 하는데 이는 옳지 않다(夷堅志沈承務紫姑一條云: '紫姑仙之名, 古所未有, 至唐乃稍見之. 世但以箕插筆, 使兩人扶之, 或書字於沙中.' 按此卽今之扶箕也. 或作扶乩, 非是)"라고 하였다. 부기는 통속적으로 부계扶乩라 하고 또 자고紫姑점이라고도 하는데 송명 이래 매우 통행하였다. 명의 양신楊愼의 『승암전집升庵全集』에 「자고선영노시紫姑仙詠櫓詩」 1조가 있고, 또 「기선필시箕仙筆詩」 2조가 있다. 그는 말하기를 "송원대의 소설에 기선의 시를 기재한 것이 많다. 최근에 아주 특이한 한 가지 일이 있다. 정덕 경진년에 어느 방사가 기箕를 운용하는 시를 읊었는데, 정해진 음운에 따라 민첩함이 곧 생각해낸 것과 같고 말이 평범하지가 않았다(宋元小說載箕仙詩多矣. 近日一事尤異. 正德庚辰, 有方士運箕賦詩, 隨所限韵, 敏若夙構而語不凡)"라고 하였다. 부기술이 옛날에 통행하였던 상황을 알 수 있다.

#### 4) 띠점(茅卜)

송의 주거비周去非의 『영외대답嶺外代答』에 말하였다.

남인의 띠점법은 점치는 사람이 손길이 닿는 대로 띠를 뽑아, 점을 보는 사람의 왼손을 팔꿈치에서 가운데 손가락 끝에 이르기까지 측량한 후 그것을 절단하여 점을 보는 사람에게 주어 구하는 바를 기원하게 하니, 즉 가운데는 접으며 축원하기를 "모장군, 모소낭을 초청하니 위로 하늘의 법리를 알고 아래로는 땅의 이치를 압니다"라고 운운하며 마침내 점치는 일을 기도한다. 입은 기도하면서 손으로 띠를 끄집어내어 띠 가운데에서 끝부분까지 옮겨 잡고, 또 띠 가운데에서 머리까지 끌어내는데, 각각 네 개씩 셈하여 한 개가 남으면 료料, 두 개가 남으면 상傷, 세 개가 남으면 질疾, 네 개가 남으면 후厚이다. 료는 참새다. 아침에 점을 쳐 료를 얻으면 행인은 당연히 길 위에 있는 것과 같음을 말한다. 이때 참새는 이미 둥지에서 나왔기 때문이다. 한낮에 점을 쳐서 료를 얻으면 행인은 당연히 늦게 도착하니, 이때 참새는 저녁에 이르러 당연히 돌아오기 때문이다. 밤에 점을 쳐 료를 얻으면 참새는 이미 둥지에 들어갔으니 돌아오지 않는다. 상은 소리다. 웃는 낯의 고양이를 이른다. 그 괘는 매우 길하니, 모든 일이 기쁘게 되고 화합한다. 질은 검은 낯의 고양이이다. 그 괘는 불길하니, 있는 곳이 화합하지 않는다. 후는 막히는 것이다. 모든 일이 지체된다. 띠의 머리 두 개가 남으면 요관상料貫傷이라 한다. 셋이 남으면 요관질料貫疾이라 하며, 나머지는 모두 이것을 따른다. 남인이 이것을 점치면 가장 영험하였다. 띠점에 정통한 사람은 시진時辰과 띠를 꺾어 곡절을 오행에 분별하여 상세히 말할 수 있었다. 대개 위의 남은 네 가지를 넘어서지 않는다. 남은 네 가지 중 각각 길흉이 있고 또 점치는 일에 연관되었다. 점을 칠 때 혹 사람이 찾아오면 반드시 다시 점을 치는데, 이것을 다른 사람이 점을 끊었다고 말한다. 나는 이 점을 역의 세응과 시초를 셈하는 것이라고 여긴다. 초나라 사람들은 정전점을 친다고 들었는데, 지금 그것을 보는 듯하다.

南人茅卜法, 卜人信手摘茅, 取占者左手, 自肘量至中指尖而斷之, 以授占者, 使禱所求, 卽中摺之, 祝曰: '奉請茅將軍, 茅小娘, 上知天綱, 下知地理'云云, 遂禱所卜之事. 口且禱, 手且掐, 自茅之中掐至尾, 又自茅中掐至首, 乃各以四數之, 餘一爲料, 餘二爲傷, 餘三爲疾, 餘四爲厚. 料者, 雀也, 謂如早占遇料, 行人當在路, 此時雀已出窠故也. 日中占遇料, 則行人當晚至, 時雀至暮當歸爾. 晚占遇料, 則雀已入巢, 不歸矣. 傷者聲也, 謂之笑面貓, 其卦甚吉, 百事歡欣和合. 疾者, 黑面貓也, 其卦不吉, 所在不和合. 厚者, 滯也, 凡事遲滯. 茅首餘二, 名曰料貫傷. 首餘三名曰料貫疾, 餘皆倣此. 南人卜此最驗. 精者能以時辰與茅折之, 委曲分別五行而詳說之. 大抵不越上四餘. 而四餘之中, 各有吉凶, 又係乎所占之事. 當卜之時, 或遇人來, 則必別卜, 曰外人蹈斷卦矣. 余以爲此卦, 卽易之世應揲蓍也. 嘗聞楚人篿卜, 今見之.

### 5) 축조와 경청(祝竈及鏡聽)

『광어廣語』에 축조祝竈와 조점(竈卦) 두 종에 대해 다음과 같이 말하였다.

영안 섣달 그믐날 밤, 부인이 소금과 쌀을 부뚜막 위에 놓아두고 그릇으로 덮어놓고는 소금이 모이고 흩어진 것을 보고 풍년과 흉년을 점치는데, 이것을 축조라고 하였다.

永安歲除, 婦人置鹽米竈上, 以碗覆之, 視鹽米之聚散以卜豐歉, 名曰祝竈.

섣달 그믐날 밤에 물을 솥 옆에 두고 동서남북 글자를 붙여 두고, 가운데 작은 나무를 띄워 나무 끝이 향하는 것을 보고 그 방향으로 간다. 또 어떤 소리의 기운을 살펴 길흉을 점치는데 이것을 조점이라고 하였다.

除夕, 置水釜旁, 粘東西南北字, 中浮小木, 視木端所向以適其方. 又審何聲氣以卜休咎, 名曰竈卦.(등순鄧淳의 『영남총술嶺南叢述』에서 인용하였다)

명의 임소주林紹周가 편집하고 또 임유송林維松이 다시 엮은 『삼태편람통서三台便覽通書』 권 14에 이른바 귀곡선생鬼谷先生 향복법嚮卜法이 있는데 조점과 대동소이하다. 여기에 다음과 같이 말하였다.

조는 다섯 제사 중 으뜸이다. 길흉을 관장하는 것은 조로 귀착된다. 무릇 의심하고 근심하는 것이 있으면, 밤이 깊어 고요할 때를 기다려 부엌을 깨끗하게 청소하고 솥을 깨끗하게 씻어 맑은 물을 그 속에 가득 채운다. 나무 국자 하나를 부뚜막 위에 두고 등잔 두 개를 하나는 부뚜막 중간에 두고 또 하나는 부뚜막 위에 둔다. 거울은 부엌문 옆에 안전하게 둔 다음 축원하기를 "모년 모월 모일에 누구누구가 감히 향을 태우며, 사람의 생명을 맡은 부엌 귀신에게 명백히 알립니다. 내가 듣기로 복은 이미 근본이 있고 재앙은 징조가 있다고 하였습니다. 일에 앞서 징조를 알려주는 것이 오직 부엌 귀신이 관장하는 것입니다. 그래서 누구누구는 엎드려 어떤 일을 위해 성심을 다해 추구하오나 지시하는 바를 알지 못하여, 감히 고요한 밤에 땔감을 다른 곳으로 옮겨 부엌에서 사용하지 아니하고 솥은 깨끗이 씻어 맑은 물을 채우고 점이 알려주는 지시를 얻고자 하여 국자 자루가 지시하는 방향을 공손히 기다립니다. 이것은 깊이 바라는 것이니 부엌 귀신께서 밝게 살피시어 알려주시면, 누구누구는 신령의 지시를 듣고 따르고자 합니다"라고 한다. 기도가 끝난 다음 손으로 솥 속의 물을 왼쪽으로 휘저으며 국자를 들어 축원하여 말하기를 "네 개는 세로, 네 개는 가로로 하여 천지가 분명하니 신령이 국자로 가리키는 방향은 화복이 나눠지는 것입니다"라고 한다. 기도가 끝난 후 국자를 물에 넣어 그것이 스스로 돌아가서 스스로 멈추는 것에 임하여 국자가 가리키는 방향을 따라 거울을 안고 문을 나가되 되돌아보아서는 안 되며, 길에서 다른 사람의 말을 가만히 엿들으면 계시를 얻을 수 있으니, 곧 점의 반응이다. 일이 응한 후에 이것을 말해서는 안 된다. 혹 국자가 가리키는 방향에 길이 없다면 이것은 장애가 있는 것이니 마땅히 다시 점을 쳐야 한다.

竈者, 五祀之首也. 吉凶之柄, 遂歸所主. 凡有疑慮, 候夜稍靜, 洒掃爨室, 滌釜注水令滿, 以木杓一個, 幀竈上, 燈燃二盞, 一置竈腹, 一置竈上, 安鏡於竈門邊, 叩齒祝曰:"維某年月日, 某官敢爇信香, 昭告於司命竈君之神. 竊聞福旣有基, 咎豈無徵, 事之先兆, 惟神是司. 是以某伏爲某事, 衷心營營, 罔知攸指, 敢於靜夜, 徒薪息爨, 滌釜注泉, 求趨響卜之途, 恭俟指迭之柄. 情之所屬, 神實鑒之, 某不勝聽命之至." 禱畢, 以手撥鍋水令左旋, 執杓祝之, 曰:"四縱四橫, 天地分明, 神杓所指, 禍福攸分." 祝畢, 以杓置水, 任其自旋自定隨杓所指, 抱鏡出門, 不得回頭, 密聽旁人言語, 卽是響卜. 事應後,不得言之. 或杓指處無路, 則是有阻, 宜再占之.

이것은 귀곡자가 말한 "정월 초하룻날 밤에 부엌을 청소하고 향과 등을 부엌문에 놓아둔다. 솥에 물을 가득 부어 국자를 물에 놓고 경건히 예배하여 축원하며 국자를 움직여 물을 휘저어 국자 자루가 가리키는 방향을 따라 거울을 안고 문 밖을 나가 남의 말을 가만히 엿들어 첫마디 말이 곧 점의 징조이다(元旦之夕, 洒掃置香燈於竈門, 注水滿鐺, 置杓於水, 虔禮拜祝, 撥杓使旋, 隨柄所指之方, 抱鏡出門, 密聽人言, 第一句卽是卜者之兆)"라는 것에 바탕을 둔 것이다(진가모秦嘉謨의 『월령수편月令粹編』에서 인용하였다). 또 희조락사熙朝樂事에 말하기를 "선달 그믐날 밤에 밤이 깊어 고요할 때 또한 부엌 귀신에게 축원하고 방향을 청하여 거울을 안고 문을 나가 길가 사람의 뜻 없는 말을 가만히 엿들어 새해 일 년의 길흉을 점친다(除夕更深人靜, 或有祝竈請方, 抱鏡出門, 窺聽市人無意之言, 以卜來歲休咎)"라고 하였다(위와 같음).

조점은 또 향복響卜이라 하고 또 경청鏡聽이라고도 불렀으니, 원나라 때 이세진伊世珍의 『낭환기瑯還記』에 다음과 같이 말하였다.

경청의 주문을 외우기를 "더불어 밝아 유사한 짝이 되어, 마침내 만나 협력하니 길하리라"라고 한다. 먼저 오래된 거울 한 개를 찾아 비단 주머니에 넣어 혼자 부엌 귀신을 향하되 다른 사람이 보게 해서는 안 된다. 두 손으로 거울을 받들고 주문을 일곱 번 외우고 밖으로 나가 다른 사람이 말하는 것을 듣고 이것으로 길흉을 점친다. 또 두 눈을 감고 마음대로 일곱 걸음을 걸어가 눈을 뜨고 거울을 본 후 거울에 비친 것에 따라 다른 사람의 엿들은 말을 배합하여 점을 치면 영험하지 않는 것이 없다.

鏡聽咒曰:"並光類儂, 終逢協吉." 先覓一古鏡, 錦囊盛之, 獨向竈神, 勿令人見, 雙手捧鏡, 誦咒七遍, 出聽人言, 以聽吉凶. 又閉目信足走七步, 開眼照鏡, 隨其所照, 以合人言, 無不驗也.

**6) 양점(羊卜)**

송의 심괄沈括의 『몽계필담夢溪筆談』에서 말하였다.

서융은 양을 가지고 점을 쳤는데 이것을 발초跋焦라고 하였다. 쑥으로 양의 넓적다리뼈를 태워 그 징조를 보는데 이것을 사발초死跋焦라고 하였다. 그 방법은 징조의 위가 신명神明이고, 척추에 가까운 것이 좌위坐位이다. 좌위는 주인의 자리이다. 근방은 손님의 자리이다. 대개 서융의 풍속은 거주하는 집 정면에 항상 방 한 칸을 남겨두고 귀신을 받들며 이 방은 사용하지 않는데 신명이 거주하는 곳이라고 한다. 주인은 이 방 옆에 앉아 이것으로 주인의 자리로 점을 칠까 손님의 자리로 점을 칠까를 결정한다. 또 먼저 주문을 외우며 밤을 양에게 먹이는데 양이 그 밤을 먹으면 그 머리를 자연스레 흔들어 양을 죽여 오장을 보는데 이것을 생발초生跋焦라고 하였다. 서융은 이것을 더욱 신령하게 여겼다.

西戎用羊卜, 謂之跋焦. 以艾灼洋髀骨, 視其兆, 謂之死跋焦. 其法, 兆之上爲神明, 近脊處爲坐位. 坐位者, 土位也. 近旁者爲客位. 蓋西戎之俗, 所居正寢, 常留中一間以奉鬼神, 不敢居之, 謂之神明. 主人乃坐其旁. 以此點主客勝負. 又有先咒栗以食羊. 羊食其栗, 則自搖其首. 乃殺羊, 視其五臟, 謂之生跋焦, 土人尤神之.

청의 여경원余慶遠의 『회서견문기淮西見聞紀』에 말하였다.

양뼈점은 오랑캐들이 검은 숫양을 먹는데, 말린 고기와 뼈에 모두 향을 태워 기도한 후 그것을 불당의 문에 걸어두고 보관하였다가 점을 칠 때 사용하였다. 그 점은 화로에 땔감과 향을 태우며 다시 절하고 뼈를 취하여 화로 위에 놓고 꾀하는 바를 축원하면서 불에 태운다. 이것을 볼 때 뼈를 뒤집어 갈라진 것을 보고 곧게 갈라져 있으면 길한 것이고, 丫로 나누어져 있으나 여전히 분명하고 조리가 있으면 그 다음이고, 어지러운 것은 흉한 것이다. 『요사遼史』에 거란이 양뼈를 태워 점을 쳤는 것이 실려 있는데 이것을 양점(羊卜)이라 하였고, 『서사촌집徐沙村集』에는 몽고에 양뼈를 태워 점을 치는데 발초跋焦라 하였으니, 오직 서쪽 오랑캐들의 점법은 라마승에게 배운 것이며, 거란 몽고와 같은 것이다.

羊骨大, 夷人食羖, 於膊骨皆焚香而懸之佛堂門, 存爲卜. 其卜也, 爐焚柴香. 再拜取骨置爐上, 祝以所謀, 炙灼, 閱時反骨裂文, 直者吉, 丫乂文明而有理者次之, 亂者凶. 遼史載契丹以羊骨灼占, 謂之羊卜. 徐沙村集謂蒙古炙羊骨卜曰跋焦, 維西夷人卜法, 習自番僧也, 而同於契丹蒙古.(『예해주진본藝海珠塵本』)

이것으로 양점은 옛날 중국 서북부 지방에서 통행하였음을 알 수 있다.

### 7) 한 해의 수확을 점침(卜歲)

광로鄺露의 『적아赤雅』에 한 해의 수확을 점치는 1조가 있는데, 여기에 말하기를 "한 해 초에 불을 관장하는 관리가 흙으로 만든 잔 12개를 가지고 그 속에 물을 가득 채운 뒤, 이것을 12시진에 따라 배열해놓고 축원을 하고 하루 밤을 경과한 후 열어보고 물이 있는 잔은 그 달에 가뭄이 들지 않는다(歲首郎火以土杯十二, 貯水, 按辰布列, 禱之, 經夕啓眎, 有水, 則其月不旱)"라고 하였다.

### 8) 화곡점(和鵠卦)

이조원李調元의 『월동필기粵東筆記』(즉 『함해函海』 중의 「남월필기南越筆記」이다)에 말하였다.

상사자자는 일명이 교부, 즉 초료이니 『시경』의 이른바 복숭아벌레이다. 복숭아벌레가 변한 것이므로 그 형체는 작다. 성질은 아주 정교하다. 띠 갈대와 깃털로 집을 지어 혹은 한 마리 혹은 두 마리가 사는데 집이 계란만 하다. 까칠까칠한 머리카락으로 나뭇가지에 묶어 비록 큰 비바람이 몰아쳐도 끊어지지 않는다. 이것을 오랫동안 길러 유희를 하거나 점을 치게 할 수 있으니, 이름을 화곡점이라고 한다. 그 몸은 작으며, 상사자자라고 말하는 것은 작기 때문이다. 상사는 홍두처럼 몸이 붉은색과 검은색으로 뒤섞여 있는 것이다. 홍두는 상사자이다.

相思仔仔, 一名巧婦, 卽焦鷯, 詩所謂桃蟲也. 因桃蟲而變, 故其形小. 性絶精巧. 以茅葦羽毳爲房, 或一或二, 若鷄卵大. 以麻髮懸繫樹枝, 雖大風雨不斷. 久畜之, 可使爲戱及占卦, 名和鵠卦. 其身小, 其曰相思仔仔者, 小也. 相思者, 身紅黑相間如紅豆. 紅豆者, 相思子也.

현재 광동廣東에는 아직 화곡점 일종이 있는데, 간지를 간괘干卦처럼 써서 이것을 말아 작은 종이를 만들어 화곡으로 하여금 그 하나를 부리로 취하게 하여 그 길흉을 점친다.

점복의 방법은 이러한 것들 외에 당연히 더욱 많은 것들이 있으며 그 방법은 일치하지 않으니, 당연히 시대와 지역에 따라 같지 않았던 것이다.

『북호록北戶錄』에 말하였다.

나는 또 점치는 자들의 잡서에서 호복, 자고복, 우제복, 작골복이 전해 오는 것을 보았는데, 비록 시초점과 거북점을 치는 방법을 본받지 않아도 또한 찬양할 만한 것이 있다.

愚又見卜者流雜書傳虎卜, 紫姑卜, 牛蹄卜, 灼骨卜. 雖不法於蓍龜, 亦有可稱者.

『서장기西藏記』에 말하였다.

티베트(西藏) 지역의 점복의 방법은 한 가지가 아니니, 라마교의 무리들은 종이 위에 팔괘를 그리고 그들의 문자를 써서 점을 치는 것이 있고, 풋과실을 괘에 걸어 5색 털실을 뽑아 점을 치는 것도 있고, 혹 염주를 셈하여 점을 치는 것, 혹 땅에 그림을 그려 점을 치는 것, 혹 양뼈를 태우거나 혹 물그릇을 보거나 하여 점을 치는 것 등등 갖가지가 있는데 모두 같지 않다. 그러나 또한 매우 영험한 것은 대개 점치는 사람이 공부한 바가 깊은가 얕은가에 달려 있을 뿐이다. 부녀자 역시 이러한 점을 칠 줄 알았는데 모두 기술할 수 없다.

西藏占卜之術不一, 有等喇嘛以紙畫八卦, 書番字而占者. 有以青稞掛卦, 抽五色毛線而占者. 或數素珠而占者. 或畫地而占者. 或燒羊骨, 或看水碗, 種種不一. 然亦頗有驗者, 大抵在所學之精淺耳. 婦女亦有會者, 不能悉述.(『용위비서본龍威秘書本』)

또 첨점의 변화와 같은 것이 있고, 또 『추배도推背圖』, 『소병가燒餠歌』 등의 책도 있다. 총괄하여 말하면, 점복의 일은 미신을 믿는 심리에서 나왔고 술사는 일종의 사물의 분별이나 혹은 변이를 이용하여 점이 들어맞는 것으로 여겨 이러한 미신을 믿는 심리의 요구를 만족시켰다. 중국에서 옛날부터 전해 내려오는 『역경』 역시 그 발생 원인이 이와 같을 뿐이다. 그러나 시대를 내려오며 층층이 포개고 덮어, 장애되는 것을 덮어 가린 것이 갈수록 많아지고, 시대의 사상과 더불어 맞물려 변화하여 『주역』의 본래 면목은 마침내 쉽게 드러나지 않게 되었다.

# 주역점의 이해

초판 1쇄 인쇄일 | 2009년 7월 24일
초판 1쇄 발행일 | 2009년 7월 29일

지은이 고형 | 이경지 | 용조조
편역자 김상섭

발행처 지호출판사
발행인 장인용
출판등록 1995년 1월 4일
등록번호 제10-1087호
주소 고양시 일산동구 장항동 751 삼성라끄빌 1319
전화 031-903-9350
팩시밀리 031-903-9969
이메일 chihopub@yahoo.co.kr

ISBN 978-89-5909-050-1